大连市人民政府资助出版

The published book is sponsored
by the Dalian Municipal Government

韩 林◎著

武则天形象的文化建构及阐释

中国社会科学出版社

图书在版编目（CIP）数据

武则天形象的文化建构及阐释/韩林著 . —北京：中国社会
科学出版社，2018.12

ISBN 978 - 7 - 5203 - 2305 - 5

Ⅰ.①武… Ⅱ.①韩… Ⅲ.①武则天(624 - 705)—人物
研究 Ⅳ.①K827 = 421

中国版本图书馆 CIP 数据核字(2018)第 065168 号

出 版 人	赵剑英
责任编辑	郭晓鸿
特约编辑	席建海
责任校对	周　昊
责任印制	戴　宽

出　　版	中国社会科学出版社
社　　址	北京鼓楼西大街甲 158 号
邮　　编	100720
网　　址	http://www.csspw.cn
发 行 部	010 - 84083685
门 市 部	010 - 84029450
经　　销	新华书店及其他书店

印　　刷	北京明恒达印务有限公司
装　　订	廊坊市广阳区广增装订厂
版　　次	2018 年 12 月第 1 版
印　　次	2018 年 12 月第 1 次印刷

开　　本	710×1000　1/16
印　　张	23.75
插　　页	2
字　　数	286 千字
定　　价	99.00 元

目　　录

引　言

　　武则天是中国历史上第一个也是唯一一个正统的女皇帝，具有空前的影响力。如果从夏代开始算起，帝王大约有 500 多位，但真正意义上的女皇帝却只有武则天一人。皇帝与女性的双重身份使武则天引起了人们的普遍关注。

　　武则天的文化建构不同于历史建构，历史建构只是史家的行为，而文化建构则涉及史家、作家、读者等不同的社会群体，是政治、历史、经济等多种社会因素共同作用的结果，是一个"层累地"过程。武则天形象从历史中移位出来，又在传统价值评价体系中被重新塑造。武则天的形象并非其本来面目，而是被话语权的掌握者出于维护自身利益的需要重新建构的。人们"借武则天之酒杯，浇自己之块垒"（明代李贽《焚书·杂说》）。皇权政治、道德评判、性别观念凌驾于历史之上，抹杀了武则天的真实性及个性，使之成为一种主流意识所重塑的概念化的存在。每个时代的人们对武则天的文化塑造，为研究统治者的心理、文人士大夫的心态、普通百姓的思想观念及社会问题提供了思路。

　　关于武则天的文献由于记录的时间不同，材料来源不一，作者的身份地位、主观思想、写作动机不同，使故事呈现出不同的表现形态。这些记载最开始出现于正史及野史笔记中，后来扩展到诗文、小说、戏曲等领域。内容上多是以历史为起点，以客观事实为基础，以野史笔记为羽翼，以文人创作为主体，以民间传说为补充，把武则天不同的侧面放大、演绎，形成一个呈放射状的庞大系统。有时，对同一事件也有不同的记载。有些创作者对武则天或许并不感兴趣，但却用"旧瓶装新酒"，对某一内容或情节进行加工和改造，使之符合自己的意图。他们的创作抱有一定的目的性，或抨击时政，或讽刺影射，或有所寄托。

在地域广度上，武则天的影响遍及整个汉文化圈，包括日本、韩国等地，本文写作范围仅限于本土。在时间跨度上，关于武则天的作品贯穿古今，本研究以唐代武则天的出现至民国之前的资料为主体。民国以来，"五四"新文化运动时的柯灵、林语堂、田汉、宋之的、郭沫若等都写过以武则天为题材的作品。当代先锋作家也曾掀起武则天创作的高潮，如苏童、格非、北村等。武则天也是影视创作热衷的题材，如以《武则天》命名的就有四部，包括大陆 1939 年顾兰君版，中国香港 1963 年李丽华版，中国香港 1984 年冯宝宝版，大陆 1995 年刘晓庆版。另外还有中国台湾的《一代女皇》（1985）、大陆的《至尊红颜》（2003）、《无字碑歌：武则天传》（2006）、《少女武则天》（2014）等。这是武则天形象的新发展，可见武则天题材极强的文化包容性、再生潜力和艺术生命力。关于这一时期武则天形象的研究已经取得了丰硕的成果，故没有纳入写作范围。关于武则天的资料，总体看来，有以下几个特点：

首先，材料的多样性。自唐代以来，关于武则天的题材延续不断，包括史书、诗、词、文、戏曲、绘画、瓷器纹样等。总体上看可以分为以下六种。一是原始史料类：正史、野史中关于武则天的记载。二是文献整理类：指对早期文献的归类整合，如大型类书或丛书。这些书中，往往只选取与所列主题相关的内容附于其上，多数情况下保持文本原貌。三是据史点染类：把早期零星、简单的记载联系起来，厘清来龙去脉，把笼统的内容具体化，改写发挥，使故事更加丰富。四是主观改造类：按照作者的意图，选择部分材料，加入议论性语言，发表作者的见解和看法，赋予新的内涵，使之为自己的主观意图服务。五是无中生有类：完全虚构的故事。事实上根本不存在的内容，但后人根据自己的想象，主观臆造出来一些事情和人物，附会在武则天身上。六是图像艺术类：历代关于武则天的图像资料，包括肖像、木版画、图画类书、画像赞、插图等。此外，还有瓷器等器物上的武则天文图。

其次，流传的广泛性。武则天故事纵向跨度达上千年。同时其横向的空间跨度也比较大，除中国以外，武则天故事还流传到朝鲜、日本等周边国家，产生了较大的影响。

最后，内涵的丰富性。武则天故事被不同的创作主体加工改造，渗入了不同创作者的主观意识。故事内容与当时具体社会情况相结合，被赋予了不同的文化属性。

关于武则天研究中的许多问题目前仍存在较大分歧，如武则天的姓名、出生地点、酷吏政治、历史功过等。一方面，这些分歧和矛盾成为后世人们生发的起点，是武则天形象之所以丰富多彩的重要原因之一。另一方面，这也给武则天研究带来了一系列的困难。写作中涉及的部分问题的具体处理方法如下。

关于称呼问题。古代典籍中可以查到的对武则天的称呼多为"武氏""武后"，现在所称的"武则天"并不是她的名字。武则天在娘家的乳名至今仍无定论，入宫后在不同的历史阶段亦有不同的称呼。武则天刚入宫时，《新唐书·则天武皇后传》中记载，唐太宗赐号为"武媚"，《旧唐书·中宗韦庶人传》载，右骁卫将军、知太史事迦叶志忠的上表中提到，武则天未受命时，天下歌《武媚娘》，故有"武媚"或"武媚娘"之称。入宫后被封为才人，所以又称"武才人"。武则天二度入宫后被封为昭仪，后晋为宸妃，故称"武昭仪""宸妃"。武则天成为唐高宗的皇后之后，被称为"武后"，后来又被称为"天后"。高宗死后称为"太后"。垂拱四年（688），因宝图之上写着"圣母临人，永昌帝业"，加尊号为"圣母神皇"。载初元年（690），武则天改唐为周时，在《改元载初赦文》中明确表明以"曌"为名，即"武曌"。加尊号为"圣神皇帝"，降皇帝为皇嗣。长寿二年（693），加"金轮圣神皇帝"号，后又加尊号为"越古金轮圣神皇帝""慈氏越古金轮圣神皇帝""天册金轮圣神皇帝"。神龙政变时，武则天被迫退位，继位的中宗李显为她上尊号为"则天大圣皇帝"。武则天后来去帝号，改为"则天大圣皇后"。后来又被改为"天后""大圣天后""天后圣帝""圣后"。唐玄宗在位时，把谥号改为"则天皇后"，又加谥"则天顺圣皇后"。因武则天生前下令"遗制祔庙、归陵，令去帝号，称则天大圣皇后"（《旧唐书》），这一系列的做法表明她的最后身份是皇后，而非皇帝，所以没有庙号，所称多为谥号。

　　隋唐时期，洛阳皇宫的正南门名为则天门。"则天"二字出自《论语》，"子曰：'大哉尧之为君也！巍巍乎！唯天为大，唯尧则之'"①，有效法于天，顺应天道的意思。神龙元年（705），为避武

---

① 杨伯峻译注：《论语译注》，中华书局1980年版，第83页。

则天讳，唐中宗李显将其改为应天门。唐代的官修史书中的皇后多称谥号，如对于前两位皇后，《旧唐书》称为"高祖太穆皇后窦氏""太宗文德皇后长孙氏"，《新唐书》称为"太穆窦皇后""文德长孙皇后"。《旧唐书》中，武则天本纪中称"则天皇后武曌"。《新唐书》的本纪中称为"则天皇后"，后妃列传中称为"则天武皇后"。《资治通鉴》中称为"则天顺圣皇后"。唐代编撰《则天实录》时，用了"则天"二字来称呼。近代以来，女权主义兴起，人们对武则天的评价越来越高。由于"则天"二字大气宏阔，适应了妇女解放的要求，"武则天"的叫法流行起来。行文中为了避免混乱，一律称之为武则天。

武则天形象是从历史移位出来的，正常的话应该是源于史书，之后出现于其他记载中。但实际上，有些内容的起点是正史，有些记载则出于当时人撰写的野史及笔记小说。即便出自正史，其中脱离史实的现象也比较严重，同一个事件在不同的史书如《旧唐书》《唐会要》《新唐书》《资治通鉴》中的记录有的相去甚远，即使同一部书对同一件事在不同章节中的表述也不完全一样。在撰写过程中，对于同一类故事所涉及的起点内容，一般以正史为参照，选取生发出此故事的最早的记录，之后按时间顺序排列资料，梳理其发展过程，对于历史真伪问题不予追究。

武则天故事涉及官方文字记载与民间口头传说两个层面。这里所说的官方不仅指朝廷主持编撰的书籍，同时也包括以文字为载体的其他文献，与"民间口头传说"区别在于是否以文字为载体。民间故事的口头传承性及产生年代的难以确认又给研究造成了困难。故书中尽量少涉及民间故事，在必要时概括故事的主要内容而不引述，故没有详细注明出处。所涉及的民间故事出自刘巽达、包惠珍选编的《中国历代帝王传奇》①；赵岐福等编的《武则天传说故事》②；张定亚的《乾陵传说故事》③ 等。

受制于个人趣味和商业诉求，有些作品价值不高，趣味低下。本书的论证分析无意拔高某部作品，只想通过梳理武则天形象链条上的这些环节，厘清这个形象的来龙去脉。

古代典籍中涉及武则天的资料相对较多，研究成果也不少，笔者对于这些材料尽最大努力搜集。在写作时仅选择有典型性、代表性的文献资料，有些材料无关本书主旨的，暂不涉及。

有些分主题内容涉及很多朝代，为了行文需要将其安排在某个朝代去写，但并不表示别的朝代不涉及这项内容。

书中的章节及行文中的一些概念性归纳并不是完全周延的，只是总体上呈现出这种倾向。如此归纳不表示每一个时期、每一部作品都严格地体现出此主旨。

关于武则天的许多问题，学术界都有争议，与论证逻辑相关的，采取学界比较公认的说法，具体论证过程不再罗列。

在研究过程中，许多具体问题仍需要深入分析，有些方法的运用还不成熟，需要进一步完善。④

---

① 刘巽达、包惠珍选编：《中国历代帝王传奇》，百花洲文艺出版社 1986 版。
② 赵岐福等编：《武则天传说故事》，陕西人民美术出版社 1987 年版。
③ 张定亚：《乾陵传说故事》，陕西人民美术出版社 1986 年版。
④ 参见韩林《古代文学领域中武则天故事研究综述》，《学术交流》2011 年第 9 期。

第一章 武则天的文化形象概说

武则天的形象源于历史，唐宋时的正史对武则天的家世出身、宫廷生活及掌权执政等状况都有详细的记载。从总体上看，武则天的形象可以分为四个发展阶段。唐五代是发轫期，显示出"本色化"的特点；宋元是沿承期，武则天被"异族化"；明代是转折期，武则天被"艳情化"；清代为繁荣期，出现了两种截然相反的倾向，一种是被"妖魔化"，另一种则是被"理想化"。这与当时的时代特点紧密相关。

第一节 正史中的武则天

正史中武则天的事迹主要集中于《旧唐书》《新唐书》《资治通鉴》等，其他如《唐会要》《唐六典》《通典》《唐大诏令集》等也有记载。《旧唐书》把武则天的事迹放在一起，列在本纪中，相对简约，很多武则天的事迹需要参看列传、书、表等内容才能充分了解。

《新唐书》在本纪中列了《则天皇后》，在后妃列传中列了《则天武皇后》，对武则天的介绍更加详细。《资治通鉴》唐纪中列有《高宗天皇大圣大弘孝皇帝》及《则天顺圣皇后》，记载了武则天的相关事迹。

一 家世出身

武则天（624—705），名曌，山西并州文水（今山西文水县东）人。唐太宗李世民的才人，高宗李治的皇后。她改唐为周，登基为帝，定都神都（今河南洛阳），成为正史中唯一的女皇帝，是即位年龄最大（67岁即位）的皇帝，也是中国少有的长寿皇帝之一。死后与唐高宗合葬乾陵。著有《垂拱集》《金轮集》，今已佚。《全唐诗》存其诗。

武则天的父亲武士彟（huò），字信，世代从商，喜欢结交朋友。隋大业末年为鹰扬府队正，唐高祖李渊起兵时常在他家休整，官至工部尚书、荆州都督，封应国公。武士彟原配妻子相里氏早亡，留下武元庆、武元爽两个儿子。武士彟续娶隋宗室杨氏，生了三个女儿。长女嫁越王府功曹贺兰越石，早寡。三女嫁郭氏，早亡。次女即武则天，在她12岁那年父亲亡故。武则天的两个异母兄长与其伯父家的两个兄弟武惟良、武怀运排挤杨氏母女。武则天当上皇后以后，追封其父为太尉，封其母杨氏为荣国夫人，封其寡姐为韩国夫人。提拔武元庆、武元爽、武惟良等在朝为官。后来，武则天上表自请将武氏兄弟派外职，武元庆至龙州赴任时病卒。

韩国夫人早寡，携一子一女投奔武则天。韩国夫人之女贺兰氏曾随母入宫小住，得到了高宗的宠爱。恰逢武惟良、武怀运进宫献食，武则天令人在所献之食物中下毒，贺兰氏暴卒，归罪于武惟良、武怀运并诛之。武元爽等连坐发配岭外而死。武则天令韩国夫人之子贺兰敏之改姓武，承嗣武家，袭封周国公。贺兰敏之恃宠而骄，在荣国夫人丧期，私自挪用武则天给荣国夫人追封之财物，脱丧服宴饮玩乐，逼淫准太子妃，对太平公主的侍行宫人无礼等，武则天恶之，发配雷州。贺兰敏之在路上以马缰自缢而死。

武元爽的儿子武承嗣，在贺兰敏之死后被召还，承袭武氏祖爵周国公，受到武则天的重用。天授元年（690），武则天大封武氏家族，封武承嗣为魏王，武承嗣的儿子武延基为南阳王，武延秀为淮阳王。封武元庆的儿子武三思为梁王，武三思的儿子武崇训为高阳王，武崇烈为新安王。武承嗣为武则天登基当皇帝造舆论方面所为甚多，屡次劝谏武则天杀李唐皇室及大臣中的异己者。武承嗣自认为应当是武周的皇储，令人上表陈情被武则天所拒，郁郁而终。武承嗣的儿子武延基袭爵，因与妻永泰公主及懿德太子等议论张易之兄弟被武则天得知，勒令自杀。

后宫女性参与政治时，多会与朝中大臣产生矛盾。唯一可以放心依靠的力量便是娘家人，即外戚。武则天在宫中要巩固地位时，需要主动打压外戚以表明自己没有野心。武元庆、武元爽、武惟良、武怀运等人在其父亲过世时对武则天母女不善，恰好给了武则天铲除他们的机会。当高宗死后，武则天独掌大权时，外戚的重要性再一次显现出来。武则天家中本没有什么人可依靠，关系最近的几个兄长已经不在，于是他们的儿子武承嗣、武三思等人便被提拔起来。

二　宫廷生活

武则天14岁入宫成为唐太宗的才人，从此进入权力的中心，其14岁以后的人生都是在宫廷中度过的。

（一）丈夫

武则天先后有两位丈夫。第一位是唐太宗李世民。武则天 14 岁时，因"美容止"被召入宫中，封为才人。唐太宗死后，于感业寺削发为尼。第二位是唐高宗李治。唐太宗病重时，身为太子的李治常在床前侍疾，与武则天相识。太宗的忌日，高宗在感业寺中与武则天重逢。《旧唐书·王皇后》中载，"后及左右数为之言，高宗由是复召入宫，立为昭仪"。① 当时王皇后与萧淑妃争宠，王皇后欲使武则天入宫打压萧淑妃。未料武则天独承恩宠，被立为昭仪。王皇后遂与萧淑妃联合起来在高宗面前进言，高宗皆不纳。《新唐书》及《资治通鉴》记载，武则天襁褓中的女儿，在王皇后前来探视后暴毙，高宗因此而憎恶王皇后，武则天更晋宸妃。王皇后与其母柳氏因巫祝厌胜之事被揭发。《资治通鉴·唐纪》载："武昭仪诬王后与其母魏国夫人柳氏为厌胜。"②《新唐书·高宗顺圣皇后武氏》载："昭仪乃诬后与母厌胜，帝挟前憾，实其言，将遂废之。"③ 两本书都用了一个"诬"字，认为这件事是武则天栽赃嫁祸。高宗因此大怒，要废黜王皇后，因长孙无忌等固谏乃止。永徽六年（655），高宗废了王皇后，立宸妃武则天为皇后。王、萧二人被废为庶人，囚于别苑，后来被武则天杀死。显庆以后，高宗苦于风疾，奏章便由武则天批阅。武则天通晓文史，又足智多谋，处理政事往往得到高宗的认可。久之，诸事都由武则天裁决。时间一久，高宗被掣肘，便找褚遂良草诏废后，未想事情泄露，被武则天赶来阻止，武则天自此参与国政数十年。上元元年（674），

---

① （后晋）刘昫等撰：《旧唐书》，中华书局 1975 年版，第 2170 页。
② （北宋）司马光等编纂：《资治通鉴》，中华书局 1956 年版，第 6288 页。
③ （北宋）欧阳修、宋祁等撰：《新唐书》，中华书局 1975 年版，第 3475 页。

武则天与高宗并称天皇、天后，人称"二圣"。

武则天做才人的经历是她增长见识、学习政务、积累经验的绝佳机会。武则天登上皇后之位，表面上是后宫的争宠事件，实际上是朝中新旧势力拼杀的结果。以李义府为代表的新进势力与长孙无忌、褚遂良等为代表的旧势力在皇后人选上成水火不容之势。高宗在这件事中倾向武则天，一方面是情感所归，高宗李治对武则天情有独钟；另一方面，也是李治集中皇权的需要。太宗死后，给李治留下了一大批肱股之臣，他们多曾跟随李世民打过天下，有功于社稷。但对于李治这样一个年轻的皇帝，这些臣子似乎显得功高盖主，成为一种束缚和桎梏。李治在这群功臣、长辈面前，很难放开手脚，随心所欲。在皇后的人选上，李治也是以此为敲门砖，尝试挣脱这些人的牵制。

史书虽然所记为史，但很难做到客观。《新唐书》在武则天列传中针对武则天进宫时写了一个细节，"太宗闻士彟女美，召为才人，方十四。母杨，恸泣与诀，后独自如，曰：'见天子庸知非福，何儿女悲乎？'母韪其意，止泣"。[①] 通过武则天的语言来表现她的与众不同。《新唐书》关于外戚的记载增加了武士彟传，通过一些言行的记录来表现他的性格。其他如与王皇后和萧淑妃之间的事，贺兰敏之疑武则天害其姊妹等，更近于小说笔法。

（二）子女

武则天与高宗生有四子二女，李弘、李贤、李显、李旦，安定公主、太平公主。

长子：代王李弘，高宗第五子。武则天当皇后后，立为太子。

---

① （北宋）欧阳修、宋祁等撰：《新唐书》，中华书局1975年版，第3474页。

《旧唐书·李弘传》载，李弘体弱多病。"上元二年，太子从幸合璧宫，寻薨，年二十四。"①《新唐书》载，李弘仁德，悯恤百姓。见萧淑妃之女义阳、宣城两公主适婚龄而未嫁，向高宗进言。因此激怒武则天而被鸩杀，谥为孝敬皇帝。《资治通鉴》大段描写李弘失爱于武则天，"己亥，太子薨于合璧宫，时人以为天后鸩之也"。②以传言表明武则天鸩杀了长子。

次子：潞王李贤，高宗第六子。容止端雅，处事明审，李弘死后，被立为皇太子。当时宫里有人私下议论李贤是武则天的姐姐韩国夫人所生，武则天又曾多次撰文赐之并作书责备，李贤疑惧不安。明崇俨以符术左道为武则天所信任，恰在此时被盗所杀。武则天怀疑是李贤所为，诏令有司审察，结果在东宫搜得甲兵数百。于是李贤被废为庶人，幽于别所，后迁至巴州。据两唐书载，李旦即位当年，武则天遣丘神勣检校李贤宅，丘神勣迫令李贤自杀，时年 32 岁，谥章怀太子。

三子：唐中宗李显，高宗第七子。太子李贤被废后，立为皇太子。高宗死后继位，皇太后武则天临朝称制。两个月后，李显被废为庐陵王，幽于别所。圣历元年（698）召还，复立为皇太子。神龙元年（705），张柬之、崔玄暐、敬晖、桓彦范、袁恕己等发动"神龙政变"，杀张易之、张昌宗后，拥推太子李显监国。武则天死后，李显复登皇位，返周为唐。景龙四年（710）六月，中宗被皇后韦氏与安乐公主合谋毒死，时年 55 岁。谥曰孝和皇帝，庙号中宗，葬于定陵。唐玄宗时改谥为大和大圣大昭孝皇帝。

四子：唐睿宗李旦，高宗第八子。原名旭轮，后改为李旦。嗣圣

---

① （后晋）刘昫等撰：《旧唐书》，中华书局 1975 年版，第 2830 页。
② （北宋）司马光等编纂：《资治通鉴》，中华书局 1956 年版，第 6288 页。

元年（684），武则天废李显为庐陵王，立李旦为皇帝，临朝称制。及革命，武则天改唐为周时，降为皇嗣，仍用旧名轮，待遇等同于皇太子。圣历元年（698），李显被召还后，李旦称病不朝，请求让位于李显。武则天遂立李显为皇太子，封李旦为相王。武则天临朝，王室动荡，李旦恭俭退让，幸免于祸。神龙元年（705），因诛张易之兄弟有功，晋封安国相王。李显欲立之为皇太弟，坚辞不受。韦后之乱平后，接受禅位为皇帝，后来又禅位给儿子李隆基，称太上皇。五年后驾崩，时年55岁，谥号玄真大圣大兴孝皇帝，葬于桥陵。

长女，安定公主，早夭，谥思。正史中关于这位公主的记录并不多，《旧唐书》没有专门的公主列传，在外戚列传中的《武攸暨》传后附有《武攸暨妻太平公主》的传记，但没有关于这位公主的记载。《新唐书》"诸帝公主"中载有高宗的三个女儿，即萧淑妃所生的义阳、高安两公主和武则天所生的太平公主，安定公主因早亡而未被记录。《旧唐书》载："麟德元年三月丁卯，长女追封安定公主，谥曰思，其卤簿鼓吹及供葬所须，并如亲王之制，于德业寺迁于崇敬寺。"① 这些记载主要集中于公主之死。《唐会要》载："昭仪所生女暴卒，又奏王皇后杀之。"②《新唐书》中载：

> 昭仪生女，后就顾弄，去，昭仪潜毙儿衾下，伺帝至，阳为欢言，发衾视儿，死矣。又惊问左右，皆曰："后适来。"昭仪即悲涕，帝不能察，怒曰："后杀吾女，往与妃相谗媚，今又尔邪！"由是昭仪得入其訾，后无以自解，而帝愈信爱，始有废后意。③

---

① （后晋）刘昫等撰：《旧唐书》，中华书局1975年版，第85页。
② （北宋）王溥撰：《唐会要》，中华书局1955年版，第24页。
③ （北宋）欧阳修、宋祁等撰：《新唐书》，中华书局1975年版，第3475页。

这件事在《资治通鉴》也有记录。这里提到武则天为昭仪时曾经生过一个女儿，但早亡。《旧唐书》和《唐会要》载此女早夭，《新唐书》与《资治通鉴》则认为是武则天杀了女儿以嫁祸王皇后。

幼女，太平公主。武则天长女早殁，只有这么一个女儿，极为宠爱。因其长相及性格与武则天很像，故特承恩宠。初嫁薛绍，薛绍被诛后嫁武攸暨。公主与薛绍生二男二女，与武攸暨生二男一女。神龙政变后李旦复位，因诛张易之兄弟有功，加号镇国太平公主。韦后作乱，太平公主出谋划策，令其儿子与临淄王李隆基共同行动，将李旦推上皇位。因拥立有功，权倾朝野。此后又与太子李隆基暗中较量，一争长短。李隆基抢先下手，诛其党人，将其赐死于家。

（三）面首

正史明确记载武则天有面首，这成为后世大肆渲染武则天私生活的历史依据。有具体姓名的有薛怀义、沈南缪、张昌宗、张易之。武则天成立的控鹤府（奉宸府）被认为是安排面首的机构。

三 掌权执政

辅政阶段。武则天入宫为才人，进入了当时的政治中心，使她获得了一个向历史上非常杰出的皇帝——唐太宗学习的机会。武则天跟随李治二度入宫后，在问鼎后位的过程中寻求大臣的支持，逐渐与朝臣建立联系。显庆以后，因高宗身体的原因，武则天帮助高宗批阅奏折，逐渐参与政治。从高宗与上官仪拟诏书废后事件中可见，当时武则天在政治上基本站稳了脚跟，连高宗都难以撼动。此后一直到高宗驾崩，武则天一直辅佐高宗处理政务。

执政阶段。高宗李治驾崩后，太子李显继位，武则天为皇太后。两个多月后，武则天废李显为庐陵王，立李旦为皇帝，以皇太后身份临朝称制。载初元年（689），武则天登基称帝，由此一直到"神龙政变"（705）时，武则天一直大权在握。

第二节　武则天形象的时代特点

唐代以降，武则天的形象一直处于变化之中，在不同时期呈现出不同的特点。

一　唐五代：本色化的武则天

唐五代是武则天形象的发轫期，这是武则天形象中各个因素的生成阶段。时间上从武德七年（624）武则天出生，到后周显德七年（960）周恭帝退位为止，共 336 年。武则天是出现于唐代的历史人物，她的一生充满了传奇色彩。伴随着武则天在政治领域开始发挥作用，关于她的记录开始增多。这一时期出现了涉及政治文化、宗教文化、神秘文化、性别文化等不同领域的类别分野，零星的记录及短篇故事为后世提供了叙述的蓝本和撰写的起点。这一时期的文献总体上有以下几个特点。

篇幅上相对较短。这一阶段的作品集中于史书、野史及笔记小说，除了史书中的传记类作品篇幅相对比较长以外，其他作品多是只言片语，或是简短的小故事，长篇作品比较少见。

内容上相对写实。这些作品大体上是关于武则天的言行、施政措施、朝野逸事的记载，接近历史上武则天的真实面貌。《隋唐嘉话》《大唐新语》等书的内容大多都是撷取当时的朝野传闻，《纪闻·裴伷先》《集异记·集翠裘》两则故事比较有代表性，引起了后人的广泛关注，出现了许多同题材的作品，贯穿了整个武则天故事系统。

叙事手法上相对客观。这一时期关于武则天的记载主要集中于正史、野史及笔记小说。大多数采取客观叙述的笔法，即使是小说也是实录风格，接近历史。

（一）政治才能

重用人才，奖罚并举。史载武则天非常重视人才，她曾经通过多种途径选拔招揽人才。她鼓励自荐和命大臣举荐。《旧唐书·则天皇后本纪》载，垂拱元年（685）五月，"诏内外文武九品已（以）上及百姓，咸令自举"；永昌元年（689）六月，"令文武官五品已上各举所知"；载初二年（690）十月，"制官人者咸令自举"；《新唐书·则天皇后本纪》载，文明元年（684），令"职官五品以上举所知一人"。武则天还设立了试官制度，对于有才能的人，打破门阀制度的界限，破格提拔，使寒门子弟也有机会一显身手。

对于选拔上来的官吏，委以重任，赏罚分明。陆贽于贞元八年（792）所上的《请许台省长官举荐属吏状》中说："往者，则天太后践祚临朝，欲收人心，尤务拔擢，弘委任之意，开汲引之门，进用不疑，求防无倦，非但人得荐士，亦许自举其才。所荐必行，所举辄试，其于选士之道，岂不伤于容易哉！而课责既严，进退皆速，不肖者旋黜，才能者骤升，是以当代谓知人之明，累朝赖多士之用。"① 对武则天选拔及任用人才方面给予充分肯定。《新唐书》载："太后不惜爵位，以笼四方豪杰自为助，虽妄男子，言有所合，辄不次官之，至不称职，寻亦废诛不少纵，务取实材真贤。"② 整个唐代，入《良吏传》的人数，属高宗及武后当政时的比例最高，这在某种程度上是武则天成功用人的表现之一。

完善科举，选拔人才。科举制创立于隋朝，隋文帝开始用分科取士的办法来选拔人才。隋炀帝设立明经、进士两科，按考试成绩录取应试者，标志着科举制度的诞生。唐太宗时规定定期举行科考，考试科目比隋代有所增加，常设的考试科目有秀才、明经、进士、明法、明书、明算等。武则天对科举制度的完善起了重要作用，主要有五项。一是制举，这是汉代设置的为了招揽"非常之才"，由"天子自诏"的考试，武则天充分利用这一制度选出了大批优秀人才。二是进士科，武则天抬高了进士科的地拉。三是殿试，武则天在洛城殿亲自测试贡举人，开创了后世"殿试"的先河。四是糊名，为避免裙带关系左右考试，武则天命令把试卷上的名字遮盖起来进行暗审，糊名阅卷至此开始。五是武举，武则天首次开设了武举，内容有骑射、步射、马枪、负重等，考中的人可以任命为武官。唐朝中兴名将郭子仪就是由武举进入仕途的。这些举措对中国的科举制度影响深远。

广开言路，善于纳谏。武则天主张"广言路，杜谗口"，对于大臣的意见大多能够从善如流，并采取措施以保证谏言渠道的畅通。她曾经为了方便"言事投书者"，在东、西、南、北四个方位设立了"铜匦"。官员及百姓可以把自己的文章、对朝堂之事的见解及自身的

---

① （唐）陆贽：《陆贽集》（下），中华书局 2004 年版，第 546 页。
② （北宋）欧阳修、宋祁等撰：《新唐书》，中华书局 1975 年版，第 2851 页。

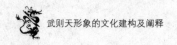

冤情等投入其中。

发展生产，重视农业。武则天在唐高宗时提出的"建言十二事"中明确表达了自己的主张。她特别注重发展经济，包括农业、手工业、制造业和商业等。采取一系列措施，奖励农桑、实行屯田、兴修水利、轻徭薄役。这些措施促进了社会经济的快速发展，人口数量迅速增加。

（二）情感生活

这一时期，关于武则天的情感生活的记载集中于几个事件的描述。一是关于武则天进宫及与唐太宗的故事；二是武则天与李治的故事；三是武则天与王皇后及萧淑妃的故事；四是关于武则天与薛怀义及张易之、张昌宗等人的故事。这些记录零星分布于史书及野史笔记中，相对客观。此外，这一时期关于武则天的记录还涉及文化、宗教、军事等诸多方面。

二 宋元：异族化的武则天

宋元是武则天形象的沿承期，也是无顾忌地评价武则天的开始。在时间上，从北宋建隆元年（960）宋太祖赵匡胤陈桥兵变建立宋朝，到元朝至正二十八年（1368）大都失守，共400多年。这一时期关于武则天的记录基本上继承了唐五代的写作内容，并在此基础上进一步发展。但在撰写过程中进行了筛选，主观因素影响了武则天形象的走向。

体裁种类增多。宋代是修撰唐史的高峰期，主要集中于正史的重写。以欧阳修等人的《新唐书》和司马光的《资治通鉴》为代表，士大夫把武则天放在正统的框架内来评价，主观色彩比较严重，导致关于武则天的记录中，史学与文学之间的界限变得模糊。这一时期出现了大量的类书。虽然类书的内容是分类收集编撰前代的资料，却无法抹杀时代色彩。宋元时期出现了很多新的体裁，如散曲、金院本、元杂剧等。但由于通俗文学难登大雅之堂，许多作品已经散佚，难以窥其全貌。此外，文人士大夫的文集中常能看到对武则天的评论。这是一个整合前代素材，生成新内容的时期。

内容更加丰富。唐五代时期的作品有的只是简短的记录，情节性不强。有些将原来的零星记录整合到一起，按照因果关系加以排列，再完善细节，使片段性的史料连缀成完整的故事。如关于武则天与王皇后和萧淑妃二人的故事，在唐代的记录仅百余字，而在元代则出现了同一题材的戏剧，如《武则天肉醉王皇后》《武则天》等，演变成了复杂的故事。

艺术手法上增加了虚构的内容。这一时期的作品题材大部分沿承了唐五代的内容，但在写作手法上，运用了文学手段加以修饰，虽然已经偏离了武则天的本来面目，但还没有偏离太远。如《吉凶影响录·武后狱》中描写黄靖国在死后进入冥间，看到武后时期的酷吏受到严厉惩罚的故事，寄托了作者对酷吏政治的批判。这其中不乏想象虚构的成分。金元时代的戏曲作品运用多种艺术手段塑造人物形象，表现形式更加多样化。

（一）以武则天表达驱逐异族的愿望

国家分裂及异族统治的政治环境使士大夫十分重视正统问题。有宋一代，边疆问题一直比较突出。南宋偏安一隅，丢失的北方一直是士人的终生耻辱。"靖康耻，犹未雪，臣子恨，何时灭"，恰是这种心态的表达。特殊的政治环境，使士人对政权的正统性一再强调。南宋

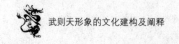

陈亮在《酌古论》中说"晋虽弱,中国也。秦虽强,夷狄也",强调的就是华夏正统观,郑思肖对正统问题也非常重视。

郑思肖(1241—1318)生活于宋末元初,宋亡之后改名思肖,"肖"是繁体字"趙"的组成部分,即思念赵宋的意思。字忆翁,表示不忘故国。号所南,日常坐卧,都要向南背北。堂匾题为"本穴世界","本"字可以拆为"大"和"十"二字,"十"置于"穴"下为"宋",合为大宋。元军南侵时,郑思肖曾向朝廷献抵御之策,未被采纳。后客居吴下,寄食报国寺。曾著《大无工十空经》一卷,"空"字去"工"加"十"为宋,即《大宋经》。擅长画墨兰,花叶萧疏而不画根土,意为宋土已被元人所夺。他为所画的菊花题诗为"宁可枝头抱香死,何曾吹落北风中",以表气节。临终前嘱咐其友在其牌位上书写"大宋不忠不孝郑思肖"。可见,郑思肖的整个人生都沉溺于亡国的痛苦之中。

郑思肖强调正统观念,不仅否定武则天的帝王地位,甚至连她的皇后地位也一并否定。他认为正统应该具备三个条件,一是黄帝,夏后氏之后;二是必须是天子所封;三是男性统治。在他眼里,只有黄帝及夏后氏的后代才是华夏正统,北朝因与中国抗衡,故北史应黜为"胡史"。南朝虽地处一隅,但因是华夏一脉所系,故应尊崇为"四朝正史"。隋代杨坚因为是异族,故应黜其国名、年号,直书其姓名及甲子。唐代的统治者本是夷狄,但因为享国久盛,姑且列于中国,但仍不应该以正统对待,如遇到与帝王相关的行为如诏、封禅、郊祀、太庙等事,应直书"某僭行某事"。在提到女性执政时,认为"吕后称制八年,武后称制廿一年,牝鸡司晨,俱恶逆事,书法同前;但仍书曰吕后；但武后本非高宗后，其名不正，亦不当以后书之"①。

吕后、武后因为是妇人，所以连"僭"和"逆"都不够资格。"夷狄行中国之事曰'僭'，人臣篡人君之位曰'逆'，斯二者天理必诛。王莽、曹操为汉臣，逆也；普六茹坚乃夷狄，吕后、武后乃妇人，五代八姓乃夷狄盗贼之徒，俱僭也，非天明命也……圣人、正统、中国，本一也，今析而论之，实不得已。是故得天下者，未可以言中国；得中国者，未可以言正统；得正统者，未可以言圣人。唯圣人始可以合天下、中国、正统而一之。"②郑思肖借武则天之史，言宋朝之事，在民族矛盾尖锐之时，正统观又打上了民族主义的烙印。

（二）借反对异性表达反对异族统治

元人借反对武则天来表达反对异族统治的愿望。宋人虽然丢失山河，但还有立足之地，元人则没有这么幸运，所以这种民族感情更加强烈。因处于异族统治之下，元代人不敢公开叫板，故武则天就成了现成的言说对象。他们认为"妇人不可加于男子如夷狄不可加于中国也"，把正统性与民族性合为一体③。

陆文圭（约 1256—1340）是元代文学家，字子方，江阴人。南宋咸淳年间考中乡试，南宋亡国之后，隐居城东，人称"墙东先生"。元代延祐年间恢复科举，他被强令参加，再中乡举。朝廷多次征召，陆文圭都没有应聘。他有一首诗《戏狄怀英》："花样精神月样妆，妖魂不以近忠良。如何凰阁平章老，欲事宫中妩媚娘。"④怀英是狄仁杰

---

①　（宋）郑思肖：《郑思肖集》，陈福康校点，上海古籍出版社 1991 年版，第 132 页。
②　（宋）郑思肖：《郑思肖集》，陈福康校点，上海古籍出版社 1991 年版，第 132 页。
③　（明）陆容：《菽园杂记》，佚之点校，中华书局 1985 年版，第 124 页。
④　北京大学古文献研究所编：《全宋诗》（第 71 册），北京大学出版社 1998 年版，第 44599 页。

的字，他一直都是被当作李氏王朝的中流砥柱来塑造的。但这首诗歌竟然把怀英作为调侃的对象，一个"戏"字体现出作者嘲讽的态度。"妖魂"两字，把武则天视为祸国殃民的妖孽。"凰阁平章老"指狄仁杰，唐代实行九品中正制，唐初设立中书、门下、尚书三省总理政务。三省长官中书令、侍中、尚书左右仆射都是宰相，正三品（一、二品是虚职）。有时候，皇帝指派其他官员参与朝政机密，有些人官阶较低，就采用"同中书门下三品"或"同中书门下平章事"的头衔，以示与宰相享有同等权利。后来"同三品"成为参政标志，即使品级高于三品者，也要加此衔才能成为宰相。"平章"即辨别评判，唐代非中书令，门下侍中而又实际担任宰相的人授予此衔。武则天改大周时，把中书省改名为凤阁，门下省改名为鸾台，故"同中书门下三品"与"同中书门下平章事"改称为"同凤阁鸾台三品"与"同凤阁鸾台平章事"。《新唐书·狄仁杰传》载狄仁杰曾"拜鸾台侍郎，复同凤阁鸾台平章事"。诗中"凰阁"指"凤阁"，"凰阁平章"也就是"同中书门下平章事"。作者还特意使用"宫中"二字，以示与"朝中"之不同。第一句是说武则天这个妖孽主动接近忠良之臣，第二句则是反问，武则天这样也就罢了，为什么像狄仁杰这样的"忠良"，却要为她做事呢？

陆文圭由宋入元，可以说是前朝遗老。国家败亡，进入新朝，新朝又是"异族"。亡于"异族"之手与正常的朝代更替对于士人来讲具有不同的意义，相当于在"亡国"的基础上增加了一层"亡族"的意味，这种心灵上的打击令他们不堪重负。陆文圭入元以后屡召不应，其原因不言而喻。此时他戏狄怀英，即是以一种游戏的态度自嘲，同时表达自己不仕新朝的决心。由于当时处于元蒙统治之下，人们不敢公开反对，只好采取这种曲折的方式来表达这种对抗情绪。

三　明代：艳情化的武则天

明代是武则天形象的转折期。时间上从明太祖朱元璋洪武元年（1368）建立明朝开始，到明思宗朱由检崇祯十七年（1644）于煤山自缢，历时270余年。明代的武则天形象继承了前两代的研究成就，同时又加以发展。武则天形象成为人们表达自己欲望的万花筒，虚构的内容占主流，武则天被艳情化倾向比较明显。

体裁上更加丰富，从以前偏重于历史记录转向文学创作。这一时期的武则天已经退出了史书的舞台，在文人士大夫的政论、文集中频频出现。武则天的形象集中于小说和戏曲，出现了中篇、长篇作品。随着印刷术的发展，明代的武则天画像开始增多。

内容上将武则天艳情化。此前的小说多是短篇文言，明代白话小说占主体，出现了以武则天为主人公的中篇和长篇小说，戏曲也有数部。这一时期的作品不再局限于史实，加入了很多杜撰的，尤其是歪曲、诋毁武则天的内容，产生了一大批艳情小说，如《如意君传》《浓情快史》《情史》《天史》等。这些小说把写作重点转移到了武则天的私生活领域，描写武则天与太宗、高宗尤其是面首的淫乱生活，把武则天写得与娼妓无二，如同一个不知礼义廉耻的女人。

艺术手法上以虚构为主。长篇小说和大量戏剧的出现，虚构、想象、夸张等许多手法都加入进来，武则天成为一个被创作出来的形象。

（一）作为君主荒淫无度

明代部分小说中的武则天，过着荒淫无度的生活。人们用大量的笔墨渲染武则天与面首之间的故事。历史上有名有姓的面首已经不能满足人们写作的需要，便虚构出一批子虚乌有的人物。如小说《如意君传》中的薛敖曹。武则天因为宠信面首，置朝堂大事于不顾，导致朝政混乱。在这些小说中，已经不再用传统道德的外衣掩盖内容上的堕落，恰如鲁迅先生所指出的，晚明小说以叙床第之事为时尚，"至于末流，则蓄意所写，专在性交，又越常情，如有狂疾……其尤下者，则意欲蝶语，而未能文，乃作小书，刊布于世"①。

（二）作为祸水狐媚惑主

武则天"祸水"之说的源头是骆宾王的檄文。骆宾王在《代李敬业传檄天下文》中明确斥责武则天"入门见嫉，蛾眉不肯让人；掩袖工谗，狐媚偏能惑主"。之后历代关于武则天的形象中几乎都有这项内容，人们一再强调武则天"惑主"本领之高。但在明代，人们却把这项内容具体化。艳情小说把武则天塑造成类似荡妇的形象。在《混唐后传》中，武则天把人们印象中雄才大略的唐太宗迷得七荤八素，不仅如此，又把唐高宗拉了进来。武则天的魅力使胆小的高宗竟然敢冒天下之大不韪，与父亲的才人私通。甚至违背父亲遗命，把出家感业寺的武则天再度接回宫，立为皇后。

四　清代：妖魔化与理想化的武则天

清代是武则天形象的繁荣期。时间上从清顺治元年（1644）清兵入关到宣统四年（1912）溥仪下诏退位，共260余年。清代的武则天形象沿袭了明代所开创的新局面，描写武则天的各体作品都达到了较高的水平。不仅继承之前的故事形成的精彩的单篇小说，还出现了系

---

① 鲁迅：《中国小说史略》，人民文学出版社1952年版，第192页。

列小说，与前代的作品一起构成了"说唐系列"与"公案系列"等。

体裁上承袭前代类型。武则天故事在明代时基本上已经众体兼备，清代基本沿袭明代。新出现的体裁如弹词等并没有出现关于武则天的影响较大的作品。主要仍集中于小说类、戏曲类、诗歌类和总集类、图像类等。

内容上出现妖魔化和理想化两种相反的倾向。主要集中于长篇小说和戏曲，内容多是无中生有。

艺术手法发挥到极致。这一时期的作品，集前代各种艺术手法之大成，把多种艺术手段都发挥到了较高的艺术水平。熟练运用变形、反讽等手法，使武则天故事变得五花八门，令人大开眼界。

无论是从数量上还是质量上，这个时期的武则天形象内涵更加丰富。

（一）妖魔化的武则天

清代的思想钳制比较严重，像武则天这样的"另类"很难令人容忍，所以这一时期人们不遗余力的丑化武则天。在政治上把她塑造成祸水，成为迷惑君王的狐狸精。唐太宗和唐高宗在她的魅惑下，不理政务，荒淫无道，误国殃民。在生活上，把武则天整个人全面丑化。随意编造面首，出现了薛敖曹、张玉、张采、张保、张天左、张天右等一大批虚拟的人物。人们已经全方位地丑化了武则天，很难再找出新内容了，于是便挖空心思地从中国人传统意识最重视的大事——传宗接代上大做文章。别出心裁地编撰出她与面首生下的一个孩子，虽然是人的身体，却长着个驴（骡）头。这位长着驴（骡）头的太子，不可能有后代，以诅咒武则天会断子绝孙。怪物后代是清代小说家发明出的丑化武则天的新的生长点。小说家不遗余力地丑化武则天，目

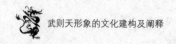

的是昭示后来者，像武则天这种"牝鸡司晨"的女人绝对没有好下场。

（二）理想化的武则天

清代还出现了一类新的武则天形象，即女性参与社会事务所依赖的理想明君。性别本不存在优劣之分，但在人类的历史发展进程中，女性却被后天的变成弱者。在古代中国，尤其是明清时期，女性被禁锢在院墙之内，以相夫教子为人生追求。但走出院墙，参与社会事物的意识却很难泯灭。这种思想在现实中很难找到出口，便在艺术作品中表现出来。女性参与到社会中去，必须有当政者的允许和支持才可能实现。纵观中国历史，武则天是女皇帝，曾经采取一系列措施提高女性地位，重用上官婉儿等女官，重视才女等事迹，使她成为最适合的女性明君角色。清代部分小说中的武则天，对女性格外关注，能够照顾到女性的诉求，反映了人们的心理期待。一方面，这是朦胧的尚未完全觉醒的女性意识的反映；另一方面也是失意文人的寄托之笔，用闺阁女儿的纯洁本真与贵族官僚政治体制相对应，借女性形象言说男性话语。

第三节　武则天形象嬗变的时代原因

武则天形象随着社会的发展而显示出不同的面貌，这与当时的政治环境、军事状况、经济发展、社会思潮等因素密切相关。

一　唐五代：本色化武则天的原因

唐五代时期，关于武则天的记录基本上是"实录"风格。这是伦理道德以及史家秉笔直书的结果。无论从尊敬祖先的角度还是孝顺的角度，无论皇族、士大夫及普通民众内心怎么看待武则天，在官方文化中，必须维持武则天的正面形象，这是李唐王朝的尊严所在。

"孝"的伦理作用。作为子孙后代，唐代的统治者必须对武则天保持尊崇的态度。"百善孝为先"，传统文化对"孝"极为重视。这是对一个人安身立命最起码的要求。唐代是李氏的天下，武则天虽然改唐为周，但临终前遗嘱祔庙、去帝号，归葬乾陵，即反周为唐，不再以帝王的身份，而是以皇后的身份与高宗合葬，回归李家宗庙。这就给自己的身后之事一个明确的定位。她希望自己死后不会曝尸荒野，希望李氏家族能够接纳她，能够享受到后世子孙的祭祀。中宗、睿宗都是武则天的儿子，他们对母亲都相当尊敬。中宗李显在《答敬晖请削武氏王爵表敕》中评价说："则天大圣皇帝，内辅外临，将五十载，在朕躬则为慈母，于士庶即是明君。"① 武则天之后的统治者，都流着武则天的血液。当政者都是她的子孙，对父母祖先保持尊敬的态度是理所当然的。《孝经》云"夫孝，始于事亲，中于事君，终于立身"。作为君主，统治者必须为天下表率。"孝"所关乎的并不仅仅是一家之事，更是天下的君臣大秩序。慎终追远，克绍箕裘，才能敦亲睦族，民德归厚。统治者身体力行，才能为民示范。

"忠"的约束作用。忠君思想是儒家文化的重要内容。它伴随着君主专制制度产生，是维护家族统治的道德保障。"君使臣以礼，臣事君以忠"（《论语·八佾》）。对于大臣而言，无论君主是贤明还是昏庸，都必须绝对服从，对君主保持虔敬之心，是"忠"的内容之一。虽然武则天是女性，但她同时也是一个君主，从道德上来看，臣

---

① （唐）李显：《答敬晖请削武氏王爵表敕》，李希泌等撰《唐大诏令集补编》（上），上海古籍出版社 2003 年版，第 64 页。

子必须为她效忠。神龙政变中,"五王"虽然迫使武则天退位,但也只是杀了"二张",并不敢对武则天无礼。姚崇在武则天移居上阳宫时呜咽流涕,以尽臣礼。崔融的《则天大圣皇后哀册文》中称赞武则天:"英才远略,鸿业大勋,雷霆其武,日月其文……四海慕化,九夷禀朔,沉璧大河,泥金中丘,巍乎成功,翕然向风。"① 对于唐代武则天时期及之后的所有朝臣,武则天要么是其君主,要么是其先君。无论从哪个角度看,都是君臣关系。作为臣子,对武则天必须保持臣礼。

"礼"的规范作用。儒家文化要求以"礼"为上。孔夫子在删定《春秋》时本着"为尊者讳,为亲者讳,为贤者讳"(《春秋公羊传·闵公元年》)的原则和态度,在后世成为一种传统。古代社会,统治阶级必须维持自身在普通民众中的权威,帝王的"至尊"地位是不允许侵犯的。武则天是李唐皇室不可或缺的一环,如果败坏武则天的名声,就会损害到李唐皇室在人们心目中的地位。维护武则天的正面形象,对于李唐皇室来说,也有一层"家丑不可外扬"的意味。"礼"的规范作用使文人士大夫必然要考虑这一因素。此外,对于普通民众来讲,在"家天下"的专制王朝,妄议皇室是相当危险的一件事,没人愿意因为文字言论为自己招来杀身之祸。

此外,史家"实录"精神的客观效果。唐五代时期,关于武则天的记录很多出于史学家之手。尊重客观事实,秉笔直书,是史家的使命。故关于武则天的记录相对比较客观。

二 宋元:异族化武则天的原因

唐代关于武则天的记载多是就事论事,宋元时期则多了一层讽刺

---

① (唐)崔融:《则天大圣皇后哀册文》,李希泌等撰《唐大诏令集补编》(上),上海古籍出版社 2003 年版,第 64 页。

现实的意味。

与异族对立的政治现状。宋元是中国历史上一个比较特殊的时期。北宋与辽、西夏等少数民族政权形成对峙之势，"靖康之变"使宋人体会到了深切的"国耻"和"族耻"；南宋与金国一直处于胶着状态；元代蒙古人入主中原，统治华夏。整个这段时期，可以说都是笼罩在民族矛盾之下。北宋初期，士大夫从正统性的角度指责武则天"牝鸡司晨"。当民族矛盾激化，受制于现实又不敢公开反对时，武则天成为一个指桑骂槐的靶子，士人借反对异性执政表达反对异族统治的愿望。

文人士大夫的民族情绪。受当时的政治局势、军事力量、民族问题等因素的影响，文人士大夫的民族情绪空前高涨。在当时面临"危急存亡"的时刻，文人士大夫想表达自己的观点，却碍于统治者而不敢明目张胆发表言论。当触及武则天时，这种民族情绪找到了宣泄口，他们拿武则天大做文章，以反对武则天来表达驱逐异族的愿望，以反对异性执政来反对异族统治。

三　明代：艳情化武则天的原因①

艺术作品通过时代的交替、风俗变化的思考，反映一定区域的社会文化，风土人情，揭示当时的社会内容与文化特质，是人心、人性的本质及其欲望、理念与价值的沉淀。明代生产力的发展及社会经济的变革，导致原文化的裂变，在新的文化还没有完全建立起来时，人们常常会丧失原有的价值观，处于混乱状态。武则天在明代被艳情化，除了人物本身的因素外，明代的社会氛围也起了重要

---

① 参见韩林《明清小说艳情化武则天的原因浅析》，《名作欣赏》2016 年第 23 期。

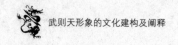

作用。

（一）统治阶级的影响

明代皇帝的生活，影响了当时整个时代风气。"歌谣文理，与世推移，风动于上，波震于下"（《文心雕龙·时序篇》）。从明宪宗（成化）到明末约 100 多年间，明孝宗、武宗、世宗、穆宗诸皇帝，不仅后宫佳丽三千，而且龙阳之好亦盛，以献房中秘方而得官的人不在少数。甚至发生皇帝因服药而死的情况。上行下效，皇帝如此，大臣效之，平民亦受其影响，形成房中术大盛，色情书籍泛滥的局面。

明宪宗朱见深由于经历了"土木之变"前后数次废立，对从两岁起就开始照顾、保护他的宫女万氏产生了深深的依赖。朱见深继位后，把这位比他大 19 岁的万氏立为贵妃，专房独宠。随着年龄的增长，万氏担心自己年老色衰，以春药固宠，朝中小人也以献房中秘方求进。明武宗在位 16 年，建立豹房和诸多寺院（供养三教九流之人如乐师、回教徒、喇嘛僧等）供自己淫乐。除此之外，还经常外出游幸，每到一处便强抢民女。有一次他去扬州，当地百姓听到消息，突击"嫁女"，一夜之间差不多把所有的少女都嫁光了。世宗嘉靖皇帝好道求长生，宫女杨金英等不堪其苦，铤而走险，上演了绞杀皇帝的"壬寅宫变"。这种风气也使百姓深受其害，据《万历野获编》记载，一些方士为了制春药，竟阉割男童，以至于人心惶惶，生怕孩子丢失。神宗万历皇帝宠爱郑贵妃，因"国本之争"几十年不上朝。光宗继位仅两个月，就因服用红丸而暴毙。统治者的所作所为，对朝野氛围、社会风气影响巨大。

（二）晚明思潮的冲击

宋明理学对人们的思想禁锢颇深，"三纲五常""三从四德"等思想极大地扼杀了人的自然欲望和本性。如果从心理学的角度来看，欲望的被压抑并不等于被消灭，而是被禁锢在潜意识中，一有机会便会变本加厉地寻找出口。这种压抑越强烈，宣泄的欲望便更强。宋明理学并非如后世所说的那么不近人情。艾梅兰在《竞争的话语——明清小说中的正统性、本真性及所生成之意义》中认为理学并不否定"情"，只不过把情的表达置于礼义规范之内。目的不在于泯灭"情"，而在于使"情"礼义化①。理学在传承过程中部分地被歪曲，一些随口而发的议论原本只是细枝末节，却变成了金科玉律。如"饿死事小，失节事大"等话语，本来并不是说话的重点，但却被后人奉为经典。

晚明的心学极大地解放了人们的思想。戴震认为物欲与情感是人性的基本部分，物欲使人投身于自然与社会的创造性活动，情感是一种内在的生命力量，使人与外界环境产生互动。他提倡以遂人之欲的方法疏导人的感情，而不是用禁锢的方法压抑人性。李贽、袁宏道、冯梦龙等人把这种思潮引入了通俗文学领域。李贽的"童心说"，公安派的"性灵说"都强调率性而为，宣扬人的自然本性，肯定世俗享乐，抨击禁欲主义。思想的解放使文学中的爱情被当成感情的自然流露而被大力渲染，还常常与"欲"联系起来。晚明时期出现了一大批这样的文学作品，如《金瓶梅》《痴婆子传》《绣榻野史》《浪史》《昭阳趣史》《玉妃媚史》等。"虚构的诗人和情人作为一种新的文化理想创造物的一部分，开始取代表现自我牺牲的贞节或忠孝之德的传统传记模式。性欲的小说化表现不再需要被伪装成政治或道德寓言，因为各种形式的情感都变成了道德原理的一种补充——甚至是道德的基础。在许多情况下，

———————

① ［英］艾梅兰：《竞争的话语——明清小说中的正统性、本真性及所生成之意义》，罗琳译，江苏人民出版社2005年版，第54页。

'情'的表达已成为本真性的道德表演的标志。"① 心学的兴起，使理学的霸权地位开始松动，给文人思想的变化提供了契机。

(三) 商品经济的影响

艾布拉姆斯在《镜与灯》中认为文学的四要素是作家、作品、生活和读者。经济通过改变文人的价值观、人生观、职业观等改变作家的创作倾向和内容，改变读者的群体及阅读方式。文学从文人自娱的享受变成了大众的消费产品。

商品经济的发展把文化与商业联系起来。明代的商业相对比较发达，明成化、弘治以后，高额的商业利润吸引了社会各阶层人士的参与。农民、和尚道士、大臣、王公贵族都参与到其中。② 从事商业成为一种时尚，甚至正德皇帝也以开酒馆为戏。晚明的社会环境，使人们的价值观发生了转变，许多文人"弃儒服贾"，弃学从商，文人加入了商业队伍。读书人能够看书识字，具有一定的文化素质。许多商业活动如操作账目、订立合同、借贷典当、甚至商务诉讼等都需要有一定的文化知识。从事与文化相关的商业活动，既能获得经济实惠，又不失士大夫的高雅趣味。许多行业对于文人来说具有天然优势，如经营书铺、字画古董买卖、出版印刷业等。

失意文人是艳情小说创作的人才储备。文人需要经济来源。科举制度的连贯性使社会上形成普遍读书的风气。读书人向往能在科举考试中出人头地，但幸运儿毕竟只是少数，大部分人无法通过功名以求

---

① ［英］艾梅兰：《竞争的话语——明清小说中的正统性、本真性及所生成之意义》，罗琳译，江苏人民出版社 2005 年版，第 68 页。

② 成化时，南京报恩寺、承恩寺等都经营贸易。许多高官如权臣严嵩家商号众多，徐阶退休后在京师也开了许多店铺。明初明令禁止宗室经商，明后期这个禁令被打破。正德时期湖广荣王乞请店肆一千五百五十八间（《明武宗实录》），福王开设马店、炭厂等（《国榷》），周王府经营酒业（《明孝宗实录》）。宦官帮助皇家经营古玩、绸缎等，称"皇店"。

取富贵。许多人终身不第，即使侥幸得中，也不一定能马上任职，除了荫承祖业，没有什么经济来源。为了贴补课业，必须自谋出路，撰写小说就是其中之一，他们成为此类小说创作的人才储备。

市民阶层的出现是艳情小说的消费主体。现实社会生活方式、生存环境、传播渠道及传播载体的改变，对作家和读者都产生了一定的影响。都市商业文化的发展，促进了新兴市民阶层的产生。市民阶层是大众文化消费的主体，他们是艳情小说的主要消费者。文学作品只有满足了大众读者群的需要，才会有市场，有销路，书商、出版商等群体才会趋之若鹜。这一文化事业的发展会刺激消费，促进商业繁荣。商业利润的刺激，又会反过来促进这种小说的发展。

印刷术的普及为艳情小说的盛行提供了技术支持。明清时期，江南出版业十分繁荣。江南地域士人读书应举是首选，而且非常擅长科考。巨大的科考市场催生了八股文选刊刻出版业。"江南选家之多，选择之精，坊间翻刻之快，流布之广，成为时文大本营。顾炎武感慨地说：'至一科旁稿之刻，有数百部，皆出于苏杭。而中原北方之贾人，市买以去。'"[①] 书商成为一个群体，出版业成为一种产业发展起来。

四 清代：妖魔化武则天的原因

清代统治者对思想的控制比较严格，"文字狱"时有发生。人们对当时社会事物的一些看法，不敢公开表露，便借武则天之形象，言说自身话语。

慈禧掌权的影响。清代慈禧当政，虽然她并没有公开声明自己效

---

① 夏维中、范金民：《明清江南进士研究之二——人数众多的原因分析》，《历史档案》1997 年第 4 期。

法武则天，但实际上她的所作所为有目共睹。武则天执政时掌控了李显、李旦两位皇帝的废立，慈禧同样也把同治、光绪等完全控制在自己手中。武则天执政约50年，慈禧掌权也近50年。武则天公开养面首，慈禧的私生活据说也有很多难以言说之处。武则天修建的明堂，顶端立一金凤，下面是九龙盘绕，形成九龙朝凤之势。慈禧的菩陀峪定陵中，隆恩殿周围的汉白玉栏杆，浮雕都是龙追凤图案，76根望柱的柱头雕刻打破了传统龙凤相间的排列顺序，全部把柱头雕刻成翔凤，把龙雕在柱身内外两侧，形成"一凤压两龙"之态，殿前的丹陛石打破了传统的龙凤并排格局，改成凤上龙下的图案，彰显着围绕皇权的性别角逐。鉴于清代的社会环境，慈禧无法在活着的时候称帝，便把这种想法寄望于死后，在陵墓建设上寄托自己登基为帝的梦想。

清代多部关于武则天的作品都有影射慈禧的倾向。《武则天四大奇案》中用了一半的篇幅描写狄仁杰与武则天的对峙。认真阅读可以发现，武则天身上时时能看到慈禧的影子。苏兴及魏泉等学者认为这部作品是借武则天影射慈禧太后，抨击时政，是"借古人为式法，举往事以劝惩"。清代许多反对慈禧的人都将其比作武则天。如刘禺生《世载堂杂忆》载当时的小报刊载说唐故事，以武则天指西太后，以李旦指涉光绪。阿英在《晚清戏曲小说目》中著录有《武则天》。《新小说》1903年刊登了春梦生编写的京剧《维新梦》。该剧表现了武则天撤帘归政，新君继位，广纳贤才，实行新政，海内一片新气象。帝党与后党矛盾加剧，太后罢免帝党重臣，并密诏荣禄带兵进京铲除帝党，废帝更立新君。剧中以武则天影射慈禧太后，内容是百日维新，取材于《光绪皇帝实录》《清史稿·康有为传》等。晚清涉及百日维新内容的作品很多都采用这种写法。

伦理道德意识的影响。武则天是李家的媳妇，按照儒家的伦理道德，尤其是清代贞节观念的影响，丈夫死后，即使不随之而去，也应该自守本分。武则天不仅与他人关系不清不白，还公开养面首，这在清代是绝对不允许，也是必须被扼杀的。无论是统治者从维护纲常以巩固统治为目的，还是士大夫从维护传统道德，以纯化社会风气为目的，都把武则天视为洪水猛兽。生怕这个女人的行为会激起女性被压抑扭曲的思想意识的复苏，便把武则天当成一个活靶子，把她钉在历史的耻辱柱上，让所有的女人都不寒而栗，望而却步。

武则天形象的历史演变折射出社会的发展变化。武则天的历史形象不变，文化形象则随时代而变，不同时代的人们根据自身的立场对武则天的事迹任意取舍。当民族、政治问题突出时，武则天的政治方面会受到重视。当对女性的贞洁观严格要求时，武则天的私生活便成为关注的焦点。文学艺术通过塑造形象来传达道德观念，道德评判标准反过来又通过多种方式限制艺术的表现形态。

第二章　政治文化中的武则天形象

　　古代社会，女性被人为地踢出了政治社会领域。女性参与政治从一个正常现象变成了一个反常现象。武则天因为"牝鸡司晨"而备受诟病，对其皇位正统性的质疑贯穿始终。以此为核心，不同时代的故事又渗入了独具特色的内容。总体看来，武则天形象每况愈下，只有清代出现了一点亮色。唐代的文本承认武则天执政，相对客观地展现了武则天的功过；宋元时期从反对女性执政扩展到反对异族统治；明代的文本强化忠臣形象，同时弱化武则天的执政能力。清代在丑化武则天的同时，又把她塑造成女性参与社会事物理想的支持者。武则天的政治行为奠定了她在历史坐标中的定位，决定了她的宗教、情感等故事的基调。

第一节　唐五代：承认女主执政，客观评价功过

　　唐代人们对武则天采取了比较公正的态度，从正、反两方面进行评价，使武则天的形象比较符合客观事实，接近历史。

一　武则天执政的条件①

自古不乏女性参政的例子，但武则天无疑是最成功的一位。女性执政是皇室在特殊历史时期所采取的权宜之计，是男性皇权制度的一种有益的补充，在特定的历史时期发挥了重要的作用。武则天之前的女性虽然不同程度的参与政治，但没有一人公开称帝。只有武则天做到了，这是很多因素促成的。

（一）个人素质，阅历丰富

武则天非常有政治头脑，她的先天素质、家庭教育及丰富的阅历，使她具备了超人的意志、胆识和魄力，这都是她成功的必备条件。

入宫前，武则天幼年受到了良好的教育，史书载"后素多智计，兼涉文史"。武则天的母亲杨氏出自隋朝宗室，有较高的文化素养，不拘于闺阁之中，对武则天产生了巨大的影响。父亲武士彠是商人出身，因相助李渊起兵，成为唐初的功臣。武士彠为官期间，政绩颇佳，说明他具有一定的政治才能。武士彠曾在不同的地方为官，武则天从小就跟随父母辗转各地，增长了见识，丰富了阅历。父亲的死给武则天以沉重的打击，她和母亲受到父亲原配相里氏所生的儿子武元庆、武元爽兄弟及堂兄弟武惟良、武怀运等人的排挤（包括情感及财产继承等原因），母亲只好带着她投奔亲友。这使武则天幼小的心灵饱尝人间冷暖，成为她必不可少的磨砺。

入宫后，武则天入宫十多年，一直是才人，没有得到晋升，也没

---

① 参见韩林《性别视野下的女性干政现象——以武则天为例》，《长春师范大学学报》2014年第4期。

有得到唐太宗的宠爱。十多年的时间使她深切地感受到在后宫被冷落的滋味。但这种"冷板凳"的待遇，却使武则天远离后宫争宠斗争的中心，能够从旁观者的角度冷静地观察后宫的生存方式，为以后在后宫斗争中脱颖而出积累了经验。同时，这段时间武则天一直随侍在唐太宗左右，有机会在这千载难逢的政治环境中实习磨炼，向李世民学习治国之道。这是她增长政治才干不可或缺的一课。

（二）利用矛盾，坐收渔利

武则天充分利用宫内、宫外不同势力之间的矛盾斗争，坐收渔翁之利。

后妃矛盾。武则天利用王皇后与萧淑妃的矛盾，获得专宠。本来王皇后是想利用武则天来打击萧淑妃，没想到反被武则天所利用。在皇宫争宠的斗争中，在没有家族势力的干预下，武则天轻而易举地得到了高宗李治的心，令王皇后与萧淑妃懊悔不已。

君臣矛盾。武则天利用了高宗李治与元老大臣争权的斗争使自己登上后位。唐太宗临终前为李治安排了以长孙无忌为首的褚遂良、李世勣等大臣组成的一个强有力的政治辅助团体。长孙无忌是李治的亲舅舅，是唐朝的开国功臣，李治能当上太子也有他的功劳。但这个班底实力太强，李治处处受到钳制。因此，摆脱这些权臣的束缚是业已成年的李治的迫切愿望。但长孙无忌在朝廷中影响很大，李治根本没有援军。当武则天欲问鼎后位时，她的阻力不仅是王皇后本人，而是王皇后身后以长孙无忌为首的朝臣。由此，后宫争位的斗争与君臣争权的斗争合为一体。武则天的多智善谋，恰好成为孤军奋战的李治的最佳帮手。高宗驾崩，李显登基时，武则天又利用顾命大臣裴炎与新君李显的矛盾，废掉李显，另立李旦。

利益集团矛盾。武则天利用了当时关陇贵族与新兴庶族之间的矛盾。当时，以长孙无忌及李氏皇族等人所代表的关陇集团的势力开始衰落，庶族地主的势力正在上升，武则天的出身及她与李治所采取的政策，使她成为庶族地主的代表，因而在朝廷中获得了许敬宗、李义府等大臣的支持。当时的历史条件及社会环境，使武则天有机会借助这些力量迈出更大的脚步。

（三）高宗授命，名正言顺

武则天当皇后时，高宗的信任为她创造了参政的条件。武则天的政治才能令李治对她的能力非常放心。高宗显庆四年（660）以后，李治的身体越来越差，"头重风眩，目不能视"，这使武则天有机会参与处理政事，这是她非常难得的"实习"机会。这时的武则天如果做得好会得到高宗的夸奖，做不好的话也可以由高宗来善后，所以武则天可以放开手脚，无所顾忌。在这种情况下，武则天协助高宗处理政事长达20多年，并与高宗一同临朝，称之为"二圣"。

武则天成为太后时，高宗的遗命是其参政的依据。两个成年太子李弘和李贤的死亡，使高宗没来得及培养新的接班人。高宗对李显放心不下，安排了元老辅政，但又担心儿子走自己的老路，思前想后，他选择了武则天。遗诏"军国大事有不决者，悉听天后处分"，这就赋予了武则天干预朝政的权力。高宗的遗诏，使武则天参政有了依据。所以武则天无论参政还是执政，都有冠冕堂皇的理由。

（四）异域胡风，浸润影响

从上层社会来看，唐代皇室对女人参政没有强烈的抵触。唐代李渊的祖父李虎是关陇集团八大柱国之一。西魏、北周、隋、唐四个朝代的缔造者都来源于关陇集团。唐代初年，关陇贵族仍是社会上的主要势力，是统治阶级的重要组成部分。他们很多人本身就是少数民族，而且大部分来源于关中和甘肃东部地区，正是少数民族聚居地。关陇集团的文化传统并不反对女性参与政治，这为武则天参政营造了宽松的社会环境。

从下层社会来看，宽松的社会风气为武则天当政营造了良好的社会氛围。唐代之前是三国两晋南北朝 300 余年的动乱。虽然唐代承接的是大一统的隋朝，但隋朝（581—618）一共只存在了 37 年，可以说是一个过渡。长期的战乱，国家四分五裂，给人民带来的是灾难，但给思想带来的却是解放。汉朝"独尊儒术"，使儒学成为官方思想，随着国土的分裂，政权林立，思想变得活跃起来。东晋十六国、南朝、北朝时期，很多都是少数民族政权。在多数少数民族中，女性的地位要高于男性，这对中原的男尊女卑观念产生了巨大的冲击。如北魏的冯太后、胡太后临朝称制，没有人觉得不妥。

（五）制度矛盾，赢利机会

在王权继承问题上，虽然相对于女性来讲，男性占据优势地位，但阶级制度、伦理观念等与男性霸权在某些领域出现了交叉龃龉的现象，使男性对女性的这种优势地位无法绝对贯彻下去。如一位后妃相对于丈夫而言，处于妻子的劣势地位；但当丈夫过世，作为新君的母亲又处于优势地位。这种与君主处于变化中的关系，使女性在某些特殊的历史时期，有机会不同程度地参与政治。有时女性参与政治具有合法性，如有大行皇帝授命等。这些受命辅政的女性是否能够得到普遍的承认，取决于女子是否尊夫家为正统，完全融入夫家，忠诚地守卫夫家的皇权。

另外，女性掌权的历史，为武则天参政提供了经验。母系氏族时期，女人占主导地位。古代社会的各朝代，虽然由男性继承皇位，但几乎每个朝代都出现过女子掌权的情况，给武则天参政执政提供了参照。

二　正面评价：如实记录言行

武则天作为一个掌权者，她的言行举止各个方面都会引起人们的注意。许多典籍对这些方面都有记载。武则天对人才非常重视，这可以从骆宾王的故事中窥见一斑。骆宾王是武则天的反对者，人们通过描写武则天对敌人的态度，肯定武则天的容人之量和王者气度。

（一）关于武则天与骆宾王的记录

骆宾王（约627—684），"初唐四杰"之一。光宅元年（684）柳州司马李敬业、括苍令唐之奇、临海丞骆宾王等以匡复李唐为口号，欲迎庐陵王，在扬州起兵。李敬业是开国功臣司空李勣的孙子。李勣（594—669），原名徐世勣，字懋功，凌烟阁二十四功臣之一，被封为英国公。因功被唐高祖李渊赐姓李，后来为避唐太宗李世民之讳改名为李勣。李敬业起兵后，武则天追削其祖官爵，并恢复其本姓徐（以下统称为"徐敬业"）。起义的这些人中，以徐敬业的家世声望最高。他们举兵后，楚州司马李崇福率所部响应。武则天命李唐皇室左玉钤卫大将军李孝逸为大总管，率兵30万讨伐。又以左鹰扬卫大将军黑齿常为江南道行军大总管协助。李敬业起兵后三个月战败被杀，首级被送往东都洛阳。骆宾王在其中担任了文书的角色，起草了《代李敬业传檄天下文》。骆宾王因为这篇檄文意外地与武则天联系到了一起，这种文学家与政治家的偶然组合，竟然产生了深远的影响，衍生了一系列的故事。早期的作品如《隋唐嘉话》中没有关于骆宾王的记载；《大唐新语》只是简单提到骆宾王。关于骆宾王比较生动的记录主要有四种。

材料一：出自《朝野佥载》。徐敬业起兵时，令骆宾王设计把裴炎拉拢过来做内应。骆宾王编出"一片火，两片火，绯衣小儿当殿坐"① 的歌谣谶语教小孩传唱，果然把裴炎拉了过来。他们往来的书信仅书"青鹅"，被武则天识破即"十二月我自与"，诛杀裴炎。

材料二：出自段成式《酉阳杂俎·忠志》：

> 骆宾王为徐敬业作檄，极疏大周（按武则天改"唐"为"周"）过恶，则天览及"蛾眉不肯让人，狐媚偏能惑主"，微笑而已。至"一抔之土未干，六尺之孤安在"，不悦曰："宰相何得失此人！"②

材料三：出自孟棨《本事诗·徵异》。宋之问游灵隐寺时吟诗拈句，苦思下句终不如意，有一老僧赠句，成为整篇之警策。宋之问再度造访时，却找不到这个僧人，据寺僧介绍，

> （寺僧）曰："此骆宾王也。"之问诘之，曰："当敬业之败，与宾王俱逃，捕之不获。将帅虑失大魁，得不测罪，时死者数万人，因求戮类二人者，函首以献。后虽知不死，不敢捕送，故敬业得为衡山僧，年九十余乃卒。出赵鲁《游南岳记》。宾王亦落发，偏游名山，至灵隐，以周岁卒。当时虽败，且以匡复为名，故人多护脱之。"③

---

① （唐）刘餗、张鷟：《隋唐嘉话　朝野佥载》，中华书局 1979 年版，第 117 页。
② （唐）段成式：《酉阳杂俎》，方南生点校，中华书局 1981 年版，第 1—2 页。
③ （唐）孟棨撰：《本事诗》，李学颖标点，上海古籍出版社 1991 年版，第 21 页。

材料四：出自《旧唐书》。史书比较客观地记录了骆宾王的生平。《旧唐书·文苑上》载，骆宾王少负才名，但"落魄无行，好与博徒游游"①，因坐赃贬临海丞。弃官不得志，参与徐敬业起兵。兵败伏诛。骆宾王被贬的原因是"坐赃"。坐赃亦作"坐臧"，指利用职权非法获取他人财物的行为，即贪污罪。《唐律》规定了六种非法获得公私财物的罪刑，即六赃，包括受财枉法、受财不枉法、受所监临、强盗、窃盗、坐赃。骆宾王所犯的便是其中之一。

这些材料虽然都是关于骆宾王的，但内容不同。前三则材料讲了三个不相干的故事。一是《朝野佥载》中骆宾王用编歌谣的计策，拉拢裴炎为起兵做内应。以裴炎为中间线索，把武则天与骆宾王间接地联系到了一起。二是《酉阳杂俎》中出现了武则天读檄文，赞赏骆宾王的故事。虽然是不足百字的简单记录，但却成为武则天爱惜人才的象征，成为骆宾王故事中影响最大的一个。三是《本事诗》中所记载的隐居灵隐寺，帮宋之问对句的故事。这在后世的诗话类著作及文人逸事类作品中常提到。

这三则记载都出自唐人的野史笔记，相互之间似乎没有联系，都是独立的内容。唐人的记载是《旧唐书》的素材来源之一，但这三则记载都没有被《旧唐书》采纳。坐赃被贬可以说是骆宾王的人生污点，《旧唐书》并没有讳言，如实记录下来。三线并列源于唐代人对武则天的客观态度；《旧唐书》对这三段记录的抛弃源于史家的"实录"精神。骆宾王故事从唐代野史笔记中的各自独立到正史中的完全抛弃，表明当时的记录比较客观，并没有因为武则天的原因对其产生影响。当后世人们对武则天投入过多关注时，骆宾王的形象随之水涨船高。

---

① （后晋）刘昫等撰：《旧唐书》，中华书局1995年版，第3406页。

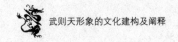

(二) 对武则天的评价影响骆宾王

唐代,武则天与骆宾王分别都有关于各自的文本记录,虽然有交集但相互间的影响并不是很大。在人们客观评价武则天时,关于骆宾王的记载也相对客观。

如果从纵向角度来看,会发现人们对武则天的态度决定了人们对骆宾王原始材料的取舍。从儒家的伦理道德"孝""忠""礼"等观念出发,人们对武则天持相对客观的态度。对于武则天看到骆宾王檄文的记载,表现了武则天对人才的重视及其胸襟气度,字里行间流露出对武则天的肯定与欣赏。这一时期,武则天与骆宾王两个人的各自的故事平行进行,关系并不大。《旧唐书》中完全抛弃了早期的几则材料,加入骆宾王的生平劣迹,源于史家"不虚美,不隐恶"的修史原则。史书要求客观地记录发生过的事情,尽量不带感情色彩。这三则小故事都具有传说性质,故事性比较强,无法证实。而骆宾王的生平经历是有据可查的。史家本着"黜虚妄"的原则对骆宾王的材料进行了筛选,对他的劣迹如实地记录下来,使人们能够了解到相对真实的骆宾王。当人们对武则天的态度发生转变时,骆宾王作为武则天的反对者,意外地被人们美化,通过抬高骆宾王的地位来贬低武则天。随着武则天形象的每况愈下,骆宾王的形象扶摇之上。武则天肯定骆宾王的故事便脱颖而出。

三 反面评价:虚构网罗罪行

唐五代时对武则天的评价也有反面的。骆宾王的檄文是当时反对派对武则天的讨伐,出于政治需要而言过其实。李商隐的散文曲折地表达了晚唐人对武则天的批评,这是唐代一系列"女祸"留给唐人的心理余悸。五代人从正统性的角度批判武则天僭越。改朝换代，五代人摆脱了李唐臣民的身份，开始批评武则天。

（一）当朝人对武则天的声讨

骆宾王的檄文列举了武则天的八大罪行，目的是激起民愤，让百姓揭竿而起。《代李敬业传檄天下文》是徐敬业起兵时的檄文，文中以忠节大义为理论依据，号召人们起来反抗武氏，扶植李唐子孙复位。文章开头即对武则天横加指责，先声夺人，气势充沛，一泻千里。

武则天的许多"罪行"都是由这篇檄文判定的。罪行一：僭越夺位。"伪临朝武氏者"，"窥窃神器"，"伪"和"窃"两个字把武则天的执政定为以下犯上的非法行为。罪行二：出身低微。魏晋南北朝时期门阀士族形成，唐代紧随其后，十分重视出身。唐初的"五姓七族"即崔姓（博陵崔氏、清河崔氏）、卢姓（范阳卢氏）、李姓（赵郡李氏、陇右李氏）、郑姓（荥阳郑氏）、王姓（太原王氏）是当时名门的代表，其中，陇右李氏是唐朝皇族。这七个家族从晋代开始就是士家大族，南北朝时期长期占据朝廷要职，隋唐时期成为政权的中坚力量。武则天的祖辈并不显赫，父亲武士彟是经商起家，因为结识李渊，跟随李渊起兵而发达。出身低微也是武则天当初问鼎后位的阻力之一。王达津先生专门论述了武则天在部分史书中被贬的原因是她的出身以及掌权后对士族势力的削弱。"地实寒微"直接点出以武则天的出身根本没有资格站在现在这个位置上。罪行三：生活淫乱。后世因为武则天曾经宠幸薛怀义、二张等人，把武则天的生活虚构得很不堪，这一点从"洎乎晚节，秽乱春宫"可以看出来。罪行四：争宠害人。说她"掩袖工谗"，陷害王皇后。罪行五：乱伦。"陷吾君于聚麂"，使高宗背上骂名。罪行六：残害忠良，诛杀裴炎等大臣。罪行七：杀姊屠兄，弑君鸩母。罪行八：软禁皇储（"君之爱子，幽之于别宫"）。

（二）中晚唐对武则天的批评

晚唐人对武则天也持批评态度。李商隐散文《宜都内人传》的开头，作者简单勾勒了一下武则天执政时的社会状况，"武后篡既久，颇放纵，耽内习，不敬宗庙，四方日有叛逆，防豫不暇①"。开篇一个"篡"字，即表明了作者的立场，李商隐认为武则天的九五之尊，乃是通过非正当的手段谋取来的，名不正，言不顺。"颇放纵，耽内习"，对武则天的私生活提出批评。对于一个君主来说，如果耽于后宫，就近于"荒淫"，就不会有足够的精力处理政事，就不会是一个有为的君主。"不敬宗庙"，不仅是对李氏家族的不敬，同时也违背了宗法制度的规定，是对现存秩序的挑衅。"四方日有叛逆"说明武则天不得人心，社稷不安。仅仅一句话，从政治及私生活两方面否定了武则天。

（三）五代人对武则天的指责

五代十国时期的詹敦仁从非正统的角度否定武则天。詹敦仁有一首诗《复留侯从效问南汉刘岩改名龑字音义》，从题目可以看出，这首诗歌是詹敦仁为回答留从效所作，中心是围绕刘岩改名为"龑"字的问题。刘岩即刘陟，五代十国时南汉的君主。刘岩继其兄刘隐之势力，于后梁贞明三年（917）称帝。他特别迷恋《周易》，大事小情

---

① （唐）李商隐、李贺：《李商隐全集　李贺诗集》，朱怀春等标点，上海古籍出版社1999年版，第216页。

总要卜卦，他先改名为刘龚，之后根据《周易》里的"飞龙在天"，自己造了个字，上龙下天，定发音为岩，以此为自己的名字。詹敦仁认为刘岩此举与武则天造"曌"字的行为类似。"大唐有天下，武后拥神器。私制迄无取，古音实相类……唐祚值倾危，刘龑怀僭伪。吁嗟毒蛟辈，睥睨飞龙位。龑岩虽同音，形体殊乖致。"①认为刘岩的行为与武则天一样，以毒蛟之姿，觊觎帝王之位，属于僭越。

骆宾王的檄文字字如钉，一针见血，成为后人批判武则天的滥觞。由于政治斗争的需要，为了达到号召人们起兵的目的，檄文中夸大其词，把武则天贬得一无是处。李商隐的《宜都内人传》采用文学的手法，表面上赞扬武则天虚心纳谏，实际上曲折地表达了对武则天的批评。唐代的武则天、韦庶人、杨玉环等一系列"女祸"使唐代人对后宫干政心有余悸。中唐时穆宗大渐，内臣请求郭太后临朝时，郭太后不同意：

"向者武后妖蠹，幻惑高宗，擅亲庶政；及中宗践位，蒙掩圣德，遽行迁逮，几于革命。赖宗社威祐，神器再复。每闻其说，未尝不疾首痛心。奈何今日吾儿厌世，卿等骤兴此议？我家九个与武氏同流。先祖汾阳王有社稷大勋，我外氏□门阀赫奕，我礼嫔帝室，非复嫔嫱之比，岂可污彤管继悖逆者耶？今皇太子聪睿，卿等各宜慎择耆旧，亲侍左右，远屏邪佞，勿令近密。宰相任重德名贤，内官勿干时政，吾所愿也。"遂取制裂之。②

郭太后的行为表明了时人对武则天的态度，这种倾向在晚唐时期更加明显。李商隐作为李唐的臣子不敢明目张胆地反对武则天，只好以文

---

① （清）李调元辑：《全五代诗》（下），何光清点校，巴蜀书社1992年版，第1760页。
② （宋）王谠：《唐语林校证》，周勋初校证，中华书局1987年版，第410页。

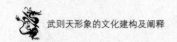

学艺术的形式曲折地表达出来。五代十国时期，李唐皇室已经成为往事，对他们不构成生存威胁。故他们可以毫无顾忌地评价武则天。

第二节　宋元：强调正统观念，反对异族统治

宋元时期，民族矛盾是主要问题。这一时期人们提到武则天时大多是言在此而意在彼。明写武则天，实则写时事。宋朝人对武则天的批判表达了驱逐异族，收复国土的愿望；元代人则借反对武则天来反对异族统治。

一　含沙射影，借反对武则天以反对女性执政①

宋元时期对武则天形象的研究与重写，与当时女性参政的现实密切相关。文人士大夫通过暗示等手法，时刻提醒后妃不要步武则天后尘。他们通过官方编撰的类书、史书等表达自己的观点。

（一）类书所表达的官方态度

宋代类书收录武则天的类别表达了当时官方所持的态度。

《册府元龟》的"帝王部"是宋代以前关于帝王事迹的分类记载。但所有"帝王"的类别中，没有收录武则天的事迹，即使这件事武则天的确做过，如"封禅"类。封禅是中国古代帝王表明自己文治武功的方式之一，但并不是每个皇帝都有条件举行这样盛大的活动。

---

① 参见韩林《武则天故事与宋元文人心态》，《大连大学学报》2014 年第 4 期。

据司马迁确认，曾在泰山封禅的远古帝王有 12 位。① 秦汉以后有秦始皇、汉武帝、光武帝等。唐高宗时曾封禅泰山，武则天于万岁登封元年（695）封禅嵩山。这是历史事实，难以抹杀。但在《册府元龟》"帝王部封禅"类中，高宗封禅之后直接是唐玄宗李隆基的封禅，武则天的行为被遗漏忽略，这绝不是马虎，而是有意为之。其他类别也存在这种情况。如关于武则天改唐为周的事实在书中没有专门记载，只是在高宗、中宗、睿宗三人的记录中提到。如"帝系"类中，描写中宗时说"太后遂革命称周，凡十五年，复以庐陵王为太子，寻即皇帝位，是为中宗，在位六年"②。"继统"类在叙述中宗时提到"天后临朝"。其他类别如"诞圣""名讳""睦亲""文学""仁慈"等类别中都是按照太宗、高宗、中宗、睿宗的顺序依次排列，没提到武则天。"继统"类记录帝王传袭情况，是一个具有连续性的类别，应该包括每位帝王，但仍没有武则天的位置。其他非连续性的类别如"好文""崇儒术""命相"等类中，更看不到武则天的影子。"奇表"类中，写的是帝王具有与众不同的"奇表"，唐代只写了高祖和太宗。如唐太宗 4 岁时，相者认为他将来必会济世安民。袁天纲给武则天相面的故事流传很广，但却没有列入其中。

宋代的类书《彤管懿范》由王钦若等人于大中祥符元年奉诏编成，被称为"女《册府元龟》"。体例应该与《册府元龟》相似，只是记妇人之事。其中，后妃事迹七十卷，当中应该有关于武则天的内容，却没有保存到今天。唯一一部关于女性的类书失传，与男权文化的霸权地位不无关系。

---

① 这 12 位分别是无怀氏、伏羲氏、神农氏、炎帝、黄帝、颛顼氏、帝喾、尧、舜、禹、汤、周成王。

② （北宋）王钦若等编：《册府元龟》，中华书局 1960 年影印版，第 14 页。

（二）史书所表达的正统观念

宋代史书收录武则天的类别反映了文人士大夫的正统观。

官修实录的失传与文人士大夫的观念不无关系。唐人所作的《则天实录》早已失传。马端临《文献通考》在写到《唐则天实录》时说，"陈氏曰：按《志》魏元忠等撰，刘知几、吴兢删正，今惟题兢撰。武氏罪大恶极，固不应复入唐庙，而题主犹有圣帝之称，至开元中，礼官有言，乃去之。武氏不应有实录，犹正史之不应有本纪，皆沿袭《史》《汉》吕后例，惟沈既济之论为正，而范氏《唐鉴》用之"①。从中可见，《则天实录》在这种意识形态之下很难保存。

《旧唐书》中，武则天被列于本纪中，名为《则天皇后本纪》，位于《高宗本纪》和《中宗睿宗本纪》之间，后妃列传中未收入。本纪中的帝王是庙号与姓名的合称，如"高祖李渊""太宗李世民"等，武则天被称为"则天皇后武曌"。《旧唐书》对武则天的安排与《史记》及《汉书》中把吕后列入本纪中相似。唐及五代时，史家虽不承认武周王朝，但承认武则天是唐室帝王谱系中的一个环节，肯定她的执政行为。《新唐书》中，《则天皇后本纪》与中宗合为一卷，列入《高宗本纪》之后，《睿宗玄宗本纪》合卷之前。后妃列传中又列入《则天武皇后》。《新唐书》本纪与后妃列传中同时收录武则天，本纪中的帝王都称庙号，武则天称为"则天皇后"。如果仅把武则天列入后妃列传不符合史实，仅列于帝王本纪类又觉得她不够资格，于是采取了折中的办法，两部分都列有武则天。《资治通鉴》在帝王纪年中列《则天顺圣皇后》，位于《高宗天皇大圣大弘孝皇帝》与《中

---

① （元）马端临：《文献通考》，中华书局 1986 年版，第 1641 页。

宗大和大圣大昭孝皇帝》之间，题目是庙号加谥号。这三部史书虽然把武则天放入帝王之列，但没有庙号，仅有谥号，并且用"皇后"的称谓强调她身份的特殊。

宋代史书中表达了对女性执政的担忧。

《新唐书》是在刘太后去世不久开始编撰的，难免有敲山震虎之意。《新唐书》作于1044—1060年，是宋仁宗当政时期。宋仁宗幼年即位（1023），由刘太后垂帘听政。刘太后名刘娥（968—1033），是宋真宗赵恒的皇后。刘娥来自民间，受到宋真宗的专宠，但她无子嗣，就把李氏之子赵祯（后来的仁宗）收为己子，即传说中的"狸猫换太子"的本事。天禧四年（1020）二月宋真宗患病，朝廷大事多由她裁决。乾兴元年（1022），真宗驾崩，赵祯继位，真宗遗诏尊刘娥为皇太后，军国重事，权取处分。这就给刘娥参与政治提供了依据。从此，刘娥开始垂帘听政，直到明道元年（1032），65岁的刘娥过世，临朝称制11年。这时赵祯已经22岁。此前，赵祯早已成年，但刘娥迟迟不肯归政。

刘娥并非没有僭越之心，但迫于现实无法实现。她当政时，方仲弓曾上书，请求按照武后的办法，立刘氏庙，刘娥没有照做。程琳呈献《武后临朝图》，刘娥掷图于地曰："吾不作此负祖宗事"（《宋史·后妃列传上》），这都是做给别人看的，虽然刘娥表面上拒绝做武后第二，但她内心很想效法武则天。她以自己的生日为长宁节，规格与皇帝的乾元节相同；刘娥与年幼的宋仁宗一同外出时，乘坐大安辇并且走在皇帝的前面。有一次刘娥谒太庙时，竟然穿衮衣。曾慥《类说》载，刘娥曾经拱手瞻礼称赞武则天是真圣人，鲁宗道立刻反对，认为武则天几乎要危害到唐朝的社稷天下，是李唐的罪人，刘娥沉默了许久。鲁宗道还用"夫死从子"来劝说刘娥不要逾矩。从这些事例可以看出，宋朝大臣可以说紧紧盯着刘娥，时时提醒她不要越轨。明道二年（1033）刘娥死，仁宗才真正开始亲政。也就是说仁宗初亲政的前十年，只不过是在朝堂之上陪坐的小皇帝，是生活在刘娥的阴影之下。刘娥的行为引起了士大夫阶层的恐慌，生怕武周故事重演。《新唐书》是在刘娥去世的 11 年后开始编撰的，刘娥在这些大臣心里留下的余悸还没有完全消失。宋祁、欧阳修等人充分发挥了史家的"春秋"笔意，警示来者。

《资治通鉴》的编撰正值曹后、高后掌权时期，司马光在武则天的身上表达了对女主干政的担忧。司马光编史的目的就是"鉴于往事，有资于治道"。张须在《通鉴学》云："《春秋》之意，最重名分，名分所在，一字不能相假，封建之世，以此为纲维。名分既坏，则纲维以绝，政权崩溃，恒必由之。温公以此事兆东周之衰，与七国之分立，而又系论以见托始之意。"①《资治通鉴》编书的 18 年（1066—1084）间，历英宗、神宗、哲宗三朝。仁宗无子，传位给侄子赵曙（英宗）。英宗体弱多病，继位之初就大病一场，由曹太后垂帘听政。英宗亲政不久于治平四年去世，传位于神宗，时年 20 岁。神宗即位后，任命王安石推行变法（熙宁变法），受到了以太皇太后仁宗曹后、英宗高后和神宗向后的反对。因为英宗、神宗非仁宗嫡系，所以仁宗的曹后和神宗之母高后对神宗都有较大的威慑力量。元丰八年（1085）神宗病逝，哲宗继位，因哲宗年幼，高后以太皇太后身份听政。

宋代的执政太后对武则天相当敏感，生怕别人将其与武则天相比。高太后垂帘时，左仆射蔡确被贬官期间，曾作绝句十首，被吴处

---

① 张须：《通鉴学》，开明书店 1975 年版，第 91—92 页。

厚抓住把柄，说其十篇之中有五篇涉及讥讽，其中之一云："矫矫名臣郝瓽山，忠言直节上元间。古人不见清风在，叹息思公俯碧湾"（《车盖亭诗》）。郝瓽山指郝处俊，曾被封为瓽山公，上元三年（676），唐高宗欲逊位于武后，郝处俊上疏谏阻此事。吴处厚与蔡确不和，言此诗是蔡确以武则天比高太后。当时高太后垂帘，遵循刘后故事，小心翼翼不敢越雷池一步，生怕被人说自己僭越。此诗令高太后大怒，蔡确又难以自圆其说，最后被贬新州。英宗执政的4年多是曹后垂帘；神宗执政期间，因三后的牵扯，使新法时而推行，时而罢止；哲宗继位，因年幼由高后垂帘。可以说《资治通鉴》写作期间所经历的三位皇帝，都没有摆脱后宫的影响。虽然高后非常欣赏司马光，一掌权就将司马光召回京师，但司马光本人是一个正统的士大夫，他不至于因知遇之恩而放弃原则，故对武则天的描写不能排除警示之意。

宋代士大夫把武则天视为"女祸"，横加指责。程颐在解释坤卦时说，"五，尊位也。在他卦，六居五，或为柔顺，或为文明，或为暗弱；在坤，则为居尊位。阴者臣道也，妇道也。臣居尊位，羿、莽是也，犹可言也。妇居尊位，女娲氏、武氏是也，非常之变，不可言也，故有黄裳之戒而不尽言也……废兴，理之常也；以阴居尊位，非常之变也"[1]。与君相比，臣属阴，与男性相比，女属阴，应该居卑位，君主、男性属阳，应居于尊位。人臣如后羿、王莽越居尊位属于大逆不道，但还算可以接受。女性越居尊位，则无法接受。以下犯上是谋反的大罪，但与女子为君相比，男性宁愿接受前者，也不愿意处于女性统治之下。

---

① （宋）程颐、郑汝谐：《伊川易传 易翼传》，上海古籍出版社1989年版，第13页。

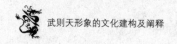

二 注此写彼，抬高骆宾王地位以贬低武则天

宋人因为正统性问题贬低武则天。方法之一是通过抬高与武则天对立的人物形成反衬效果。骆宾王就受到了这种"特殊"的待遇。从唐代到宋代，骆宾王从毁誉参半到被完全肯定，从一个凡人变成了仙人。

（一）从毁誉参半到完全肯定

北宋时期所修的《新唐书》与五代时的《旧唐书》虽然都是关于同一段历史的记载，却表现出不同的倾向。作者试图在历史叙事中暗示对武则天的批评。如关于骆宾王的故事。唐代的骆宾王故事呈三线并列状态，《旧唐书》完全抛弃了这三则记载，而《新唐书》则只取其中一个，使被武则天肯定这一情节脱颖而出，成为后世骆宾王故事的核心内容。《旧唐书》对骆宾王的记载比较客观，《新唐书》删除了有损于骆宾王形象的内容，把骆宾王塑造成一个正面形象。《旧唐书·文苑上》载：

> 骆宾王，婺州义乌人。少善属文，尤妙于五言诗，尝作《帝京篇》，当时以为绝唱。然落魄无行，好与博徒游。高宗末，为长安主簿。坐赃，左迁临海丞，怏怏失志，弃官而去。文明中，与徐敬业于扬州作乱。敬业军中书檄，皆宾王之词也。敬业败，伏诛，文多散失。则天素重其文，遣使求之。有兖州人郄云卿集成十卷，盛传于世。①

---

① （后晋）刘昫等撰：《旧唐书》，中华书局1975年版，第3406页。

《新唐书·文艺上》载：

> 宾王，义乌人。七岁能赋诗。初为道王府属，尝使自言所能，宾王不答。历武功主簿。裴行俭为洮州总管，表掌书奏，不应，调长安主簿。武后时，数上疏言事。下除临海丞，鞅鞅不得志，弃官去。徐敬业乱，署宾王为府属，为敬业传檄天下，斥武后罪。后读，但嘻笑，至"一抔之土未干，六尺之孤安在"，矍然曰："谁为之？"或以宾王对，后曰："宰相安得失此人！"敬业败，宾王亡命，不知所之。中宗时，诏求其文，得数百篇。①

在所有关于骆宾王的材料中，这两则记载最相似，开篇先介绍籍贯，后表现他少负才名。但仔细比较，能够看出较大的差异。

第一，对骆宾王的评价不同。前者对骆宾王的为人做了整体评价，"落魄无行，好与博徒游"，这是一个带有否定意味的负面评价；而后者则对这一缺点采取了模糊处理的办法，根本不提。《新唐书》不提骆宾王的劣迹，有故意隐瞒事实的倾向。《旧唐书》中关于骆宾王的记载既有正面，也有反面，比较客观。"落魄无行"虽然没有详细说明细节，但史书中这样的记载应该是有据可查的。《新唐书》的作者应该能看到了这方面的史料，但这段记载有损于骆宾王的形象，所以故意被忽略。

第二，骆宾王被贬官的原因不同。前者明确说明"坐赃"，后者没提直接原因，但"武后时，数上疏言事"暗示骆宾王不认可武则天，可能因言事而获罪。把骆宾王贬官的原因由"坐赃"改为"上疏言事"，一来可以掩盖"坐赃"的人生污点，二来声明骆宾王起兵之

---

① （北宋）欧阳修、宋祁等撰：《新唐书》，中华书局 1975 年版，第 5742 页。

前就是反对武则天的。《旧唐书》中因为坐赃而贬官再起兵，是得不到武则天的重用，心生怨恨转而起兵。《新唐书》的改动，令读者觉得骆宾王从一开始就反对武则天，因为反对而得罪，因为得罪而贬官，贬官之后没有机会通过正常渠道"以正君失"，不得已揭竿而起。把骆宾王起兵行为的前因后果按照文人士大夫心目中的想象前后串联起来。

第三，加入《酉阳杂俎》中武则天肯定骆宾王的情节。唐人所载的这一情节颇具传奇色彩，《旧唐书》弃之不用，而《新唐书》则纳入正文本传，在细节上做了改动，目的是表现骆宾王的才情和胆略令武则天折服。在形容武则天听到"一抔之土未干，六尺之孤安在"时，《酉阳杂俎》用的是"不悦"，《新唐书》用的是"矍然"，表面上看这两个词差别不大，实际上却表现了不同的指向。加入读檄文的故事，唐代的"不悦"，指涉的是宰相，武则天表达的是对宰相的不满，让这样的人才为敌所用，是宰相的失职。宋代用的是"矍然"，这个词表达是惊惧、惊视的样子，武则天被檄文的犀利所震撼，"矍然"问道，"谁为之"，这个指涉的对象是檄文的作者，表现的是武则天被骆宾王的文采征服。唐代强调的是武则天爱惜人才，宋代强调的是骆宾王的才情与个人魅力。

第四，结局不同。关于骆宾王的结局，有以下几种说法：一是兵败投水而死。张鷟在《朝野佥载》中明言"宾王后与敬业兴兵扬州，大败，投江水而死"。① 二是出家为僧。据《本事诗》载，骆宾王隐居灵隐寺为僧。此说最具文学色彩，晁公武的《郡斋读书志》、计有功的《唐诗纪事》、辛文房的《唐才子传》，都持此说法。胡应麟、

---

① （唐）刘餗、张鷟：《隋唐嘉话 朝野佥载》，中华书局1979年版，第11页。

吴之器、陈熙晋等人为骆宾王作传时，也采用了此故事。这个故事是以文坛掌故的形式流传的，比较容易引起文人的兴趣。三是被杀。《旧唐书》和《资治通鉴》都说骆宾王兵败被诛杀。四是逃亡。《新唐书·骆宾王传》载，"亡命，不知所之"。中宗复位之后，下令搜集骆宾王的作品，搜集者在《骆宾王文集序》中说"兵事既不捷，因致逃遁"，都归为兵败逃亡。两唐书从"伏诛"到"不知所之"，从死到生，这种改动有两种可能：一种是本着以事实为依据的严谨态度，发现了新的证据。恰如《本事诗》所载，因为起兵是以匡复为名，所以在当时他们受到人们的庇护。另一种是从文人士大夫的心理出发，他们希望骆宾王这样的人物应该有一个好的结局，所以在四种说法中，选择了"不知所之"。

这四种说法，文人比较认可的是骆宾王没有死。骆宾王与武则天处在敌对的立场，让骆宾王死于武则天之手，会令天下仁人志士扼腕。凡是反对武则天执政的人们，都希望骆宾王能活着，这也算是潜意识中"好人有好报"心理的外在表现。骆宾王之死可以说是一个历史之谜，谜团令历史学家头疼，却是文学家的最爱。恰恰因为说法很多，真相难辨，所以才会发挥想象力，创造出文学作品。

第五，下令整理骆宾王遗作的统治者不同。前者说是武则天，后者说是唐中宗。搜集骆宾王遗作究竟是奉谁之命，看起来是一个历史问题，但同时也是一个思想文化问题。武则天下令搜集，从正面表现了武则天对人才的爱惜，又从反面表现了骆宾王巨大的人格魅力，连死后都能征服君王。二者的关系并不是不可挽回的。而中宗下令搜集，就变成肯定骆宾王，否定武则天的举动，骆宾王就被推到与武则天对立的立场上。

《新唐书》删掉了《旧唐书》否定骆宾王的内容，加入了武则天肯定骆宾王的故事。从这些材料可以看出，在《新唐书》之前，这些故事的流传处于并列的状态，没有伯仲之分。从《新唐书》开始，武则天肯定骆宾王的情节被纳入史书，使这个故事脱颖而出，得到了文人士大夫的特别关注。此后，无论骆宾王故事文本如何演变，这则故事都是核心内容，流传最广，影响最大。骆宾王迎合了官方贬低武则天的需要，被塑造成与之相对立的代表人物之一。贬低武则天的过程伴随着抬高骆宾王的过程，二人形成此消彼长的态势。

《新唐书》对武则天肯定骆宾王的故事格外重视，是史家"春秋笔法"作用的结果。欧阳修于嘉祐五年在为提举编修曾公亮所作的《进新修唐书表》中批评《旧唐书》："使明君贤臣、隽功伟烈，与夫昏虐贼乱、祸根罪首，皆不足暴其善恶，以动人耳目。诚不可以垂劝戒，示久远，甚可叹也。"[1] 也就是说欧阳修等人修史的目的之一是"垂劝诚，示久远"，他们希望能够通过自己的"春秋笔法"，达到教育世人的目的。如《旧唐书》中忠义传排在第五位，《新唐书》却把它提到第一位。欧阳修本人对武则天评价不高。《欧阳文忠公文集》收录了《唐流杯亭侍宴诗》，欧阳修在诗后加了注：

> 右《流杯亭侍宴诗》者，唐武后久视元年幸临汝温汤，留宴群臣应制诗也。李峤序，殷仲容书。开元十年汝水坏亭，碑遂沉废。至正元中，刺史陆长源以为峤之文、仲容之书，绝代之宝也，乃复立碑造亭，又自为记，刻其碑阴。武氏乱唐，毒流天下，其遗迹宜为唐人所弃。而长源，当时号称贤者，乃独区区于此，何哉？然余今又录之，盖亦以仲容之书可惜，是以君子患乎多爱。[2]

---

① （宋）李之亮笺注：《欧阳修集编年笺注》（第5册），巴蜀书社2007年版，第381页。
② （宋）李之亮笺注：《欧阳修集编年笺注》（第7册），巴蜀书社2007年版，第451页。

《唐流杯亭侍宴诗》本为久视年间，武则天与群臣宴饮时，众人应制而作。这只是一个书法作品，与武则天关系不大，但欧阳修却在此加了一句"武氏乱唐，毒流天下"。他将武则天视为洪水猛兽，自己践之尚不足，以己推人，认为唐代人也应该废弃所有与武则天有关的一切遗迹。对于陆长源再造碑亭之事，为之找了一个冠冕堂皇的理由——李峤的诗作，殷仲容的书法，是绝代之宝。

宋代其他作品也有关于这段故事的记载。司马光的《资治通鉴》描写骆宾王最后被王那相等人斩首献给朝廷。司马光本着修史的客观态度选择了这个结局。晁公武的《郡斋读书志》、计有功的《唐诗纪事》中关于此段的内容与《新唐书》的记载相似，变化不大。

（二）从普通凡人到羽化登仙

元代的骆宾王形象从普通凡人变成了一个仙人，最后不知所终。辛文房的《唐才子传》载：

> 宾王，义乌人。七岁能赋诗。武后时，数上疏言事，得罪贬临海丞，鞅鞅不得志，弃官去。文明中，徐敬业起兵欲反正，往投之，署为府属。为敬业作檄传天下，暴斥武后罪。后见读之，矍然曰："谁为之?"或以宾王对，后曰："有如此才不用，宰相过也。"及败亡命，不知所之。后宋之问贬还……老僧即骆宾王也，传闻桴海而去矣。后，中宗诏求其文，得百余篇，及诗等十卷，命郗云卿次序之，及《百道判集》一卷，今传于世。①

辛文房的记载基本沿袭了《新唐书》的说法，对骆宾王采取肯定

---

① 傅璇琮主编：《唐才子传校笺》，中华书局 1987 年版，第 55—65 页。

的态度。关于骆宾王劣迹的材料都不取。《新唐书》对《旧唐书》有所改动的地方，都是为了表现骆宾王的正面形象，这些都被辛文房采纳，并且进一步强调。

第一，贬官原因。《新唐书》中加入骆宾王"上疏言事"的情节，使之成为贬官的间接原因，《唐才子传》则把上疏言事变成直接原因。《旧唐书》所说的"坐赃"，有人认为可以理解为"栽赃"。因为在方言中，"坐赃"的确有"栽赃"的意思。但这个说法更像是为了给骆宾王辩白而曲解史书，不太可信：首先，"坐赃"之前有一句话做铺垫，即"然落魄无行，好与博徒游"，这种行止为人，进而因贪污犯罪，是顺理成章的。其次，《旧唐书》中如果用的是"栽赃"的意思，应该追加一句因为某某事被某某人栽赃，而实际上没有这样的表达。恰因为"坐赃"具有"栽赃"的意思，后世欲美化骆宾王的文人士大夫得出结论——骆宾王是被人诬陷才被贬为临海丞。这是后人为抬高骆宾王而解读出来的。坐赃贬官是骆宾王的人生污点。通常情况下，名人的污点多会被放大，但骆宾王身上的这个污点不仅没被放大，反而被淡化，甚至被掩盖。

第二，明确骆宾王起兵行为的目的为"反正"。徐敬业等人的起兵，在当时的定位是"叛乱"。"反正"一词使起兵的性质改为正义，这样就把武则天放在"非正"的位置上。骆宾王的行为也随之变成正义之举。

第三，结局。辛文房沿袭了《新唐书》之说，"不知所之"。接着把《本事诗》中关于骆宾王出家为僧的说法纳入文中。《本事诗》中骆宾王落发为僧，遍游名山，卒于灵隐寺。辛文房虽采用隐居的说法，但删掉了卒于灵隐寺的内容，以传闻为结，说他"桴海而去"。这一典故出自《论语·公冶长》，孔子说，"道不行，乘桴浮于海。从我者，其由与?"① 此后人们常用这一典故，表达有志难申时，隐于江湖，超然于物外之意。如唐代顾况有诗云"子欲居九夷，乘桴浮于海"(《曲龙山歌》)等。"桴海而去"比隐居的境界更高一层，给人一种逍遥忘忧，不食人间烟火的感觉。这四个字把骆宾王写得脱胎换骨，由一个凡人变成了仙人。

三 拨乱反正，塑造狄仁杰的形象以维护正统

宋元时期，狄仁杰成了非常受欢迎的题材，出现了大量相关作品，被当成恢复李唐天下的功臣来塑造。

狄仁杰（630—700）是唐代杰出的政治家，两唐书有传。② 武则天非常倚重他，誉之为"国老"。武则天曾经赐袍并题字，"敷政术，守清勤，升显位，励相臣"(《制袍字赐狄仁杰》)，可见武则天对狄仁杰的赞赏。久视元年（700）狄仁杰病故时，武则天为之罢朝三日，赠文昌右相，谥文惠；中宗继位，追赠司空；睿宗即位后又追封梁国公，故又称"梁公""狄梁公"。狄仁杰全力维护李氏对皇位的继承权，是保护李唐宗室的骨干人物。

（一）小说中直谏的忠臣

历史是狄仁杰故事的起点，在文学领域的滥觞应为宋代话本《梁

---

① 杨伯峻译注：《论语译注》，中华书局1980年版，第43页。
② 狄仁杰：字怀英，唐代并州太原（今山西省太原市南郊）人，他被阎立本誉为"海曲之明珠，东南之遗宝"，并推荐入朝，授并州都督府法曹，后任侍御史、宁州、豫州刺史，武则天时，任地官侍郎、同凤阁鸾台平章事，被来俊臣陷害，贬官。神功初复相，后入为内史。狄仁杰断案如神，仪凤中为大理丞，到任一年，处理了以前积压的大量案件，涉及17000多人，没有一个诉冤者。与宋代包拯、明代海瑞等，并为中国历史上著名的神探清官。狄仁杰善于推贤举能，张柬之、桓彦范、敬晖、姚崇、窦怀贞等名臣，都是他推荐的，"桃李满天下"一语就源自狄门。

公九谏》。该话本的内容多取自史料，描写狄仁杰九次劝谏武则天的故事。作为说话人的底本，具有语言简洁，朴拙无华，俚俗相间的特点。《梁公九谏》第一谏开头点明武则天临朝称制，废李显为庐陵王，立武三思为储君。据《旧唐书·则天皇后本纪》载，嗣圣元年，武则天临朝，废李显为庐陵王（后迁房州），立豫王李旦为帝。载初元年，革唐为周，降皇帝李旦为皇嗣，加封武承嗣为魏王，武三思为梁王，并没有立武三思为储君一事。对于武则天欲立武三思还是武承嗣为储，两唐书记载有出入，话本取《新唐书·狄仁杰传》之说，虚构了武则天立武三思为储君的情节。在第一谏中，众臣都赞成立武三思为储，只有狄仁杰一枝独秀，触颜直谏，突出狄仁杰不随波逐流，为社稷舍生忘死的精神。第二谏，狄仁杰举李显与武三思同时招兵，但效果相反的实例证明，李、武两家相比，李家更得人心。第三谏，狄仁杰认为祥瑞天兆都暗示武家只享则天一朝。前三谏是狄仁杰直言劝谏武则天。第四谏责备武则天违背"三从"，犯了"五逆"。第五、第六是通过解梦来进谏。第七、第八谏是武则天以钱财诱之，以死逼之，皆不遂。第九谏，狄仁杰说服武则天具礼迎中宗归位。

关于狄仁杰返周归唐的事迹，《旧唐书·狄仁杰传》的记载集中于两点：一是以母子之情说服武则天传位于中宗；二是说服武则天公开迎归李显。与《旧唐书》相比，《新唐书》有两处改动较大。一是加入了狄仁杰与王方庆为武则天解梦的情节，二是狄仁杰以死后配享打动武则天。这两点都成为后世叙事的重点。据史书所载，在说服武则天传位给李显的事件中，吉顼、李昭德、张易之、王方庆等人都出了力，而小说出于塑造人物的需要，把这些事迹全都集中在狄仁杰身上，把归政于李唐的功劳都记在他一个人的名下。话本《序》中首先奠定了写作的基调，"赖我梁公贞社稷之臣，舍死不顾，直言极谏，屡以母子性天之道为言，使则天感悟，遂遣使往房州召还，立为皇太子。故中宗得复帝位，而唐祚不移者，皆梁公之力也"①。把中宗复位，唐祚不移视为狄仁杰最大的功劳。这篇小说为后世狄仁杰作品提供了基本素材，黄丕烈在《梁公九谏》的跋中赞曰："九谏词犹在，文章振李唐。安危资柱石，举废得津梁。气挟雷霆厉，心争日月光。名臣传表奏，应比赐书藏。"② 正统观念似乎已经成为一种集体无意识，印在中国人的头脑中。后世作品中，无论如何演绎狄仁杰，返周为唐一直是狄仁杰生命中恒定不变的、居功最伟的重头戏，直到荷兰外交家高罗佩的笔下，狄仁杰的故事重心才转移到了"神探"方面。

　　小说本来是贬低武则天的，但却意外地从反面抬高了她的形象。话本是以狄仁杰为主人公，主要突出狄仁杰拼死直谏，回复唐祚的忠臣形象。武则天是配角，形象并不是很鲜明，只起到陪衬狄仁杰的作用，但却从侧面展现了武则天的一些优点。其一，武则天并不是乾纲独断，有事常常征求臣下的意见。对自己的执政效果也常常向臣下了解，如第三谏中武则天问道："朕自为君以来，有什么圣明？有什么无道？"③ 其二，能够容忍反对意见，不轻易诛杀逆己之意者。所以狄仁杰才能够有胆量劝谏，而且竟然主张杀掉武家的正统继承人，武则天的亲侄子，皇储的候选人。从正面看这是为了表现了狄仁杰的胆略，从反面看，狄仁杰的胆量越大，越反衬出武则天胸怀之宽广。第四谏中，狄仁杰竟然指责武则天违了"三从"，犯了"五逆"，自古至今，凡是能掌控朝廷的君主，不可能忍受大臣如此以下犯上。君主的直接反应多是勃然大怒，立刻惩处，但武则天却心平气和地让狄仁

---

① （宋）佚名：《梁公九谏》，中华书局 1985 年版，第 4 页。
② 同上书，第 10 页。
③ 同上书，第 6 页。

杰说下去。其三，爱惜人才。第八谏中，狄仁杰欲赴油锅时，武则天连声叫武士拽住狄仁杰的衣服，一个"连声"，显示出武则天的迫切心情，表现出对狄仁杰的重视。像狄仁杰这样抓住一个问题不放，一而再，再而三地不知死活的进谏，充分表现出武则天的胸襟气度。其四，武则天善于纳谏，能够接受臣下的意见并付诸行动。如第九谏，本来已经迎回李显，遂了狄仁杰的意，但狄仁杰又要求武则天率百官，备礼以迎，武则天仍能接受。鉴于话本只是说话人的底本，所以对于配角武则天的描写比较粗糙，一些细节描写都忽略了。小说为了突出狄仁杰，故意拔高他的形象，但却从反面抬高了武则天，这大概是作者始料未及的。

（二）诗歌中单一的性格

宋元时期诗歌继承了唐代的写法，把狄仁杰塑造成恢复李唐天下的功臣。虽然狄仁杰一生在其他方面也有突出表现，但这一点被文人士大夫视为最重要的贡献，故而掩盖了其他方面。

唐代人着力于描写狄仁杰说服武则天召回庐陵王的事迹。吕温（771—811）作诗称赞狄仁杰，"取日虞渊，洗光咸池，潜授五龙，夹日以飞"。[①]李显作为君主被贬房州，即处"虞渊""咸池"，这都是神话传说中太阳沐浴的地方。"五龙"指发动"神龙政变"的张柬之、崔玄暐、桓彦范、敬晖、袁恕己五人，他们大多数都是狄仁杰举荐的，中宗复位后被封为王。第一句指李显赖狄仁杰之力脱离房州，重新回到京师，成为皇太子。第二句认为五王是私下里受狄仁杰的遗命辅佐李显，飞龙在天，复居帝位。张祜《观狄梁公传》云："失运

---

① （宋）阮阅：《诗话总龟后集》，人民文学出版社1987年版，第88页。

庐陵厄，乘时武后尊。五丁扶造化，一柱正乾坤"，① 表现的也是同样的内容。

宋代黄庭坚在《题马当山鲁望亭四首》之《狄梁公》中称赞他"鲸波横流砥柱，虎口活国宗臣。小屈弦歌百里，不诬天下归仁"，② 把狄仁杰比作"柱石"。宋末元初杨果有一首诗《过狄仁杰墓》："牝鸡声里紫宸寒，神器都归窃弄间。一语唤回鹦鹉梦，九霄夺得凤雏还。荒坟寂寞临官道，清节孤高重泰山。为问模棱苏相国，当时相见果何颜。"③ 第一句指责武则天是牝鸡之晨，"神器都归窃弄间"典出骆宾王《代李敬业传檄天下文》中"窥窃神器"。"鹦鹉梦"指武则天梦见鹦鹉双翼折断的梦，狄仁杰为之圆梦，劝诫武则天迎回中宗，才使得武则天还天下于李氏。宋代陈普的《历代传授歌》中有"武后易唐而为周，仁杰一言回睿意"的诗句。此诗本来是给初学者传授历史知识而作，一般只提及君主的名字，而这里竟然把身为臣子的狄仁杰也写了进去，可见狄仁杰在士人心目中的地位。

（三）戏曲中丰富的形象

宋元士人特别偏好狄仁杰题材的故事，很多戏曲都涉及相关内容。如佚名传奇《狄梁公》；元代关汉卿的杂剧《风雪狄梁公》；元代于伯渊的杂剧《狄梁公智斩武三思》；元代佚名杂剧《张昌宗双陆博貂裘》等，这些剧本都已不传。但从题目中可以看出，这一时期的作品并不像以前专门集中于狄仁杰恢复李唐天下这一件事上，而是出现了智斩武三思、双陆博貂裘等情节，内容更加丰富。

---

① （宋）阮阅：《诗话总龟后集》，人民文学出版社 1987 年版，第 88 页。
② （宋）苏轼、黄庭坚：《东坡诗 山谷诗》，贯三校点，岳麓书社 1992 年版，第 200 页。
③ （宋）杨果：《西庵集》，《元诗选》（二集），中华书局 1987 年版，第 173 页。

元代人比较重视狄仁杰题材作品，可能与特殊的时代环境相关。一方面，狄仁杰是元代士人入仕理想的载体。元代统治者把百姓分为四个等级：第一等是蒙古人；第二等是色目人，包括中亚、中东人等；第三等是包括契丹、女真、渤海等在内的汉人；第四等是原南宋境内的南人。蒙人入关，取消了科举制度。元代自窝阔台戊戌选试以来，至元仁宗皇庆二年始开科举，北方自金亡80年，南方自宋亡40年无科举。宋末的许多士人终其一生都在准备科举考试，科举之废杜绝了仕进之路，使他们失去了奋斗的目标和方向，但却无法抹杀实行科举制度以来膨胀的官本位思想。仕进之路的杜绝，更加深了文人心中对仕宦生涯的渴望。这种在现实中遭受巨大颠覆与无比压抑的渴望最终只能转化成一种潜意识，倾注于狄仁杰的身上。另一方面，狄仁杰是人们恢复正统的希望的寄托。这与狄仁杰在武则天时恢复李唐天下有异曲同工之妙，故狄仁杰的身上寄托了人们恢复汉族统治的理想。

第三节　明代：强化忠臣形象，弱化执政能力

明代通过强化忠臣如安金藏、裴伷先等人形象，来弱化武则天的执政能力。明代后期，由于当时后妃干政的社会现实，使文人士大夫对女子干政严加防范，武则天便成了以古鉴今的一面镜子，变成热门话题。这一时期，武则天宠幸奸佞，忠奸不分，残害忠良，昏庸无能，几乎看不到她在政治方面的才能。

一　诋毁武则天，严防女子干政

明初的诗文作品中，士人对"牝鸡司晨"防患于未然。明代中后期，把武则天掌权称为"武氏之祸"，借贬低武则天表达对当时后宫干政的担忧。明末清初，直接谩骂武则天，带有一丝从异性推及异族的意味。

明代初期，文人士大夫对女子干政保持较高的警惕。据《明史》记载，明初大臣钱唐（1314—1394）曾经向明太祖朱元璋进谏，反对宫中悬挂武则天画像，激怒了朱元璋，被拉到午门外候了一天。后来朱元璋消了气，赐了钱唐一顿饭之后下令撤掉了武则天的画像，但把钱唐贬到寿州当地方官，钱唐不久就去世了。钱唐的一生大部分生活在元代，一直隐居于山林。朱元璋登基后，广招天下贤士，54 岁的钱唐开始出仕，他耿直倔强，多次冒死向朱元璋进谏，都挺了过来。最后，80 岁的钱唐可以说是因为武则天的画像丢了性命。明初方孝孺特别强调正统，他对五王及中宗的评价完全是从正统性的立场来定位的。他在《逊志斋集》中攻击武则天毁李家之宗庙社稷，残害李家之子孙，改唐之国号，是李唐王朝的篡贼。认为虽然武则天的儿子不忍心推翻她，但五王的行为是为唐室讨贼，故没有征求中宗的同意也无所谓。

明代建立之初就对后妃干政严加防范。朱元璋为了防止后妃及外戚干政，在洪武初年就制定了许多制度，钦定《皇明祖训》，要求子孙世代遵守。朱元璋规定后妃必须选自民间，公主必须下嫁平民。这使后妃缺乏家族势力的支持，政治力量减弱。在太子朱标死后，朱元璋开始实行早已经被历史淘汰的妃嫔殉葬制，他死前命令自己当时在世的 38 个妃嫔全部殉葬。之后的成祖朱棣、仁宗朱高炽、宣宗朱瞻基和景帝朱祁玉都实行了此政策，直到明英宗朱祁镇临死前才宣布废除。有明一代，后宫及外戚是比较弱的，但这并没有完全杜绝女人干政的愿望。①

明代中后期，后宫女性的干政行为引起士大夫的担忧。很多作品如程文修的《反司记》、王翙的《词苑春秋》等都借武则天来表现反对女性干政的内容。《反司记》开宗明义，高举"反司"的大旗，"反司"即反对牝鸡司晨，反对女子干政。《反司记》把生活时代相差数百年的吕后和武后两人事迹结合在一起，就是想以此引起别人的注意，警惕女性干政。

这与当时的现实密切相关。神宗朱翊钧的郑贵妃（1565—1630）把晚明政治搅得天昏地暗。郑贵妃凭借自己的专宠地位，欲使神宗立自己的儿子朱常洵（皇三子）为太子。明代皇储制度"有嫡立嫡，无嫡立长"，皇后王氏并无所出，长子朱常洛理所当然应是太子。神宗一心要立郑贵妃的儿子为太子，遭到大臣的强烈反对，引发了长达15年的"国本之争"。神宗因为"国本之争"与内阁对峙长达十多年，之后30年不出宫门，20多年荒废朝政，不上朝接待大臣。以至于六部之中，除了户部，其他部门连长官都没有人来任命，罪犯入狱因为无人审理而变成了"无期徒刑"。明末宫廷的三大案，梃击案、红丸

---

① 明代早期，朱元璋的马皇后在开国过程中辅佐之力甚伟，明成祖的徐皇后是开国大将徐达之女，她是明成祖征战生涯的左右手。仁宗朱高炽的张皇后辅佐了仁宗、宣宗、英宗三代皇帝，经历洪武、建文、永乐、洪熙、宣德、正统六朝，劳苦功高。英宗9岁即位时，大臣请张皇后垂帘听政，被张皇后拒绝。明穆宗李皇后，是神宗朱翊钧的生母，在万历帝10岁登基时，李太后委政于张居正，退居后宫。这几个皇后都是在国家需要的时候挺身而出，而且都是主动居于幕后。另外宣宗的孙皇后，宪宗的万贵妃也不同程度地参与政治，但影响不大。

案和移宫案都与郑贵妃难脱干系。① 当时士人非常担忧，生怕这种女性走上前台，武则天就成了敲击她们的警钟。《明季北略》中对这段历史的评价明确点出大臣担心"恐有武氏之祸"，《明史钞略》中朱由校本纪中也以"武后之祸"为前车之鉴，可见"武后之祸"已经成为专有名词。胡应麟（1551—1602）经历了嘉靖、万历、隆庆三朝，他的壮年正值"国本之争"的激烈的年代，他认为武则天是千百年来最恶之人，把历史上所有恶人如王莽、董卓、赵高、秦桧等合在一起，也没有武则天的罪恶大。在他的笔下，武则天集万恶于一身，罪行罄竹难书。蒋一葵的《尧山堂偶隽》中复述了武则天读骆宾王檄文的故事，结尾称"邪后亦自能鉴赏"。这本来是表扬武则天的一句话，但从"邪后"可见明代人对武则天的态度。

明末清初，面临满族入主中原，许多文人士大夫把对异族统治的满腔愤怒借反对异性执政表达出来。如王夫之，他在《读通鉴论》中用最恶毒的语言来咒骂武则天，"武氏之恶，浮于韦氏多矣，鬼神之所不容，臣民之所共怨，万世闻其腥腻闻，而无不思按剑以起"②。他的描述令人感觉武则天即使人人得而诛之也难消心头之恨。明末清军入关时，王夫之上书湖北巡抚，请求联合农民军共同抵抗清军。清军

---

① 晚明三大案指当时发生在宫廷的三个重大案件。梃击案：朱常洛为太子时，一天中午，一个壮汉手持枣木棍闯入太子宫，见人便打，一直闯到殿前房檐下，最后被值班太监抓获，太子朱常洛才算躲过一劫，但受到了极度惊吓。红丸案：朱常洛继位后，郑贵妃向其进献了很多美女，不久朱常洛病倒。本来病得不严重，但吃了药却病情恶化，卧床不起。鸿胪寺丞李可灼献了两粒红药丸，朱常洛吃了一粒后稍有好转，吃第二粒后开始昏睡，于第二天驾崩。移宫案：朱常洛死后，由皇长子朱由校继位。当初朱常洛即位时，宠妃李选侍因照顾皇长子朱由校，一起迁入乾清宫。入住不到一个月，光宗驾崩，李氏受郑贵妃挑唆，与太监魏忠贤联合，霸占乾清宫，把皇太子与大臣隔离起来，不让他登基，欲挟皇长子争当皇太后以把持朝政。以杨涟、刘一燝为首的大臣，安排太监把朱由校抢抱出来，并安排初六时在乾清宫举行登基大典，至初五日，李选侍仍在乾清宫不走，内阁诸大臣站在乾清宫门外，迫使李选侍移出。第二天，朱由校登基，改第二年为天启元年。

② （清）王夫之：《读通鉴论》，中华书局1975年版，第639页。

攻陷衡阳，王夫之的父亲、叔父、两个兄弟都在战争中蒙难。第二年，王夫之在衡阳举兵抗清，战败后投奔南明朝廷，被授予行人之职。桂林陷落之后，王夫之开始隐居山林以避世，终生没有剃发。《读通鉴论》便作于此时。王夫之在康熙二十八年（1690）自题墓石中说："有明遗臣行人王夫之……自为铭曰：抱刘越石之孤愤而命无从致，希张横渠之正学而力不能企，幸全归于兹丘，固衔恤以永世。"① 王夫之赶上了清军入关这一历史事件，在他心目中，朱明王朝才是正统，其他人都是僭越。从王夫之终生没有剃发，墓志中"明遗臣""抱刘越石之孤愤"中可以看出，王夫之一直以明臣自居，他对武则天的态度颇有从异性推及异族的意味。

二　拔高安金藏，反衬酷吏政治

武则天执政受人诟病的问题之一是酷吏政治，安金藏被塑造成用流血牺牲来与之对抗的英雄。小说家把酷吏政治放到皇室家庭中的母子之情中，用一个血腥的场面来化解这场危机。对安金藏的描写从基于现实的描绘，到富有传奇色彩。这个人物也从早期的片断性描写发展成为一个血肉丰满的人物。

（一）从写实性记载到传奇性描绘

早期关于安金藏剖腹的记载都是基于史实之上的描述，但《独异志》中的改动则具有传奇色彩。由于安金藏的剖腹行为受到人们的关注，故《大唐新语》及两唐书中都虚构出其孝行感天动地的情节。

安金藏历史上确有其人，两唐书皆有传。主要集中于两方面的事

---

① （清）王夫之：《王船山诗文集》（上），中华书局2006年版，第116页。

迹。一方面：有人诬告李旦谋反，武则天让来俊臣审理，安金藏为了证明李旦的清白，剖心以示，"五脏并出""流血被地""气绝而仆"，武则天闻知，把安金藏安置于宫中抢救，经宿而苏，李旦由此豁免。《独异志》把安金藏的"经宿乃苏"改成"经夕复生"，前者意味着安金藏剖腹当时休克晕倒，第二天苏醒；后者意味着安金藏当时就死了，但第二天却复生了，也就是说安金藏是死而复活。《独异志》的改写使故事变得更具传奇色彩，突出安金藏的忠义。另一方面，安金藏的孝行感天动地，得到朝廷的旌表。安金藏是一个历史人物，除了两唐书之外，《大唐新语》《独异志》《上林春》《混唐后传》《异说征西演义全传》《隋唐演义》《混唐后传》《反唐演义传》《武则天四大奇案》等都涉及他。两唐书与《大唐新语》的记载相似，出入不多。

安金藏的行为使他成为一个忠贞义士被人传诵，其巨大的人格魅力征服了人们，在此基础上又虚构出他的孝行故事。安金藏在母亲死后，筑庐于墓侧，躬造石坟、石塔。出现了三个奇迹，干涸的土地竟然涌出泉水；隆冬之际李树开花；犬鹿相狎于道。这段奇异之事初载于《大唐新语》，但两唐书都把这明显的虚妄之事当作历史写入史书。史家要借安金藏的忠孝节义来垂鉴来者。

（二）从片断性记载到纪传性描写

明代之前关于安金藏的记载多是片断性的，明代开始大篇幅地描写安金藏，把他写成主人公，塑造成一个忠贞义士。

明代传奇《上林春》是唯一一部以安金藏为主要人物的作品。讲述了弟弟安金藏有情有义，对哥哥安金鉴一片赤诚，但哥哥并不领情，还将其赶出家门。安金鉴被朋友出卖，告发他题反诗，安金藏主动替哥哥顶罪。酷吏逼安金藏承认其所为是受庐陵王指使，安金藏为之剖腹鸣冤。此事引起武则天的关注，亲自审问。安金鉴此时被弟弟感化，二人争相承认罪名以表明对方的清白。武则天被二人的手足之情感动，意识到母子之情的珍贵，归政于庐陵王。传奇中对原故事做了相应的改动，使人物形象更加丰满。

首先，增加了一个新人物，安金藏的哥哥安金鉴。从正史中看不出安金藏的家庭，他是否有兄弟不得而知。明代的传奇描写了安金藏的哥哥，明显是杜撰。这个人物的设置有三个作用。一是把安金藏的善良与哥哥的无情放在一起对比，映衬出安金藏的高尚。二是让他的诗文在后面的故事中起作用。安金藏是以实际行动帮助皇嗣洗刷冤屈，可以说是一种"武"的方式；安金鉴则是通过作诗，以"文"的方式，使人知道天命在李氏。兄弟二人一文一武，共同协助庐陵王。三是用手足之情与母子之情对比，使武则天觉悟。正史中，武则天被安金藏的剖腹行为感动，不再追究皇嗣谋反一案。这部作品中，又加入了两兄弟争相承认自己是反诗的作者，以牺牲自己性命的方式保存对方，加重了说服武则天的砝码。

其次，虚构出安金藏入宫之前的故事。安金藏仅是在审问皇嗣谋反案中第一次出现，正史只说他是京兆长安人，对他的介绍只是"太常工人"。关于他的出身、家庭、入宫前的行为等都没有记载，他只是皇嗣李旦宫中的一个小角色。虽然安金藏剖腹救皇嗣使他名垂青史，但关于他的记载都是片断性的，以他为主人公的作品目前所见的仅有《上林春》一部。传奇是一种叙事作品，需要有来龙去脉才能吸引观众。故虚构出安金藏入宫前的故事，讲述了他与哥哥安金鉴之间的纠葛，凸显安金藏的重情重义。安金藏为了手足之情能够牺牲自己，为哥哥顶罪，为后文替庐陵王剖腹鸣冤做了铺垫。

再次，安金藏保护的对象由皇嗣李旦变成庐陵王李显。这个改动在这里不是第一次出现。早在唐代的《独异志》中就有。明代的两部作品《上林春》和《混唐后传》也都没有取正史李旦的说法，而是都改成李显，这是有意为之。李显与李旦虽然都是唐高宗与武则天的儿子，但二人的地位并不相同。在李弘和李贤两位兄长死后，李显便成为嫡长子，而且是唐高宗在世时所立的太子。李旦则是武则天所立的武周的皇嗣。二人相较，李显是名正言顺的接班人。所以后世的作品如狄仁杰系列故事等都把李显视为李唐正统的代表。此外，也是作者虚构故事的需要。与李旦相比，李显有一个被放逐之后重新归位的过程，这一点为编造故事提供了素材和拓展的空间。

最后，把原本独立的安金藏和上苑催花两个故事合二为一，突出忠臣形象，表现出天意在李氏的思想。《上林春》写于明末，现存明代崇祯十二年（1639）抄本，当时明王朝正处于风雨飘摇之际，关内农民起义不断，关外清军步步进逼。崇祯二年（1629），袁崇焕被捕入狱，崇祯三年（1630）八月，于西市处以磔刑。百姓误以为袁崇焕通敌，恨之入骨，张岱《石匮书》记载了行刑的场面，"刽子手割一块肉，百姓付钱，取之生食。顷间肉已沽清。再开膛出五脏，截寸而沽。百姓买得，和烧酒生吞，血流齿颊间，仍唾地骂不已。拾得其骨者，以刀斧碎磔之，骨肉俱尽，止剩一首，传视九边"。① 直到清代乾隆皇帝才为他平反。② 从史料记载来看，袁崇焕蒙冤而死，但当时的老百姓根本不知道他的冤情，对他充满了仇恨。这正是《上林春》的写作背景。在当时的条件下，呼唤忠臣良将保家卫国是时代的需要。

---

① （明）张岱：《石匮书后集》，中华书局 1959 年版，第 94 页。
② 史载南明时明安宗和明昭宗给袁崇焕平反，但因南明朝廷地处一隅，影响力小，故传播面不大。

安金藏的行为恰好迎合了这种时代需求，上苑催花的故事在这个特殊的背景下被赋予了特殊的内容。

《混唐后传》中，把剖腹的缘起改为酷吏诬陷安金藏伙同狄仁杰、苏良嗣等人跟随庐陵王图谋造反，这就把安金藏个人也牵扯到案件中。此前，安金藏只是一个普通人，有机会置身事外，如果他不主动参与这件事，或许可以全身而退。但这个改动使他成为当事人，他的行为增加了为自己鸣冤的性质，降低了人物的感染力。小说中安金藏只是一个小角色，小说家的目的是要塑造忠臣形象，安金藏只是忠臣群像中的一个，只要能表现他的忠义就可以了，至于其他的，如果多费笔墨会显得过于枝蔓。《混唐后传》第十回、《异说征西演义全传》第十三回与《隋唐演义》第七十三回的回目及内容都是相同的。另外，说唐系列故事由于成书过程比较复杂，许多故事是"累积"出来的，所以张冠李戴、移花接木的情况经常出现。

三 塑造裴仙先，表现迫害忠良

裴仙先的故事源于唐代牛肃的《纪闻》，《旧唐书》没有相关记载。宋代时，裴仙先再度引起关注，这段记载被纳入史书，《新唐书》《资治通鉴》都集中描写了这个故事。明代，裴仙先故事成为戏曲的宠儿，有三部戏曲都是以裴仙先为主人公，王翃的传奇《词苑春秋》（《留生气》）、许三阶的《节侠记》和许自昌改订的《节侠记》。故事中的武则天从一个具有宽阔胸襟的政治家变成一个宠信奸佞、迫害忠良的昏君。

裴仙先（667—753），绛州闻喜（今山西闻喜县）人，裴炎之侄。未及弱冠便已官至太仆寺丞。裴炎曾经劝阻武则天立武氏七庙。徐敬业起兵时，裴炎为内史，向武则天进谏，认为还政于皇帝便可使徐敬业等无借口叛乱。御史崔察谏言，裴炎此举，意在谋反。遂下狱。左武威卫大将军程务挺等为其申辩。结果裴炎、程务挺皆被处斩。裴炎被斩后，裴伷先请求面见武则天以陈伯父之冤，武则天杖之于朝堂之后流放岭南。一年以后裴伷先逃回故乡，不料事发，又被杖一百，流窜北庭（新疆吉木萨尔县）都护府。在当地娶胡女为妻，得到巨额资财，经商致富，养客数百。武则天杀流民时裴伷先被追杀，九死一生，睿宗时赦还，授广州都督。《旧唐书》没有裴伷先的传记，从《裴炎传》《玄宗本纪》《张嘉贞传》《王毛仲传》《肃宗本纪》可知，裴伷先曾出任过工部尚书、岭南按察使、广州都督、幽州节度使、京兆尹等职。《旧唐书·卢怀慎（子奂）列传》载，自开元之后的40多年，广府节度清白者有四人：宋璟、裴伷先、李朝隐及卢怀慎。可见，当时裴伷先为官清正是比较有名的。牛肃《纪闻》中最早记载了这段故事。在写到裴伷先受杖时，描写他被打到第10杖时已死，打到第98杖时又苏醒过来。《旧唐书》可能认为《纪闻》中的这段记载不可信，没有采用。《新唐书·裴炎传（附裴伷先传）》直接取材于《纪闻》，本着史书的实录精神，删除了小说中虚幻的死而复生的情节，保留了基本史实。《资治通鉴》的记载与《新唐书》大体相同，只是细节上有所变化。《资治通鉴》中，裴伷先的话更尖锐，"不然，天下一变，不可复救"，颇有恐吓的意味。"如是者三"，把"杖之朝堂"改为"于朝堂杖之一百"。司马光或许是据《纪闻》复写，或许是再创作，史书中加入这些细节，表现了裴伷先大义凛然，虽九死而犹未悔的气节，突出了裴伷先的忠臣形象。

　　明代王翃的传奇《词苑春秋》也是关于裴伷先的故事。剧本已佚。《曲海总目提要》载："明初旧本，未知谁作。演唐中宗时裴先事，而与本传多不合。所引狄仁杰等事迹，亦与正史互异。"① 可见，《词苑春秋》对裴伷先的故事应该改动很大，但因此剧已经失传，内容不得而知。

许三阶的《节侠记》共有 32 出，今存明汲古阁《六十种曲》本。《曲海总目提要》认为作者是许三阶。《六十种曲》题为许三阶。许三阶生平资料比较少，字号、籍贯等皆不详，他的传奇《红丝记》《鸳鸯被》剧本均佚，今唯存《节侠记》。关于《节侠记》的研究成果很少，所见有二：2002 年郑州大学安国梁教授整理出版《〈节侠记〉评注》，2006 年郑心灵发表于《河南大学学报》上的文章《从历史到戏剧的启示——以情节和人物为例论〈节侠记〉的艺术》②。

许三阶的剧本描写裴伷先与武则天、傅游艺、武承嗣等斗争的故事，基本上是据《纪闻》的内容敷衍而成，同时也做了相应的改动。顾命大臣裴炎在徐敬业起兵时按兵不动，被诬为同谋，武则天下令斩首。裴炎的侄子裴伷先上殿为伯父求情，被勘杖一百流放岭南。裴伷先在岭南与原聘卢氏女完婚，婚后裴伷先偕妻子和岳母潜回故乡隐居，被李秦授等人得知又抓了回来，把卢氏及其母亲流放到岭南，把裴伷先流放到塞外，并安排在路上将他害死。裴伷先躲过此劫，在塞外成为思摩可汗的女婿。不久武三思奏杀流民，裴伷先携家人流亡，但最终被捕。恰逢庐陵王复位，裴伷先被赦免，全家团圆。《节侠记》中新加入了几个反面人物武承嗣、傅游艺、李秦授等。裴伷先虽然被武则天流放，却一直遭受迫害，这些都是因为这几个人暗中做手脚。唐宋时，故事体现出武则天作为君王的政

---

① 董康：《曲海总目提要》（中），人民文学出版社 1959 年版，第 765 页。
② 郑心灵：《从历史到戏剧的启示——以情节和人物为例论〈节侠记〉的艺术》，《河南大学学报》2006 年第 5 期。

治眼光和风度，但《节侠记》中武则天宠信奸臣，听信谗言，残害忠良，以至于裴伷先的命运一波三折。与此前的同类题材相比，许三阶的剧作表现出不同。

首先，强调正统性，反对女子干政。裴炎可以说是为了维护正统而死。武则天改国号为周，自立为帝，武承嗣奏请立武氏七庙，又有人奏立武承嗣为太子，这些行为动摇了李氏天下的根基，所以裴炎当廷抗争，触怒了意气风发的武则天，诏正典刑。第四出的题目为"忠忤"，充分肯定裴炎知其不可仍为之的行为，赞扬他忠于李唐皇室，不惜忤逆武氏，牺牲自己的精神。裴伷先踵其伯父意愿，为维护正统而遭流贬。裴伷先面谏武则天目的是为了替伯父求情，但他仍坚持伯父的立场，坚决维护李氏王朝。与其说是为伯父求情，不如说是为了维护李氏家族皇位继承权的又一次申诉。对武则天而言，这无异于火上浇油。裴氏叔侄俩都是为了维护正统而不惜性命，这种气节深为明人所重。

其次，明确表明裴伷先的立场，突出忠臣形象。唐宋时期的裴伷先故事中，裴伷先挺身而出，只是为伯父鸣冤，劝诫武则天归政明辟，罢诸武权，并没有明确说明裴伷先反对武则天执政的程度。《节侠记》的第二出《忧国》中，鲜明地表达了裴伷先的立场，"太后暱狎邪佞，残害忠良，杀子屠兄，弑君鸩母，犹复包藏祸心，窥窃神器，人神之所共嫉，天地之所不容。李敬业公侯冢子，骆宾王词赋名流，共起义旗，匡复唐室。州郡响应，朝野震惊。正当趁此时节，迟延不讨，留住大兵，看有机会，劫迁太后于内殿，奉迎大驾于房州，则人心自服，天下自安，维扬之师可传檄而定矣"①。这段话表明裴伷

---

① （明）许三阶：《节侠记》，（明）毛晋《六十种曲》（第12册），中华书局1958年影印本。

先与裴炎二人欲借徐敬业起兵之时趁机采取行动，以武力逼迫武则天退位，这就把二人推向了武则天的对立面。当前学界普遍认为，裴炎虽然在徐敬业起兵时替他们说话，但并没有采取实际行动参与其中。武则天杀裴炎是因为他不支持武则天执政，串通徐敬业只是一个借口而已。《节侠记》中的这段描写，目的是要把裴伷先与武则天放在两个完全对立的立场上，一方面突出武则天的非正统性，另一方面使裴伷先的忠臣形象更彻底。

再次，把裴伷先所遭受到的迫害归因于小人作乱，武则天被人蒙蔽。唐宋时期故事所表现的武则天宽容大度，宽宥逆己之人。裴炎是以谋反罪被诛的，正常情况下应该是满门抄斩，但武则天却没有这样做。可见，武则天心里也知道裴炎并非谋反。但裴炎反对武则天执政，不管是因为高宗的遗命，还是与武则天争权，都是武则天当政的绊脚石，武则天只不过是找一个借口搬开这块石头，但她并没有像长孙无忌处理高阳公主谋反案那样网罗牵连，还意外地接见了要求进觐见的裴炎之侄裴伷先。裴伷先为伯父辩白，本身就是触怒龙颜的一件事，没被斩首已经算是幸运。在朝堂之上裴伷先仍坚持了伯父的论调，要求归政，言辞激烈。盛怒之下的武则天没有失去理智，只是打了他 100 杖然后将其流放。后世的作品着力渲染裴伷先如何受到迫害，但却让读者从反面看到了武则天的宽容与大度。淳斋主人《题节侠记》云："然此传奇之妙，不在于裴伷先之能谏，而在于老媪之不杀。"①

明代许自昌在许三阶作品的基础上加以改编，整理出《节侠记》的另一版本。共 32 出，未见著录。题为《玉茗堂批评节侠记》，署

---

① （明）许自昌：《节侠记》，《古本戏曲丛刊》（初集），商务印书馆 1954 年影印本。

"梅花墅改订"。主体内容与许三阶的作品相似，只是增加了一些评语、删略了一部分戏文而已，没有较大改动。现存明崇祯间刻本，《古本戏曲丛刊》初集据之影印。

第四节　清代：反面丑化为祸水，正面塑造成明君

清代礼教禁锢比较严格，武则天这样的"异类"难以被士大夫容忍。在说唐系列小说中，武则天被塑造成红颜祸水，与忠臣良将成了死对头。清末是女性思想意识觉醒的时期，与以往相比，最显著的变化是出现了武则天作为理想明君的正面形象，这是整个此类故事中唯一的亮点。

一　清代故事的时代特点

同样都是关于武则天的故事，在不同时代却显示出不同的趣味和审美爱好。"趣味并不是一个前后一致的性质或是一个普遍性的观感，而是在时间中，两种文化中，甚至在社会中，都在随时改变着的东西。它与时代精神相联系。不仅作品或作家的评价及某种场合下对作品或作家的神圣化有赖于它；而且，创作于那个时代的整个文学也有赖于它。"① 这一时期的作品与以往差别较大。

---

① ［德］H. R. 姚斯、［美］R. C. 霍拉勃：《接受美学与接受理论》，周宁、金元浦译，辽宁人民出版社 1987 年版，第 331 页。

（一）女性缠足现象描写

缠足现象并不起源于清代，但却盛于清代。清代的作品常不自觉地表现出这方面的内容。清代传奇《鱼篮记》描写的是唐代武周朝的故事，但却出现了缠足的内容。第十出《改妆》中，司礼监的太监吕仁奉命让尹若兰女扮男装入宫。当尹若兰穿上御赐的靴子，出口道"奴原是三寸金莲，着朝靴待怎么"，穿上御赐的蟒袍之后说"我好真笑波，这都是千万载不曾见的神魔鬼魔"，当穿戴停当，太监行礼之后，"【旦作羞态介】【旦】这样描模，险笑杀当场看者哥"。① "三寸金莲"是女子缠足的结果，唐代并没有此风气，明清时期比较流行。"神魔鬼魔""羞态"等表明尹若兰的内心并不认可这种打扮，"笑杀当场看者哥"是从当时看戏人的心理角度来看尹若兰，是时人而非唐人的态度。《鱼篮记》在当时属于"古戏"，作者在塑造主人公时，为了突出她的美不自觉地把她放在了明清时期的审美框架中，使主人公具有古典美的同时又具有时代美，这是时代风尚在作品中留下的烙印。这种现象在别的作品中也有体现，如《绿牡丹》中张天佐之子张三聘到公会想看看来待考的才女鲍金花的姿容，鲍自安将计就计，说自己的女儿"鞋弓足小"，难以行走，让他进屋来看。这是鲍自安故意以足小来诱骗张三聘，也只有明清时期这种伎俩才奏效。

《洛城殿无双艳福》中也有类似情节，傅游艺之女叶娘要参加科考：

【前腔】见爹爹去来，见爹爹去来，东摇西摆，金莲尺半行

---

① （清）范希哲：《鱼篮记》，《古本戏曲丛刊》（五集），上海古籍出版社1986年影印本。

来快。……

【白】只俺这一双尊足，也算是古往今来有一无二稀奇古怪的一件东西了。唱：赶科场去来，赶科场去来，鞋尖一踮，管教踏出龙门界。①

此戏演武则天下诏，开男、女科考，并取才女、士子前50名依名次婚配，来俊臣之子来布德，傅游艺之女傅叶娘，不学无术，却都要参加考试。试官营私舞弊，初试女科花冠芳第一，男科来布德第一。幸赖太平公主与上官婉儿发现，武则天在洛城殿又举行面试，终使来布德与傅叶娘配对，花冠芳中状元，被选为李旦的次妃。结局是大团圆，金榜题名，洞房花烛。此戏中，脚的大小与人物的褒贬联系到了一起。傅游艺之女傅叶娘并无才学，却要凭借父亲的势力参加科考。实际上脚的大小与才学没有丝毫关系，但严廷中用大脚来丑化她，说她的脚有半尺长。一尺是十寸，半尺即五寸，传统以"三寸金莲"为美，这里用五寸金莲来贬低她。还特别强调她"这一双尊足"。《武则天外史》中，描写武则天与李治在唐太宗的病榻前调情，"高宗就伸过手来，将则天的三寸莲瓣一把握住"。② 武则天出家后，用不放松三寸金莲来表现她淫心不减。"古代艺术和现代艺术在它们漫长的历程中是不能用一个相同的完美（Beauabsolu）的标准去衡量的。因为，每一个时代都有它自己的习俗、趣味，因而也就有它的相对的美（Beau Relatif）。"③ 同样是"三寸金莲"在清代是美的标志，在其他朝代有可能只是一种病态。

---

① （清）严廷中：《洛城殿无双艳福》，郑振铎《清人杂剧》（初集），1931 年影印本。
② （清）不奇生：《武则天外史》，时代文艺出版社 2003 年版，第 216 页。
③ ［德］H. R. 姚斯、［美］R. C. 霍拉勃：《接受美学与接受理论》，周宁、金元浦译，辽宁人民出版社 1987 年版，第 59 页。

（二）报纸发行行业介入

信息的不对称在古代非常常见，作品却用现代的媒体介入，把信息传达到位。如《鱼篮记》第三十八出《野报》中，主人公隐居乡间，消息闭塞，朝廷发生了翻天覆地的变化却不知道，好在遇到了一个卖报的：

　　【杂扮卖报人上】报报报，新天子登基，天恩大赦诏款，要买的速速来买，不买我就去了。①

中国最早的报纸称"邸报"。"邸"本来是指古代地方官员朝觐京师时在京城的住所，后来成为地方官员的驻京办事机构，主要是为了传递命令消息。故称"邸报"，又称"邸抄""朝报""杂报"等，是专门用于传达朝政命令的文书，包括皇帝的诏书、中央政府的法令、官吏任免的消息等，具有新闻性质。我国最早的报纸是唐朝的官报。官报的发布受到中央政府的严密控制，只限于行政机构的内部。北宋末年出现了"小报"，流行于南宋，被称为"新闻"，是一种非官方的报纸。由中下级官员和书肆的主人发行，内容以"邸报"所不载的大臣章奏、官吏任免等政治消息为主，也常发表一些要求抗金的议论，受到了当时统治者的查禁。从明代中叶起，民间的报房允许公开营业，社会上出现了以"送邸报为业"的人和以办报盈利的"报房贾儿"。武则天时代小报根本没有出现，即便有邸报，也不可能进入市场进行买卖，普通百姓是看不到的。《鱼篮记》中卖报人的语气，是当时社会报业发展的表现。

---

　　① （清）范希哲：《鱼篮记》，《古本戏曲丛刊》（五集），上海古籍出版社 1986 年影印本。

（三）其他相关时代内容

清代其他的一些社会现象，如现代化的武器火炮、刑具木驴等社会风气等也渗入其中。

火药是中国闻名于世的四大发明之一，火炮很早就已经出现，但具体年代难以确定。可以肯定的是，唐代战场上并没有大量应用火炮。《绿牡丹》中把火炮搬到了唐朝，显示出现代化武器的巨大威慑力。小说中写狄仁杰与薛刚迎庐陵王入潼关时，恰赶上对峙的武寅营中，请来数架红烟大炮。这种大炮内装一担二斗火药，射程能达20千米。一共有24架，乃镇国之宝，从不擅动。这是武寅等人虚称强盗作乱，从武则天处请来助阵的。小说把清代盛行的武器搬到了唐朝。

木驴是中国古代专门惩罚与人通奸及谋杀亲夫女犯的附加刑具。元代《窦娥冤》中就曾提到，《水浒传》中的阎婆惜临刑前"骑木驴"游街，清代关于武则天的小说，对此刑具特别关注。《武则天四大奇案》中，狄仁杰破了毕顺冤死案，他的妻子毕周氏与人通奸后谋杀亲夫。小说把木驴的发明权安排到狄仁杰的身上，用此刑具来惩罚毕周氏。《武则天外史》中，武则天取消了这种刑具。可能是作者看不惯这种过于残忍的刑罚，故借武则天来废除这种不公平的专门针对女性的刑具。

二　反面丑化为祸水

官方文化欲拨乱反正，就必须丑化武则天，相应地塑造了与之相对立的骆宾王、安金藏等人物，在说唐系列故事中则指责武则天为"祸水"。抬高与之对立的人物的同时，加大贬低武则天的力度。

"祸水"一词出自《赵飞燕外传》，赵合德进宫时，淖方成站在汉成帝背后唾曰："此祸水也，灭火必矣!"根据"五德终始说"，汉代属火德，五行之中水、火相克，水能灭火。故说赵合德是祸水，将贻祸家邦，倾覆汉家天下。从此，"祸水"成了乱政女性的代称。"祸水"都是美女，倾家、倾城以至于倾国，因美而误国。历史上许多女性被贴上了"红颜祸水"的标签，如夏之妹喜、商之妲己、周之褒姒、春秋之西施、汉之赵飞燕、三国之貂蝉等。

(一) 虚构骆宾王后代，壮大反对派声威

与唐宋时期的骆宾王故事相比，清代的相关故事既有继承又有发展。骆宾王兵败隐居与武则天肯定骆宾王的情节都被继承下来，并进一步深化。这一时期出现了一种新人物，即骆宾王的后代。小说家借助骆宾王的声威壮大勤王力量。

清代戏曲《滕王阁》，把骆宾王隐居谈诗的故事与王勃滕王阁作文的故事联系到了一起。王勃的《滕王阁序》与骆宾王的《代李敬业传檄天下文》可以说是唐初文坛上的双璧，把这两个故事联系到一起可能是出于文学上的考虑。

清代西湖墨浪子（又名古吴墨浪子）的《西湖佳话》是以《本事诗》为蓝本生发而成的。重点敷衍的是骆宾王隐居的情节，但把原本宋元时期的改写深化了一步，如把骆宾王贬谪的原因由上疏言事具体化为请立庐陵王为帝。《西湖佳话》"灵隐诗迹"：

> 不期那时，唐高宗皇帝晏了驾，武则天太后临朝。初还恐人议论，立太子为帝，后见人心自属，遂将帝贬到房州，竟做了女主，自称金轮皇帝，渐渐将唐家宗室子孙，杀戮殆尽。骆宾王一时看不过，遂上疏请立庐陵王为帝，不宜反唐为周。武则天见

了，不胜大怒，遂贬骆宾王为临海丞。①

在《西湖佳话》中，杜撰出骆宾王不顾身家性命，冒死向武则天进谏的情节。这个改动把骆宾王放在了与武则天对立的立场上。如此塑造，是想在骆宾王"勇"的基础上，加上"忠"，"拨乱应须忠勇全，有忠无勇也徒然"，使他忠勇双全。"文死谏，武死战"，骆宾王以文臣的身份没有因诤谏而死，换成以武将身份为国献身，这使骆宾王的形象更加高大。

清代小说虚构出骆宾王的后代或亲戚，目的是借助骆宾王的声望壮大勤王者的势力，如《镜花缘》和《绿牡丹》等。《镜花缘》中百花仙子下凡，化身为百名才女，其中，司木莲花仙子第三十三名才女"小杨香"骆红蕖就是骆宾王的女儿。当初唐敖、多九公、林之洋三人在海外时，遇到一个年轻女子射杀了猛虎，少女自道来历："侄女天朝人氏，姓骆名红蕖。父亲曾任长安主簿，后降临海丞，因同敬业伯伯获罪，不知去向。官差缉捕家属，母亲无处存身，同祖父带了侄女，逃至海外，在此古庙中敷衍度日。"② 小说中虚构了骆宾王的父亲、妻子携女远居海外的情节。故事的后半部分是众才女与骆宾王的儿子骆承志、徐敬业的儿子徐承志等人一起起兵反对武则天保李显复位的故事。

小说《绿牡丹》的主人公骆宏勋是骆宾王的嫡堂弟，第四十五回"军门府余谦告状"说余谦快到历城县时，一个骑马的和尚跟他打招呼，"余谦闻叫，抬头一看，不是别人，却是骆宏勋之嫡堂兄，名宾王。向年做过翰林院庶吉士，因则天娘娘淫乱，重用奸佞，他

---

① （清）古吴墨浪子：《西湖佳话》，上海古籍出版社1980年版，第57页。
② （清）李汝珍：《镜花缘》（上），张友鹤校注，人民文学出版社1955年版，第58页。

就弃职，隐在九华山削发为僧。素与狄仁杰王爷甚是契厚，他今日五台山进香回来。狄仁杰现任山东节度使。宾王路过历城县，将欲一拜。遇见余谦故呼名相问"①。两人见面后商量，向狄仁杰求助，营救骆宏勋。最后，狄仁杰在这些江湖豪杰的帮助下，迎中宗复位。

小说中骆宾王与狄仁杰关系非常好，从二人的谈话可以看出，狄仁杰对骆宾王相当尊敬，甚至流露出羡慕和崇拜之意。在与武则天相关的小说中，狄仁杰一向是被当作李唐中兴的第一功臣来塑造的，但这里小说家用狄仁杰来衬托骆宾王，起到烘云托月的作用。可见在作者的心目中，骆宾王的地位或可高于狄仁杰。

骆宾王所承载的文化意义。骆宾王与王勃、杨炯、卢照邻并称"初唐四杰"，四人在文学领域的成就不分伯仲，但在戏曲、小说等叙事类作品中，骆宾王出现的频率要远远高于其他三人。据两唐书载，骆宾王为人"落魄无行"，但他却受到这种礼遇，原因在于他的命运与武则天联系到了一起。从横向来看，当朝掌权者对反对派的赞扬必然会引起人们的极度关注。从纵向上看，骆宾王的命运与中国历史上唯一的女皇帝联系到了一起，借助女皇帝的影响力，骆宾王也随之水涨船高。唐以后当人们开始贬低武则天时，骆宾王的形象被美化，塑造成与武则天相对抗的正统文人士大夫的代表。

首先，维护正统观念的楷模。骆宾王所参与的起兵，是反对女主干政，目的是维护正统的李氏天下，属于"卫道"。这是士大夫引以为荣的事情，虽然身死人手，却能名传后世，"虽九死犹未悔"。历代文人把骆宾王起兵的原因归为推翻女主执政，保护李氏天下，他的行

---

① （清）无名氏：《绿牡丹》，浙江古籍出版社 1985 年版，第 234 页。

为变成为正义而战。而事实上，当时骆宾王正被贬官，希望通过帝王的废立，扩大自己的发展空间，其初衷完全是出于私怨。但文人士大夫一厢情愿地把他的初衷改造得冠冕堂皇。

其次，文人"帝王师"梦想的承载者。骆宾王的身上寄托了古人征服帝王的愿望。"学而优则仕"，一生的奋斗目标是修身、齐家、治国、平天下。当一个文人不是目的，文学只是一种手段，是进入政坛的媒介。骆宾王正是通过这一媒介，在政治历史中占有一席之地的。骆宾王等人的起兵是反对武则天，以讨伐武则天为目的。从骆宾王的角度来讲，一个反叛者，能用文章征服自己的对手，是对其才华的肯定。女皇的肯定使骆宾王声名大噪。《酉阳杂俎》中，武则天责备宰相失职，肯定骆宾王是人才。这从侧面反映了武则天慧眼识珠，唯才是举的用人政策。丘逢甲把武则天对骆宾王的赏识称为"文字知己"，"凤阁鸾台宰相忙，此才竟令落蛮荒。若将文字论知己，惟有当时武媚娘（《题骆宾王集》）"。① 诗歌描述了武则天责备宰相失察之事，她对处于对立面的骆宾王的赞赏，颇有惺惺相惜之意。闻一多认为骆宾王"是教历史上第一位英威的女性破胆的义士"。虽然骆宾王等人的反叛以失败告终，骆宾王本人也没有机会一展自己的政治抱负，但他从精神上征服了帝王，令帝王承认自己是个人才，帝王的肯定使他名垂青史。这是文人一直追逐的境界，是他们的梦想，骆宾王正是这个梦想的承载者。

再次，文人士大夫隐逸愿望的寄托。关于骆宾王的结局说法较多，但隐居一说流传最广。骆宾王的隐居生活，符合中国传统文人的隐逸心理。"达则兼济天下，穷则独善其身"，建功立业之后功成身

---

① （清）丘逢甲：《岭云海日楼诗钞》，上海古籍出版社1982年版，第161页。

退，隐居山林，这是中国士人的理想。骆宾王的前半生可以说是为国忘身，而后半生的隐居生活又是文人的理想归宿。骆宾王身上所承载的这些内涵都是通过武则天映衬出来的。从武则天的角度来讲，肯定自己的对手是人才，表现出的是帝王的大度，具有容人之量。一个平头百姓如果被人骂得狗血淋头，尚不能忍受，何况是万人之上的帝王。武则天的宽容不仅限于身边亲人、使女、臣子，甚至是自己的对手。对大多数人来讲，这是很难做到的。

最后，亦文亦武的人生经历。骆宾王是以文人的身份在唐初崭露头角的，投笔从戎是当时文人的理想。光宅元年（684）武则天废掉刚刚登基的太子李显，册立他的第四个儿子豫王李旦为帝，自己临朝称制。当时，徐敬业因事被贬官，在赴任途经扬州时，与同样被贬官的唐之奇、杜求仁、魏思温、薛璋、弟弟徐敬猷等，以匡复李唐皇室为口号，聚集十万大军，在扬州起兵，讨伐武则天，骆宾王被招入幕，任命为艺文令，掌管文书机要。骆宾王在起兵时起草的《代李敬业传檄天下文》与陈琳的《讨贼檄文》并称为檄文史上的双璧。骆宾王的檄文在政治上极具煽动性，是徐敬业起兵的旗帜，在文学史上又传为绝唱，文学与政治的结合使此文迅速流传，骆宾王也随之名扬天下。明代小说《平妖传》中，武则天在冥界时，提到骆宾王的檄文仍心惊胆寒，似乎这道檄文犹如达摩克利斯之剑穿越生死，一直悬在武则天的头上。丘逢甲在《题骆宾王集》中说："义师散后遁僧寮，老抱雄心托浙潮。此笔江河流万古，多因曾檄伪临朝。"① 点出骆宾王之所以能够流芳百世，得益于他对武则天的口诛笔伐。骆宾王的檄文既有文学价值又有军事作用，这是人们最推崇的境界。

---

① （清）丘逢甲：《岭云海日楼诗钞》，上海古籍出版社 1982 年版，第 161 页。

武则天与骆宾王的形象形成了此消彼长的态势。武则天的地位每况愈下，与之相对立的骆宾王的地位却直线上升。从历代不断为骆宾王写传记这一点可以看出人们对他的重视程度。除了两唐书及《唐才子传》外，明代胡应麟有《补〈唐书〉骆侍御传》，明代吴之器有《骆丞列传》，清代陈熙晋有《续补〈唐书〉骆御史传》。胡应麟称赞骆宾王："大节高风，瑰材卓行，词华冠代，学业超群……伟哉器量无双，讵曰文章寡二！"① 而且上书建议将骆宾王的雕像迎入乡贤祠祭祀。陈熙晋在《骆临海集笺注》序中写道："临海志士也，非文士也。杨用修有言，孔北海与建安七子并称，骆宾王与垂拱四杰为列。以文章之末技，掩立身之大闲，可惜也。"② 认为骆宾王首先是一个"志士"，在文学上与"四杰"并列，是以末技掩盖了功绩。在他们的心目中，骆宾王的政治地位，要完全高于他的文学地位。他们推崇的是骆宾王的气节，是他为中兴李唐王朝的振臂高呼。在他们的心目中，骆宾王的文学成绩不足挂齿，他已经成为一种精神的代表，一座永不磨灭的丰碑。

（二）续写安金藏故事，与复唐事业合流

《反唐演义传》中，武三思、武承嗣为了谋求储位诬告庐陵王谋反，武则天令六部议奏，满朝皆是武党，只有安金藏在太庙大哭并剖腹以明庐陵王不反。武则天自省并下令如果再有人告庐陵王谋反，就夷三族。这则故事中，剖腹的地点、场合都发生了变化，把原本李旦及宫人与酷吏对峙的场面变成安金藏一人与满朝文武大臣对抗的场面，更显示出安金藏行为的悲壮。对武则天的描写，体现了安金藏行

① 骆祥发：《骆宾王诗评注》，北京出版社 1989 年版，第 349 页。
② （清）陈熙晋笺注：《骆临海集笺注》，中华书局 1961 年版，第 375 页。

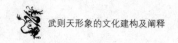

为所起到的实际作用。

《武则天四大奇案》中安金藏在第五十七回出现，他成为狄仁杰的左右手，是庐陵王归位的功臣。小说在安金藏出场时，进行了一番细致的外貌描绘。"身高九尺向外，两道浓眉，一双圆目"，这种长相给人一种正气凛然的感觉。小说对安金藏剖腹的细节作了铺陈，"说罢只见他拨出佩刀，将胸前玉带解下，一手撕开朝服，一手将刀往胸前一刺，登时大叫道：'臣安金藏为太子明冤，陛下若再不信，恐江山失于奸贼了！'说罢复将刀往里一送，随又拔出，顷刻五脏皆出，鲜血直流，将众臣的衣服溅得满身红血"。① 在救治过程中，安金藏仍然是"手中佩刀，依然未去"。安金藏的过激行为不仅让武则天汗颜，同时也引发了金銮殿上众大臣以死直谏的一幕：

> 众大臣俟他去后，有元行冲、桓彦范一干人，齐声哭道："安金藏乃是太常工人，官卑职小，尚知太子之冤，以死直谏。陛下再不听臣等所奏，只好死于金銮殿上了。"当时众人有欲拔刀自刎的，有欲向金殿铁柱上撞死的，把个金銮殿前，当个寻死地府。②

这段金銮殿上争相寻死的场面，更突出了安金藏行为的感染力量。此后，安金藏成为狄仁杰的心腹，与狄仁杰一个在朝，一个在外，相互照应，确保庐陵王复位。

安金藏系列故事中，唐代的《大唐新语》《独异志》等是以安金藏为主人公的独立小故事。说唐系列故事中，安金藏是忠臣群像之

---

① （清）无名氏：《武则天四大奇案》，崔爱萍、范济平校注，中州古籍出版社 1990 年版，第 310 页。

② 同上书，第 311 页。

一，只是一个过场人物。《武则天四大奇案》中安金藏是一个次要人物，从第五十七回出场，后来又出现了三回。明代《上林春》是唯一一部以安金藏为主人公的作品。安金藏在古代文化领域是一个忠臣义士的代表。与安金藏对应的武则天，任用酷吏残害忠良，甚至都连累到自己的亲生儿子。但故事中的武则天并不是昏庸无道，而是被酷吏蒙蔽，安金藏剖腹后武则天的一系列反应，表现出她温情脉脉的一面。

（三）强化说唐之系列，丑化为红颜祸水

在说唐系列小说中，武则天还充当了"红颜祸水"的角色。小说中的武则天可以说是集众祸水的特点于一身。

貌美倾城，迷惑君王。长得漂亮是祸水最基本的条件。祸水都被称之为"红颜"，即漂亮的面孔。长得美丽自然引起帝王的注意，这是接近帝王最基础、最直接的条件。小说中极力渲染武则天的"狐媚惑主"。武则天用她的美貌迷惑了父子两代君王。一个是唐太宗李世民。这是一个有道明君，却拜倒在武则天的石榴裙下，明知道她是扰乱唐室的祸首，却不忍加害于她。另一个是李治。武则天的魅力使胆小的李治竟然敢冒天下之大不韪，与父亲的才人私通。甚至违背父亲遗命，把出家感业寺的武则天再度接回宫内，并立为皇后。

大兴土木，劳民伤财。这本是君王的行为，但文献记载都会把这个缘起归结到"祸水"身上，成为"祸水"的标志之一，妹喜、妲己都是这样的典型，武则天也不例外。《说唐三传》中武则天请旨建造御花园，高宗便役使上千工人，开瑶池、造御书楼、堆假山。传令天下，让各地进献奇花异草，百姓劳苦，万民嗟怨。

谗言惑众，残害忠良。君王宠幸美人，对她们言听计从，便做出逾矩之事，忠臣良将则必然反对，直陈祸水之害，以致触怒龙颜，美女衔恨，于是忠臣的下场便异常凄惨。夏桀因为妹喜而杀掉了冒死进谏的关龙逢；纣王在妲己的蛊惑下，把自己的亲叔叔比干剖腹挖心。在说唐系列小说中，武则天对高宗屡进谗言。她蛊惑高宗下令捉拿薛丁山一门，又派人捉拿薛刚、薛强、薛勇。薛家一门385口人都因为她被正法。这还不够，倾力捉拿其他相关人员，心狠手辣，必欲斩草除根而后快。武则天成为忠良世家薛家的死对头。

断送天下，结局悲惨。武则天的所作所为，使唐室几遭倾覆。与妹喜、妲己、褒姒三个人分别成为夏、商、周三个朝代亡国的"祸水"一样，武则天也成了这样一个符号。武则天自己的下场也极其悲惨。《反唐演义传》中，当薛刚、樊梨花等人带兵冲入宫中时，武则天正在睡觉，被喊杀声惊死。为了让武则天的结局变得更惨，小说安排李旦登基之后，又将武则天的尸体扛出枭首。

三　正面塑造成明君

在传统文化中，武则天还扮演了一个角色——女性参与社会理想赖以实现的明君。通过开设女科、任命女官、为女性翻案等方式，武则天为女性参政的理想提供了实现的途径。

中国古代女子在礼教的规范下从社会事务中退化出来，其活动范围仅限于家庭。男性的社会理想是修身、齐家、治国、平天下，而女性最值得称道的是"女子无才便是德"，相夫教子才是根本，只有夫贵才能妻荣，作为个体唯一得到社会认可的就是受到旌表，立了贞节牌坊。但女性参与社会的努力却从来都没有停止过。"由于女性的现实文化角色是与自然人相冲突的，父系文化不得不付出极大的精力，来维持对女性的文化高压环境，一旦这种外在的文化环境松动，女性的文化面貌就随之发生较大的变化。女性的自我意识觉醒的曲线往往和父系文化盛衰的曲线相重合。"① 从家庭走向社会的女子只有少数几种：第一种是妓女，一直活跃于社会上的女人；第二种是驰骋沙场，军功卓著的女人，如妇好、花木兰、冼夫人、浣花夫人、梁红玉等；第三种是才女，如曹大家、班婕妤、苏惠、李易安、朱淑真等。才女能够获得较好的社会名声，却又令男性"望而生畏"。女子有才气，就有了思想，有了思想，往往希望参与社会事物，而这往往又是男人所惧怕的。

现实社会中才女没有机会走向社会，这种意愿在文艺作品中找到了实现的方式，即参加科举考试。明代徐渭四声猿《女状元》中的黄崇嘏，清代邱心如的长篇弹词《笔生花》中的姜德华，清代陈端生的长篇弹词《再生缘》中的孟丽君，她们都是乔装改扮，进京赴考，高中状元。这些女性大多数情况下都是女扮男装，借助隐藏身份来实现自己的抱负，如果想以女性的真面目建功立业，只能寄希望于统治者承认女性的身份、地位及参与社会事物的正当性。能实现这个理想的最佳载体就是武则天。武则天是中国历史上唯一真正临朝称制的女皇帝，她建立了大周王朝，坐拥天下数十年。在她当政时期，经济繁荣，社会全面发展。在女子执政的历史中，武则天无疑是一个最理想的明君形象。《镜花缘》中的武则天便是如此：

武则天虽贵为君主，但并非贪得无厌、狂妄自负。第五回中，当太平公主恭贺武则天会得到如古之"八元""八恺"等英才辅弼时，武则天非常谦虚道："此虽上天垂象，但朕何德何能，岂敢妄冀巾帼中有八元，八恺之盛。倘得一二良才，共理朝纲，得备顾问，心愿也

---

① 周力、丁月玲、张容:《女性与文学艺术》，辽宁画报出版社 2000 年版，第 140 页。

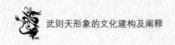

就足了。"① 武则天希望巾帼之中也会出现栋梁之材,但并没有过度奢望,没有因为自己是君主就不可一世。

武则天比较理智,有容人之量。如唐敖在科举考试中高中探花,有言官上本参奏唐敖曾经与徐敬业、骆宾王等人结拜为异性兄弟,难脱干系,请旨降为庶人。本章上去,武则天因为唐敖没有直接参与起兵,也没有什么劣迹,因此施恩,只是把他降为秀才。在古代社会,最大的罪名莫过于谋反,君主最忌讳这一点。尤其武则天,很多反对派一直窥视着她的政权,只要一有机会,都伺机而起。历史上凡是被武则天痛下杀手的人,多数都是威胁到她统治的人。她所任用的酷吏,网罗了大量无辜的人,罪名大多都是谋反。实际上,武则天并非不知道这些酷吏常栽赃陷害,并非不知道有些人是被冤枉的,但武则天没有阻止。因为她需要这些酷吏帮助她打击政敌,帮她扫清自己执政的障碍。有时候,她也需要借一些有威望的大臣,杀一儆百。唐敖的经历触及了最敏感的问题,定一个"谋反"的罪名轻而易举,直接斩首或满门抄斩都是有可能的。而武则天却能够具体问题具体分析,不搞连坐,从轻处理,可见其气度。

武则天具有安邦定国的能力及感召力,即使她的政敌,在某种程度上也不得不与她妥协。如在开女科时,一大批政敌的女儿前来应试。如徐敬业的侄女徐丽蓉、儿媳司徒妗儿,这两人与武则天可以说是仇人,当奶公提起两位小姐赴考之事时,徐承志道,"我同这恶妇乃不共戴天之仇,岂可令妻妹在她跟前应试"?② 但结果还是去了。章府的十个儿媳妇、四位小姐,文府的五媳、两位小姐,骆宾王之女骆红蕖,九王爷之女李良箴、儿媳妇燕紫琼,薛仲璋之女薛蘅香,魏思

---

① (清)李汝珍:《镜花缘》(下),张友鹤校注,人民文学出版社 1955 年版,第 26 页。
② 同上书,第 419 页。

温之女魏紫樱等都与武则天是势不两立的仇人，但都积极赴考。另外，一些反对武则天的人仍在朝为官，如文隐担任淮南节度使、史逸任陇右节度使、章更任河东节度使等。武则天能够使对手为己所用，成功地驾驭他们，显示出非凡的领导能力。

武则天明察秋毫，能体恤民意。如第六十五回，武则天在阅卷看榜时，发现卞氏七女、孟氏八女等在郡试中名列前茅者竟然榜上无名，便询问主考官。原来这一批人都是考官的子女及姻亲，为了避嫌，循科场旧例回避。武则天得知后立刻下诏令这批人补考。另外，因污卷未登第及错过考期未参加考试的都可以补考，并令她们一起参加殿试。因回避而未参加考试的才女问题应该由考官提出，这里却是武则天自己发现并主动提出的，反衬出武则天心思细密，对有才能之人的重视。对有特殊情况应考人员的特殊关照，是武则天平时行事作风的反映。

女性执政，惺惺相惜，自然会提拔有才能的女性。许多文艺作品就虚构了这样的理想国，为女子施展才华提供用武之地。表现在三个方面。

（一）开设女科

武则天很重视有才能的女性，但历史上没有开设女科举的记载。或许武则天未尝没想过开设女科，可能囿于当时条件，没有实现，但这种设想却在文艺作品中开花结果。最典型的作品要数《镜花缘》。作者以武则天执政时期为背景，描写了百花仙子及众花仙谪降人间，参加了武则天开设的女科，并被钦点为百名才女的故事。众女子在卞府花园中弹琴下棋、吟诗作赋、讨论音韵、研究算法、卜卦猜谜，各显其能。

武则天才思敏捷，下笔成文，本身就是一个才女。她与众人饮酒赏雪时，酒后失言，命令百花齐放以助兴。时值残冬，枯枝败叶，不可能开花。武则天为了给自己台阶下，只好应承太监之言，下御旨催花，提笔题曰"明朝游上苑，火速报春知。花须连夜发，不教北风吹"。这是一首五言诗，短短20个字，写出了目的、时间和要求。以诗为令，言简意赅。这是武则天在酒醉难支的情况下一挥而就的，可见武则天文学修养之高。在武则天的影响下，吟诗作赋成为宫中休闲消遣常见的娱乐方式，如第三回武则天与太平公主、上官婉儿在暖阁饮酒，作诗赏雪。

武则天欣赏才女、抬举才女。第四十回，武则天对于苏惠织锦回文《璇玑图》爱不释手，时常翻阅，并亲自作序文一篇。为了表现女子的才华，在众才女参加科考之前还预设了一个男女才情较量的小舞台。第六回开头武则天与群臣上苑赏花，武则天为了彰显上官婉儿的学问，让上官婉儿与群臣一起赋诗，当日共作了50多首诗，婉儿得了50分赏赐，次日作了49首诗，上官婉儿得了48分的赏赐。朝廷重臣多数都是科举出身，即使不是学富五车，也算是饱读诗书，却都败在一个宫中女子手下，可见女性才华不亚于男性。武则天不仅自己欣赏上官婉儿的才华，还通过不同的方式让她表现。在武则天的内心，也有一种让上官婉儿与朝廷文士一较高下的心理。

《镜花缘》的立场是拥唐反周的，但小说家也忍不住肯定武则天的一些行为。如把武则天颁布的十二条恩诏称之为"盛世旷点，自古罕有"。按照反对武则天的思路，她的结局应该很悲惨，但开女科这一行为只有在武则天时代才会成为可能。故小说的结尾给武则天留了后路：神龙政变，中宗得位，武则天病愈之后又下了一道懿旨，来年会再开女科，使天下才女为之轰动。作者让她活着，是为再开女科创造条件。从正统观念来讲，李汝珍希望武则天在政治上是失败的，这样才能归天下于李氏。但从私人角度来看，李汝珍又希望武则天还能掌管天下事务，因为只有这样才能给女子施展才华提供社会条件。这种相互矛盾的想法使李汝珍虚构出了武则天病愈下懿旨的情节。但小说本身又有局限性。李汝珍希望女性的才华能够得到社会的承认，但仅限于此。中榜的才女只是受到旌表，得到的只是荣誉和虚衔，并没有任命实际官职，参与社会事务。此类作品还有《洛城殿无双艳福》，武则天开科取士，并让前50名才子和才女婚配，却没有让才女参与政治方面的描写，只是帮助才女配才郎，把女子的人生又归到婚姻当中去。《绿牡丹》也有开女科的描写。在传统文化中，女性没有政治地位和名分归属，这个远离政治生活的群体比较容易变成纯文化的载体。清代以女性为主角的部分小说，用小说中的女性指代男性，用女性的本真纯洁与官僚政治相对应，借女性的身躯言说男性话语，使作者身份的焦虑得以化解。

（二）任命女官

历史上的武则天对有才能的女性非常重视，她曾任用女官，这为文艺作品的演绎提供了思路。

武则天对人才的任用，不看门第、不问出身、不拘一格、唯才是举。有很多人才是破格录用，她所任用的女官最有名的是被后人称为"巾帼首相"的上官婉儿。上官婉儿是上官仪的孙女，上官仪及其儿子因得罪武则天被诛，上官婉儿恰是这时出生。因她的母亲郑氏是太常少卿郑休远的姐姐，母女免死，没入掖庭。上官婉儿自幼才思敏捷，文采出众，14岁时，名声传到武则天耳中。武则天召见她，现场命题，上官婉儿文不加点，当场立成。武则天大悦，下令免其奴婢身份，掌管宫中诏命。上官婉儿与武则天有杀父之仇，但二人一个敢用，一个肯为，也算是惺惺相惜了。女人想做官，在别的时代几乎不可能，所以这种理想都寄托在武则天的身上。武则天任命女官入民间巡访的故事有一系列作品，包括《载花船》《鱼篮记》《万花台》及碗碗腔《女巡按》等。

尹若兰是《鱼篮记》中塑造的一个女官形象。《鱼篮记》又名《双错鸳》，沿用旧剧弋阳调《鱼篮记》的名字，新作昆腔，题材取自西泠狂者所著《载花船》卷三。因于楚在鱼篮大士庵中与尹若兰订盟，且两人的名字又与鱼篮相关，故名。于楚开始错认尹若兰为男人，此为一错；秦婉娘错嫁他人后改嫁闻人杰，此为二错，故名《双错鸳》。

宫人尹若兰美貌有才，武则天让她女扮男装，总管天下兵马钱粮盐铁屯漕水利诸事，同时兼访隐逸遗贤。秦婉娘因父母误听媒妁之言，错嫁年逾七旬的老翁邬隗。秦婉娘与邻居少年才士闻人杰目交心许，有一恶少调戏秦婉娘不成，心生怨恨，伪作秦婉娘之书招闻人杰至家，并纠众捉奸送官。恰逢尹若兰巡至此地，见两人男才女貌，便把秦婉娘判归闻人杰，并捐俸银给邬隗另娶。尹若兰至建康，在鱼篮庵看到了于楚所题之诗，尹若兰爱其才遂聘于楚入幕。于楚欣赏尹若兰才色，但并不知其为女子身份。后两人相悦，尹若兰诉以实情，两人在观音大士前许订终身。尹若兰当初出宫时，在端门遇到了武三思，武三思看上了尹若兰，想将其据为己有。适武则天下玺书斥责尹若兰不称职，武三思便与张昌宗、来俊臣密谋陷害她，尹若兰便与于楚逃亡隐居。两人途中被湖中大盗甄仪道所擒，甄仪道因为二人是儒生而礼遇有加。当地县令派人前来招降，甄仪道犹豫不决，于楚与尹若兰主动请缨，去见县令。不料县令恰好是闻人杰，于是与甄仪道订盟。甄仪道被推荐给狄仁杰，后来在边关立了大功，封为节度使。狄仁杰与张柬之等人发动政变，杀了张昌宗、张易之等，但武三思漏网。这时听闻人杰已成为谏议大夫，向皇帝推荐于楚。武三思假传圣旨召见尹若兰，却在中途把她抢回家。尹若兰本欲自杀，被同样劫入武府的詹氏所救。二人盗得来俊臣献给武三思的扇子（"语皆不道"），秘密找人送给狄仁杰，揭发武三思。尹若兰、詹氏二人得救，武三思被诛。中宗欲授于楚官爵，于楚辞而不受。这时武则天已经出家为尼，设宴招待众人。

《万花台》改自《鱼篮记》，改闻人杰为闻人悦，改秦婉娘为秦和姐，改尹若兰为尹婉儿。《鱼篮记》中隐晦的内容被写得很详细。把闻人悦与和姐的关系从两情相悦改为通奸。总体看来，淫秽内容相对多一些。

碗碗腔《女巡按》又名《万福莲》《谢瑶环》，清嘉庆年间（1796—1820）李芳桂编。叙唐武则天时，谢瑶环奉命巡视天下，在普乐庵的观音大会上，谢瑶环遇到了大骂武则天的袁华。于是把他带入府中，礼敬有加。萧九三的妹妹萧慧娘姿容艳丽，本许配给秀才龙象乾，但龙象乾游学未归，其兄欲把她卖给张宏为婢。萧慧娘得知后连夜逃走，在小庙中与龙象乾相遇。萧九三把二人告上谢瑶环堂下，谢瑶环怜郎才女貌，便把萧慧娘判给龙象乾，却将龙象乾的订婚之物万福莲收归已有。谢瑶环夜里在观音像前许愿时，被袁华听见，拿走了万福莲，两人遂结连理。张宏怀恨在心，入京告状，诬陷谢瑶环通匪。武则天派人捉拿谢瑶环。谢瑶环闻之手足无措，袁华劝谢瑶环联合孙天豹一起谋反。此时龙象乾出任吴县知县并战胜孙天豹，谢瑶环以袁华为人质，劝龙象乾投降，众人一起逼武则天退位。这一故事承接《载花船》《鱼篮记》《万花台》，故事框架相似，只是细节上有所变化。故事主题从拨乱反正转移到才子佳人终成眷属上来。①

这几部作品都是以武则天任命女性为官的故事，把封印给她们，让她们代批奏折，把重权交到她们手上。如《鱼篮记》中的尹若兰，总管天下兵马钱粮盐铁屯漕水利等，把这些天下大事交给女人去做，是需要勇气和魄力的。武则天对女人为官充满信心，对她们的能力无丝毫怀疑。对于尹若兰来讲，能够有这样的机会是很荣幸的，对于天下女子来讲，这是很令人羡慕的。女子为官并受到君王的重用，是很多有志女子的梦想。这个主题在后世经久不衰。

（三）为女性翻案

女性执政，相对于男性而言，会对一些同性人物给予较高关注。人们把为女性洗刷冤情的理想寄托到武则天的身上。

清代佚名的章回小说《忠孝勇烈奇女传》又名《木兰奇女传》《忠孝勇烈木兰传》，一共 4 卷 32 回。此书以花木兰故事为原型，但把花木兰从南北朝搬到了唐朝，花木兰改为朱木兰。朱木兰女扮男装

---

① 《谢瑶环》：1961 年田汉根据碗碗腔《女巡按》改编的京剧，中国京剧院杜近芳首演。演武则天执政时，谢瑶环任尚仪院司籍女官。当时江南豪强兼并土地现象严重，失去土地的农民在太湖聚义谋反。武三思、来俊臣力主剿灭，谢瑶环主安抚。武则天认为谢瑶环见识胜于男子，故命谢瑶环为右台御史，赐名谢仲举，巡按江南。武三思的儿子武宏和来俊臣的弟弟蔡少炳，因强抢民女与袁行健发生争执，双方闹到衙门谢瑶环堂上。谢瑶环斩了蔡少炳，杖责武宏。谢瑶环与袁行健喜结连理。武宏怀恨在心，使其父武三思诬告谢瑶环谋反，并假传圣旨审谢瑶环。龙象乾向武则天辩白，当武则天赶到时，谢瑶环已被酷刑折磨致死。武则天怒杀奸臣，追封谢瑶环为定国侯。碗碗腔《女巡按》中，武则天是窃弄神器的反面形象，在田汉的《谢瑶环》中，加入了兼并土地现象严重的时代内容，结局一反传统，采用了西方戏剧推崇的悲剧写法。武则天是反对士族势力、反对豪强兼并的正面形象。

从军 12 载，因战功显赫而被封为将军。朱木兰凯旋还朝，不受封赏，解甲归田。唐太宗数次征召她入朝，朱木兰皆不受。太宗听信谗言，欲加害于她。木兰被迫剜胸掏心，以明心迹。唐太宗悔之不及，封朱木兰为贞烈公主，题其坊曰"忠孝勇烈"。武则天掌权以后，加封木兰朱氏之后，又赐号昭烈，赐金书、对联云："人夸烈女心如石，我爱将军勇过男。"① 小说把朱木兰的人生安排在唐太宗时代，这里的唐太宗不再是一个明君，而是战时思良将、战后杀功臣的昏君。他听信小人谗言，一手制造了朱木兰的冤案。故事中张昌宗多次向唐太宗进谗言，实际上张昌宗与唐太宗根本就不是一个时期的人，张昌宗是武则天的宠臣，这里却安排唐太宗对张昌宗的话言听计从，把唐太宗塑造成一个庸君，与武则天形成强烈的对比。

小说构成的三要素是人物、情节和环境，同一题材故事的重写一般会继承这些主要因素，而在其他无关紧要之处进行再创造。而《木兰奇女传》则偷换了人物所处的社会"环境"这一重要因素，把木兰故事改换朝代。花木兰故事产生于南北朝时期，武则天当政发生在唐朝，文学中如果把两个时代的内容改编在一个朝代，一般来讲应该以主人公生活的时代为背景。从题目可以看出，主人公应该是木兰，此故事背景应该写成南北朝，但这里却改成唐朝。这个"环境"完全是为了突出主人公形象而设计的，如此安排，目的是寄希望于武则天给忠臣翻案。小说的潜台词是武则天当政，会对女性格外关注。

在男权社会中，由于男性的贬低同时也包括女性的自我认同，剥夺或削弱了女性的能力，使她们没有信心和力量去抵制这些迎面

---

① 佚名：《忠孝勇烈奇女传》，华夏出版社 1995 年版，第 345 页。

而来的打击。女性是弱者这一定义在现实中不断被证明，这种贬低女性的意识也在这种重复循环中不断加深。小说中这些女子参加科举考试，金榜高中，出入将相，只能伪装成男人，采取女扮男装的办法。功成名就之后，她们不得不相夫教子，回归家庭，回到传统统治秩序中来。这是女性为突破男权樊篱所做的努力，但这种努力在残酷的现实面前屡屡碰壁，最后不得不低头，回归到男性所设定的角色。

第三章　宗教文化中的武则天形象

　　宗教借用一系列仪式，用神权的形式来肯定王权，成为政治有益的补充。与西方的政教合一不同，中国自古以来都是王权至上。统治者大多情况下都是从宗教中获得理论支持，利用宗教为自己的统治服务。宗教人士则把帝王说成仙佛转世，给帝王的统治披上一层神秘的外衣，相应地从帝王处获得经济及政治地位上的支持。二者相互利用，各取所需。当宗教发展过度，又会引起统治者的压制，如"三武一宗"的灭佛运动等。

　　唐代采取儒、释、道三家并重的政策，人们在宗教信仰上比较自由。唐代的佛教、道教等都获得了长足的发展。武则天对道教颇为认可。河南博物院所藏有武则天的除罪金简，是 1982 年 5 月在登封县嵩山峻极峰北侧发现的。这是武则天在久视元年（700）命太监胡超投于此的。正面镌刻双钩楷书铭文，"上言：大周圀主武曌好乐真道，长生神仙，谨诣中岳嵩高山门，投金简一通，乞三官九府，除武曌罪名。太岁庚子七月庚子七月甲寅，小使臣胡超稽首再拜谨奏"。投此金简的目的是赎罪消灾，以求长生。综观武则天的一生，与之关系最紧密的宗教是佛教，本章以佛教为重点来分析。

武则天是否信仰佛教，是一个很难说明的问题。对她而言，佛教是她攀登权力的阶梯，实现自己目标的工具和理论武器。她把佛教的地位提得越高，佛教作为回报，将她的地位抬举得也越来越高，使她登基变得合法化。武则天的高明之处在于，她利用宗教为自己服务，但却没有被宗教所利用。文艺作品所表现出来的武则天形象，大致可以分为两种，一种是武则天在世时，利用佛教为自己张目；另一种是武则天过世之后，人们运用佛教来丑化武则天。

第一节 唐宋：利用佛教登基

唐宋时期的武则天故事分为两种，一种是武则天附会自己是弥勒菩萨及净光天女转世，为自己登基及女性当皇帝寻找理论依据。另一种是小说家把武则天写成大罗天女降生做女皇，她不仅管理人间事务，就连后土夫人这样的神也要寻求她的帮助。无论哪一种，都赋予武则天以神性，是神化武则天的手段。

一 武则天与佛教的渊源

家庭影响，耳濡目染。由于母亲杨氏信奉佛教，武则天从小耳濡目染，难免不受其影响。陈寅恪先生的《武曌与佛教》详述了杨隋王室笃信佛教的背景，认为武则天自幼深受母亲的影响，曾出家为尼。虽然武则天在娘家时是否曾出家为尼难以考证，但至少可以推知武则天与佛教的关系非同一般。从现有记载来看，当武则天的人生处于低谷时，也会求助于佛教。如武则天生李显时难产，高宗与武则天请来三藏法师，希望得到佛祖的庇佑。当母子二人渡过难关后，应三藏之请，让李显出家，号佛光王。武则天在给四儿子李旦取名字时也与佛教相关。睿宗李旦原名旭轮，总章二年（669）去掉了"旭"字，只称"轮"，仪凤三年（678）又改为"旦"。武则天为自己所加的一系列尊号很多也与佛教相关，如"金轮圣神皇帝""越古金轮圣神皇帝""慈氏越古金轮圣神皇帝""天册金轮圣神皇帝"等。

出家为尼，切身感受。武则天在太宗驾崩时，被安排到感业寺出家为尼，这段经历使她亲身体验到佛家的生活实践。《旧唐书·则天皇后本纪》《旧唐书·王皇后传》《新唐书·则天皇后本纪》《旧唐书·则天皇后传》中都有相关记载。武则天在唐太宗死后与其他妃嫔一起到感业寺出家为尼。高宗到感业寺行香，看到武则天后又把她接回宫封为昭仪，这时武则天已至少在感业寺内做了一年多的尼姑。如果说，早年的家庭影响使武则天对佛教理论有所了解的话，这段亲身经历，使她对佛门实践了解更多。

礼敬高僧，学习佛法。禅宗五祖弘忍死后，他的两个徒弟神秀和慧能都成为有名望的高僧，分别是北宗与南宗的领袖。武则天对他二人都很景仰。她曾经把神秀请到朝中说法，据张说《唐玉泉寺大通禅师碑铭并序》载："跌坐觐君，肩舆上殿，屈万乘而稽首，洒九重而宴居。传圣道者不北面，有盛德者无臣礼。遂推为两京法主，三帝国师。仰佛日之再中，庆优昙之一现。混处都邑，婉其秘旨。每帝王分坐，后妃临席，鸳鹭四匝，龙象三绕。"① 当时神秀已经 90 多岁，武则天特许肩舆抬他上殿，稽首叩拜，并封为国师。下令在神秀主法的当阳山设度门寺，在神秀的老家汴州设报恩寺，以旌其德。武则天还

---

① （清）董诰等编纂：《全唐文》，中华书局 1983 年版，第 2335 页。

征召六祖慧能入朝，虽然慧能没有奉召，仍赏赐丰厚。武则天在母亲死后，把旧宅施舍作为太原寺，命来华的康居国僧人法藏为住持。取《华严经》中贤首菩萨之名赐给法藏为号。法藏因此被称为贤首国师，后来成为华严宗的实际创立者。高僧义净曾于高宗咸亨二年（671）远赴印度取经，历经25年30余国，带回佛经近400部。他回到洛阳时，武则天亲自到城外迎接，礼遇有加。

组织译经，亲自作序。武则天诏令僧人实叉难陀主持翻译《华严经》。《华严经》以前有译本，武则天组织译场重新翻译，义净回国后也参与到其中，历经四年完成。译成之后，武则天又亲自作《大方广佛华严经序》，并作了一首开经偈，"无上甚深微妙法，百千万劫难遭遇，我今见闻得受持，愿解如来真实义"，至今犹传。据说许多高僧大德撰写新的开经偈，但没有哪一首能取代这首，所以历经千年而不衰。此外，武则天还为当时的译经写序，如《新译大乘入楞伽经序》《大周新译圣教序》等。武则天还敕令沙门明佺等撰成《大周刊定众经目录》等。

广建寺院，兴造佛像。白马寺是佛教传入中国后的第一所寺院，位于洛阳。武则天重修白马寺并让薛怀义当住持，白马寺成为武周朝的御用寺院。武则天因为《大云经》中天女降生为女王的故事对自己登基有利而大肆宣传，下令诸州各建大云寺一所。她还捐钱重修长安慈恩寺的大雁塔。香积寺、兴泰宫等多所寺院都得益于她的捐助。佛教的造像运动在武则天时达到高潮。武则天下令在龙门开凿奉先寺，寺中的卢舍那大佛是武则天捐助两万贯脂粉钱修造的，此像是龙门石窟群中规模最大的。佛像落成时，武则天主持了"开光"仪式。卢舍那佛既有男性的庄严又具女性的柔和，据说是模仿武则天的真容建造的。

规范僧尼制度，提高佛教地位。武则天执政后采取了一系列措施，对僧官制度、僧庙建制、僧尼簿籍等都做了详细的规定，有利于当时僧尼队伍的管理和稳定。武则天还采取措施，抬高佛教地位。唐代的帝王把自己说成老子的后代，故将道教置于佛教之上。玄奘等人努力抬高佛教地位，多次向高宗请求使佛教居于道教之上，都没有得到许可，直到武则天时这种状况才发生改变。《旧唐书·则天皇后本纪》载，天授二年（691）"夏四月，令释教在道法之上，僧尼处道士女冠之前"①，并颁布制书《释教在道法之上制》，"朕先蒙金口之记，又承实偈之久……受开革命之阶。方启惟新之运。自今已后，释教宜在道法之上，缁服处黄冠之前"。②

二　武则天对佛教的态度

武则天虽然与佛教有着千丝万缕的联系，但她并不是从内心信仰佛教。她扶植佛教是为了利用佛教，而非从内心皈依。这可以从武则天的一些逸事中看出来。佛教主张"不杀生"，这是佛门弟子必须遵守的清规，对佛教徒来说是一件大事。武则天对此也相当重视，据两唐书记载，武则天先后下了三道禁屠令。如果武则天信奉佛教，相信因果报应之说，就会真心遵守，事实则不然。

武则天对违反禁屠令大臣的处理显示出武则天的态度。围绕禁屠令，有三则小故事：

第一则是关于娄师德的，《御史台记》载：

又则天禁屠杀颇切，吏人弊于蔬菜。师德为御史大夫，因使

---

① （后晋）刘昫等撰：《旧唐书》，中华书局1975年版，第81页。
② （宋）宋敏求编：《唐大诏令集》，商务印书馆1959年版，第587页。

至于陕。厨人进肉，师德曰："敕禁屠杀，何为有此。"厨人曰："豺咬杀羊。"师德曰："大解事豺。"乃食之。又进鲙，复问何为有此。厨人复曰："豺咬杀鱼。"师德因大叱之："智短汉，何不道是獭？"厨人即云是獭。师德亦为荐之。①

对这顿有肉有鱼的大餐，娄师德与厨子二人心照不宣。娄师德是御使大夫，小说开篇就说他"温恭谨慎"，这样一个官员，在武则天禁屠期间，在执行公务时，竟然公开违反禁令。悄悄吃也就罢了，这两个人还边吃边开玩笑，可见武则天对此令并不是非常重视，执行并不严格，否则不会连朝臣都这样公开戏谑。

第二则是关于御史彭先觉的故事。彭先觉奉旨巡事，由于定鼎门前有一草车翻了，里面盖了两只屠宰过的羊，彭先觉害怕担责任，便想办法推到专管屠宰的官员刘缅身上。上表请求罚刘缅一百杖，并把肉分给南衙的官人吃。武则天看出了彭先觉的伎俩，但没有治刘缅的罪，反而把肉赏给他吃，而对于究竟是谁宰了这两只羊并没有深究，彭先觉碰了一鼻子灰。

第三则是左拾遗张德的故事。张德的妻子生了一个男孩，举家欢庆，偷偷宰了一只羊，宴请亲朋及朝中好友。其中有一个叫杜肃的人，偷了一块肉藏起来，向武则天告发。第二天在朝堂上，武则天先恭喜张德抱得麟儿，之后又问他肉从何来，吓得张德连连叩头。武则天并没有惩罚他，而是把杜肃的检举状给他看，对他说交友请客应该有所选择。告密者杜肃，没有得到奖赏，也没有升官，反而成为笑柄，犯了禁屠令的张德却没受到任何惩罚。

从武则天任用酷吏，大兴告密之风来看，武则天不是不喜欢告

---

① （宋）李昉等编：《太平广记》，中华书局1961年版，第4051页。

密,不是不任用小人,区别在于事情本身的性质。如果这个告密是关于谋反的,反对武则天执政的,就是大案、要案,武则天会毫不留情。武则天轻描淡写的态度说明这只是一个小案件,甚至不能称之为案件。武则天对犯禁人的宽容,对违禁案例的处理,说明武则天对禁屠并不十分重视。可见她所谓的禁屠只是做做样子,并不是从内心虔诚地向往。她对佛教的态度应该是利用而非真心皈依。

三 武则天与弥勒菩萨

在古代,利用宗教来为政治服务是常见的现象。恩格斯曾说,"任何的社会运动和政治运动,都不得不采取神学的形式。群众的感情惟一是宗教'食粮'来滋养的;所以,为了引起暴风雨般的运动,就必须使这些群众的自身利益穿上宗教的外衣"。[1] 弥勒菩萨常常被帝王及起义者利用,他们声称自己是弥勒佛转世,以此来提高自己的影响力。

(一)弥勒信仰渊源

弥勒兼有菩萨与佛双重身份。弥勒是姓,是梵语的音译,或译为梅怛利耶、梅坦哩耶等,意译为慈氏,故称慈氏菩萨。名为阿逸多,或译为无能胜。据佛经所载,他的母亲性格不太好,从怀孕之后非常仁慈。弥勒本性仁慈,又常习慈心三昧,故号慈氏。弥勒先于佛圆寂,上生到欲界的兜率天,释迦牟尼预言他会在亿万年后下生人间,故又称一生补处菩萨,即下一辈子替补成佛的菩萨。弥勒信仰在印度、中国以及大乘、小乘佛教中不完全相同。

---

① 《马克思恩格斯全集》(第 7 卷),人民出版社 1965 年版,第 401 页。

　　弥勒信仰来源于印度，是伴随着弥勒经典的翻译传入我国的。从东汉开始汉译佛经中很多都涉及弥勒信仰，如《道行般若经》《中阿含经》《放光般若经》《摩诃般若经》《持心梵天所问经》《菩萨处胎经》《长阿含经》《佛说弥勒下生成佛经》《弥勒菩萨所问本愿经》《佛说弥勒大成佛经》《佛说弥勒来时经》《佛说观弥勒上生兜率天经》等。其中，《佛说观弥勒上生兜率天经》《佛说弥勒下生经》和《佛说弥勒大成佛经》被称为"弥勒三部经"。这些经典的翻译，使弥勒信仰走入中国人的视线。从中可见，东汉时弥勒信仰开始传入中国，南朝宋初，"弥勒三部经"才译全，从经典的引入到民众信仰需要一个过程，大约在南北朝后期，弥勒信仰达到高潮。弥勒佛常被统治者利用的原因有以下几点：

　　弥勒地位崇高，具有号召力。弥勒是释迦牟尼钦定的"未来佛"，是被指定的接班人。释迦牟尼是佛祖，在佛教中地位最高，他指定的接班人同样具有至高无上的地位。佛祖很推崇弥勒，据《弥勒菩萨所问本愿经》中载，"弥勒发意先我之前四十二劫，我于其后乃发道意，于此贤劫以大精进，超越九劫得无上正真之道成最正觉"。[①] 佛祖释迦牟尼是佛教的创始人，他坦言弥勒先于自己发意，无形中提高了弥勒的地位。

　　弥勒降生理论，为统治者的附会提供了理论前提。弥勒的降生要经过"上生"与"下生"的过程。

　　《佛说弥勒下生经》记载弥勒将会在"五十六亿万岁"后下生于阎浮提，点化众生。阎浮提原本是指印度，之后泛指人间。弥勒降生后，在龙花树下，三会说法（据《增一阿含经》），广度众生。弥勒

---

　　① ［日］高楠顺次郎等编：《大正新修大藏经》（第12册），台北新文丰出版公司1990年影印版，第188页。

由阎浮提上生至兜率天，之后又下生人间成佛。兜率天是欲界的第四天，是知足的意思，或为知足天。此天分为内院和外院，内院是菩萨的最后居处，终此身即下生人间成佛。释迦牟尼曾经居此，弥勒上生正是居于此处。这个"上生"与"下生"的过程，使弥勒降临人间成了众所周知的事实，但弥勒降生之后是什么样子，降生的具体地点及细节比较模糊，这为后人的附会提供了空间。

化身理论。"上生"与"下生"之间隔了56亿万年。关于弥勒下生的时间在佛经中有很多说法。一是《菩萨处胎经》载是五十六亿七千万岁；二是《定意经》载是五亿七十六万岁；三是《般泥洹经》载是一亿四千余岁；四是《贤劫经》载是八万四千岁；五是《佛说法灭尽经》载是数千万岁……这个时间对于现世人生来说太长，怎样使弥勒在需要的时候就可以降生，人们想了很多办法。提前下生在佛经中找不到依据，于是化身理论便出现了。化身理论即弥勒可以化身为凡人的样子出现于人间。中国人最熟悉的弥勒化身是五代时浙江奉化县的布袋和尚，又称大肚弥勒佛，他自称"契此"。身体矮胖，肚子奇大，手执一杖，上面挂着一个布袋，给人预测吉凶。化身理论使弥勒出现的时间有了很大的自由性。

净土向往。根据"上生"与"下生"的信仰，净土也分为兜率净土与人间净土。《弥勒菩萨所问本愿经》记载了弥勒曾经发誓："使其作佛时，令我国中人民，无有诸垢瑕秽，于淫怒痴不大，殷勤奉行十善，我尔乃取无上正觉。"① 弥勒所发的誓愿使人们相信弥勒下生的国家就是人间乐土。附会弥勒降生的同时，就是为追随的民众描绘了一个人间的天堂。弥勒出世，代替释迦牟尼度化芸芸众生，把污浊的

---

① ［日］高楠顺次郎等编：《大正新修大藏经》（第12册），台北新文丰出版公司1990年影印版，第189页。

世界变为无忧无虑的世外桃源。对现实不满的人们对这种说法充满了希望与期待，他们无力改变现实，只好求助于超自然的力量，比较容易相信具有神秘色彩的宗教。

（二）统治者的利用

在古代社会，统治者寻求各种手段使自己的统治披上"天命"的外衣，佛经中关于弥勒下生成佛的记载恰巧迎合了这种需要。

北魏帝王从自称如来到自命弥勒。据《魏书·释老志》载，北魏道武帝崇信佛教，尊崇沙门法果，礼遇有加。法果宣称"太祖明叡好道，即是当今如来，沙门宜应尽礼，遂常致拜。谓人曰：'能鸿道者人主也，我非拜天子，乃是礼佛耳'"（《魏书·释老志》）。沙门把礼佛的帝王尊为"当今如来"，跪拜王者就变成拜佛。这样一来，沙门敬王就变得名正言顺。统治者被尊奉为人间之佛使他们获得巨大的政治利益。北魏大部分的皇帝都以如来自命。太武帝灭佛以后，继位的文成帝兴佛。他复佛的同年，诏有司按照皇帝的样子雕刻佛像，以证明皇帝即当今如来。佛像完成后，人们意外的发现佛像的脸上和脚下都有黑子，与文成帝身上的黑子不谋而合，百姓都认为是精诚所感，咸来礼拜，这是文成帝自命为如来的一种手段。文成帝还把自己打扮成弥勒，这可以从他所造的云冈石窟第十六至第二十洞的佛像中看出来。这五窟中的五尊主像除第十七洞为菩萨像外，其他各洞均为佛像。第十七洞之弥勒像的面容据说是模仿文成帝的相貌而建造的，四尊佛像则是此前的四帝。佐藤智水认为这些石窟的造像观念，是以"释迦"和"弥勒"来表示"过去帝"与"现在帝"，释迦属过去佛，弥勒为未来佛，他们与北魏诸帝的对应关系是对"皇帝即如来"观念的进一步解说。① 陈华在《王政与佛法——北朝至隋代帝王统治与弥勒信仰》中认为，"从符合佛经以及政治的实况来说，文成帝应该是自比为转轮王，不再笼统地宣称'皇帝即如来'而是替皇帝在人间护法找到适当的地位，这除了表示帝王为弥勒的弟子的这一特殊关系外，更强调了帝王以正法治国的观念"。②

隋文帝杨坚被称为法轮王，有的佛教经典认为法轮王即弥勒。杨坚出生于冯翊（陕西大荔县），由般若寺的智仙女尼抚养成人，她曾对杨坚说"儿当大贵，从东国来，佛法当灭，由儿兴之"，寄予了让他弘扬佛法的愿望。杨坚建立隋朝后在各地兴建大兴国寺和舍利塔。佛教徒在撰写《众经总录》的序文中宣称："皇帝大檀越……兴复三宝，为法轮王"，直接称他为法轮王。③

唐高祖李渊与弥勒也有渊源。李渊在隋大业元年（605）年为郑州刺史时，捐资造了一尊弥勒石像。《金石举编》卷四十中收有"大海寺唐高祖造像记"，大意是说儿子李世民遇染时患，听说大海寺的双王像治病灵验，所以来此礼拜，现在病患已除，于此寺造石弥勒像一尊还愿。造弥勒石像虽不能说明李渊信仰弥勒，但最起码说明当时弥勒信仰比较盛行。据《法苑珠林·王玄策行传》记载：唐太宗李世民在位期间，外交使臣王玄策出使摩伽陀国时，曾在摩诃菩提寺树碑立传，在此立碑的原因之一是因为相传此寺的弥勒瑞像为弥勒亲自规摹，故妙如真容。

武则天之前的帝王以如来、转轮王自居，利用佛经中的记载标榜

---

① 参见陈华《王政与佛法——北朝至隋代帝王统治与弥勒信仰》（《东方宗教研究》，文殊文化有限公司 1988 年版）中所引日本佐藤智水的观点。

② 陈华：《王政与佛法——北朝至隋代帝王统治与弥勒信仰》，《东方宗教研究》，文殊文化有限公司 1988 年版，第 53—70 页。

③ ［日］高楠顺次郎等编：《大正新修大藏经》（第 55 册），台北新文丰出版公司 1990 年影印版，第 149 页。

自己的统治是圣人之治。把自己打扮成护法者，与普通民众站在同一立场，通过帝王与民众共同努力，一起期待弥勒的下生。这使人间帝王披上了一层神秘的外衣，令百姓顶礼膜拜而无二心。古正美在《弥勒下生信仰与护法思想的经文发展中》认为这是涅槃经系"下生佛与地上王为护法关系结合在一起的标准型态"①。

在民间，普通民众起来反抗统治者的活动也需要寻找神秘力量来武装自己，附会弥勒下生也是他们的常用手段。

（三）附会弥勒转世

从以上资料可以看出，北朝至隋代帝王从单纯的附会"皇帝是如来"的观念，演变到以弥勒或转轮王自居，利用佛法为政治服务。武则天想当女皇时，在官方儒家经典中找不到理论依据，只好求助于佛法。

第一，武则天以弥勒自居。这件事在许多资料中都有记载，如《旧唐书·则天皇后本纪》《新唐书·则天本纪》《新唐书·后妃传》《新唐书·岑长倩传》《资治通鉴》《大宋僧史略》《隆兴编年通论》《佛祖历代通载》等，《旧唐书·薛怀义传》载：

> （载初元年）怀义与法明等造大云经，陈符命，言则天是弥勒下生，作阎浮提主，唐氏合微。故则天革命称周，怀义与法明等九人并封县公，赐物有差，皆赐紫袈裟、银龟袋。其伪《大云经》颁于天下，寺各藏一本，令升高座讲说。②

---

① 参见古正美《弥勒下生信仰与护法思想的经文发展》，收在国科会研究计划报告NSC75 - 0301 - H007 - 03. 120。转引自陈华《王政与佛法——北朝至隋代帝王统治与弥勒信仰》，《东方宗教研究》，文殊文化有限公司出1988年版，第53—70页。
② （后晋）刘昫等撰：《旧唐书》，中华书局1975年版，第3226页。

《大云经》全名《大云无想经》或《大方等无想经》，凡 6 卷，简称《无相经》或《大云经》。今收于大正藏第十二册，编号 387，属涅槃部佛典。《大云经》是北凉天竺三藏法师昙无谶所译，又有竺佛念译本。昙无谶译此经的时间约在北凉玄始十年（421）至义和三年（433）之间。武则天于天授元年（690）颁行天下时，《大云经》已存在了 200 多年。宋代《僧史略》和《隆兴编年通论》的撰者曾对怀义等造《大云经》提出疑义。近代在敦煌发现的《大云经疏》S2658、S6502 两个抄本，再度引起中外学者的注意。罗福苌、汤用彤、王国维、陈寅恪及日本学者狩野直喜、矢吹庆辉等都对此做过研究。大多数学者认为薛怀义等人所伪造的是《大云经疏》，而不是《大云经》。陈寅恪先生在《武曌与佛教》中认为："武曌之颁行大云经于全国，与新莽之'遣五威将军王奇等十二人班符命四十二篇于天下'（见汉书九九中王莽传）正同一政治作用。盖革命开国之初，对于民众宣传及证明其新取得地位之合理也。"① 朝中支持武则天的大臣也纷纷附和，如御史郭霸上表称武则天是弥勒佛。

第二，武则天以又以转轮王自居。这可以从以下两个方面看出来。

一方面，武则天曾制七宝，与转轮王的七宝相同。七宝是转轮王的标志，他们总是同时出现，这在《大般涅槃经》《佛般泥洹经》《佛说长阿含经》《杂阿含经》《起世经》《佛说楼炭经》中都有记载。武则天曾经御制七宝，《新唐书·则天武皇后》载"太后又自加号金轮圣神皇帝，置七宝于廷：曰金轮宝，曰白象宝，曰女宝，曰马宝，

---

① 陈寅恪：《武曌与佛教》，《金明馆丛稿二编》，生活·读书·新知三联书店 2001 年版，第 166 页。

曰珠宝，曰主兵臣宝，曰主藏臣宝，率大朝会则陈之"①。武则天所置的七宝与佛经中记载相同，或者说武则天的七宝就是按照佛经中的记载而做的。七宝是圣王治理天下的法宝，武则天陈此七宝就是自命人间圣王转轮王。

另一方面，武则天自加尊号为金轮圣神皇帝、越古金轮圣神皇帝、天册金轮圣神皇帝，这三个尊号都有"金轮"二字。金轮指金轮王。在佛经中，"转轮王"在大多数情况下是指"金轮王"。据丁福保《佛学大辞典》中"转轮王"条载：

> 【转轮王】梵曰斫迦罗代棘底曷罗闍 Cakravarti－raja，又作遮迦越罗，转轮圣王，转轮圣帝，转轮王，轮王。此王身具三十二相，即位时，由天感得轮宝，转其轮宝，而降伏四方，故曰转轮王。又飞行空中，故曰飞行皇帝。在增劫，人寿至二万岁以上，则出世，在灭劫，人寿自无量岁至八万岁时乃出世。其轮宝有金银铜铁四种。如其次第领四三二一之大洲，即金轮王为四洲，银轮王为东西南之三洲，铜轮王为东南之二洲，铁轮王为南阎浮提之一洲也……东方忽有金轮宝现，其轮千辐，具足毂辋，众相圆净如巧匠成，舒妙光明来应王所，此王定是金转轮王。余转轮王应知亦尔。（丁福保《佛学大辞典》）

转轮王尤其是金轮王统治的范围最广，德被天下，周边诸王望而归之。这些特点，恰好与人间帝王的"圣王"理想不谋而合。武则天要向世人宣告自己就是救世主，是转轮王下生，把自己的尊号加上"金轮"二字，目的是为了强调自己不是一般的转轮王，而是金轮王。

---

① （北宋）欧阳修、宋祁等撰：《新唐书》，中华书局 1975 年版，第 3482 页。

第三，武则天宣称自己是弥勒和金轮王二者合体。这可以从"慈氏越古金轮圣神皇帝"这个尊号中看出来。"慈氏"是弥勒的姓，典籍中常用慈氏来指代弥勒，"金轮"指金轮王。这二者的关系在在佛经中有很多说法。大部分佛经把转轮王与弥勒描述为两个不同的人，也有的经书认为他俩是同一个人。弥勒下生总是有转轮王和人间净土的出现。转轮王下生之后，他统治之下的人间净土，国安民丰，人们安居乐业，为弥勒下生说法做好准备。弥勒与金轮王合二为一更能显出威力来，故武则天采用这种说法。

古代帝王与弥勒信仰的关系在不同的历史时期出现不同的特点。开始时统治者只是简单的附会自己是当今如来，到文成帝和隋文帝时以弥勒或转轮王自命，到了唐代，武则天把二者合一，把自己说成两人的合体下生。弥勒信仰本身与统治者没有关系，但弥勒与转轮王下生的信仰却为古代社会统治者提供了一个附会的绝佳框架。但从武则天之后，皇帝自称为弥勒下生的情况并不多见。华方田在《隋朝的弥勒信仰——以弥勒信仰的兴衰为主线》中总结了弥勒信仰衰落的两个原因①。一方面，民间常打着弥勒的旗号进行武装行动，使统治者提高了警惕，采取禁止措施。如据《续高僧传·昙选传》推测，隋末唐初统治者对弥勒信仰应该有所限制。唐玄宗开元三年（715），朝廷颁布了《禁断妖讹等敕》，明令禁止民间"白发长衣，假托弥勒下生"的活动。朱元璋亲身体会到元末民间信仰在鼓励人们造反起兵方面的巨大号召力，于是建立政权后，在《明会典》中对此做了详细的规定，严加控制。另一方面，后起的弥陀信仰受到推崇，贬抑弥勒的言论对人们的信仰造成影响。此外，武则天对弥勒信仰的影响也不容忽

① 参见华方田《隋朝的弥勒信仰——以弥勒信仰的兴衰为主线》，何劲松主编《布袋和尚与弥勒文化》，宗教文化出版社 2003 年版，第 143 页。

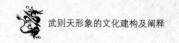

视。武则天是女性，女性登基的骂名使弥勒信仰也受到了连累。虽然帝王不再青睐于弥勒信仰，但在民间起义中，这种传统一直延续，千年不绝。

四　武则天与大罗天女

唐代小说把武则天说成大罗天女转世。不仅人间的事物需要靠她来管理，神仙有困难的时候也要向她求助，体现了武则天的非同凡响。

（一）天女说法来源

唐代有一类故事把武则天写成大罗天女转世。"大罗天女"的说法找不到确切的来源，"天女"在本土文化中也找不到有说服力的说法。这种称呼可能来源于佛教。佛教经典中有"天女"这一称呼。据丁福保《佛学大辞典》载，"天女"指的是"欲界天之女性"。

称武则天为"天女"或许与《大云经》有关。把武则天附会为弥勒降生人间，这比较容易被人们接受，但化身为女性还缺乏足够的证据。《大云经》载释迦牟尼在王舍城说法，为天女道因缘，说天女转世的国王夫人将会以女身做国王，统辖转轮王所领处的四分之一，女王是菩萨为了点化众生而化为女身。《大云经》只说天女会成为国王，但并没有把天女说成是武则天，将两者合到一起是有一定难度的。所以怀义等才会伪造《大云经疏》，证明武则天就是这位天女。《佛说宝雨经》（简称《宝雨经》）把这一问题说得更露骨。

> 尔时东方有一天子名日月光……以是缘故，我涅槃后、最后时分、第四五百年中，法欲灭时，汝于此赡部洲东北方摩诃支那国，位居阿鞞跋致，实是菩萨，故现女身，为自在主……所谓阿

鞞跋致及轮王位。天子！此为最初瑞相。汝于是时受王位已，彼国土中，有山涌出五色云现。当彼之时，于此伽耶山北亦有山现。天子！汝复有无量百千异瑞，我今略说，而彼国土安隐丰乐，人民炽盛，甚可爱乐，汝应正念施诸无畏。①

《宝雨经》比《大云经》更进一步，点出了日月净光天子现女身为菩萨的具体时间、地点，还说她会广建塔寺，供养沙门，成为阿鞞跋致菩萨及转轮王。这就明确说明武则天就是这位女菩萨。经中还说女王受命会有瑞象，"有山涌出五色云现"。武则天时有许多类似的瑞象如庆云等，大臣的贺表反映了当时出现庆云的盛况。如《全唐文》载有李峤为武则天所上的《为百寮贺日抱戴庆云见表》《为百寮贺庆云见表》，陈子昂的《庆云章》《谏刑书》，崔融的《为泾州李刺史贺庆云见表》，许敬宗的《贺洪州庆云见表》等。经中还提到"于此伽耶山北亦有山现"，这也就是通常所说"庆山"，是祥瑞的一种，武则天时也有很多这样的记录：

> 则天时，新丰县东南露台乡，因大风雨雹震，有山踊出，高二百尺，有池周三顷，池中有龙凤之形、禾麦之异。则天以为休征，名为庆山。②

《新唐书》也有这则记载。从文中记载来看，这明明是一场地震，是天灾，但在这个特殊时期却被解释为祥瑞。朝中耿直之臣忍不住直言进谏，如俞文俊的上书言辞激烈，触怒武则天，被流

① ［日］高楠顺次郎等编：《大正新修大藏经》（第 16 册），台北新文丰出版公司 1990 年影印版，第 284 页。
② （后晋）刘昫等撰：《旧唐书》，中华书局 1975 年版，第 936 页。

放岭南。① 武则天这一怒吓坏了众臣，于是贺表纷纷上呈，如崔融的《为泾州李使君贺庆山表》，张说的《为留守奏庆山醴泉表》等。此后，这种"庆山"就"常常"出现。

《宝雨经》所载的这些具体细节就是明明白白告诉世人，武则天就是日月净光天子，日月净光天子就是武则天。《大正藏》载《宝雨经》是"唐天竺三藏达摩流支译"，具体的译经时间是长寿二年（693），也就是说上述的"五色云"及"庆山"在《宝雨经》译出（此前也有《宝雨经》的译本，但无女身为王这一段）之前就已经出现。《宝雨经》把这些内容编入经中。因为《宝雨经》译出时武则天已经当上女皇，它起的作用不及《大云经》，所以相对提及较少。《宝雨经》通过这些细致的具体描写，把武则天与转世的天女对号入座，让人相信武则天就是这个天女。

（二）小说中的天女

大罗天女在武则天故事中扮演了双重角色。一种是武则天梦见与大罗天女下棋，局中之子，总是不得其位，武则天频频败北。狄仁杰为之圆梦，说是上天以此警告武则天，虽有儿子却失其位，应该早日召回太子。这在李肇的《唐国史补》、宋元的话本小说《梁公九谏》中都有记载。另一种把武则天说成是大罗天女转世，出自唐代小说《异闻录》中的"韦安道"篇。小说描述京兆韦安道早出时，遇到一个庞大的仪仗队伍，为首的是女子。韦安道以为是人主武则天出行，

---

① 荆州人俞文俊诣阙上书曰："臣闻天气不和而寒暑隔，人气不和而疣赘生，地气不和而堆阜出。今陛下以女主居阳位，反易刚柔，故地气隔塞，山变为灾。陛下以为庆山，臣以为非庆也。诚宜侧身修德，以答天谴。不然，恐灾祸至。"则天怒，流于岭南［见（后晋）刘昫等撰《旧唐书》，中华书局 1975 年版，第 936 页］。关于武则天时期的祥瑞问题，具体参见刘永海硕士学位论文《略论武则天称帝与祥瑞》（首都师范大学，2008 年）。

但奇怪的是除了自己别人都看不见。后来在宫监的引导下，韦安道得知这是后土夫人，并且冥数所定二人有夫妻之缘，遂拜堂成亲。后土夫人随韦安道回家拜见父母，却引起了韦家二老深深的恐惧。当时正值武则天当政，法令严苛，韦家二老担心受到连累，就把此事上奏朝廷。于是武则天派遣僧九思和怀素前去降妖，二人败回。又派正谏大夫明崇俨前去，也没降伏。最后由韦安道转达舅姑之意，才令后土夫人知难而退。离开之前，后土夫人为韦安道的将来做了安排。

　　时安道于夫人坐侧置一小床，令观之。因最后通一人，云大罗天女。安道视之，天后也。夫人乃笑谓安道曰："此是子之地主，少避之。"命安道入殿内小室中。既而天后拜于庭下，礼甚谨。夫人乃延上坐，天后数四辞，然后登大殿，再拜而坐。夫人谓天后曰："某以有冥数，当与天后部内一人韦安道者为匹偶，今冥数已尽，自当离异。然不能与之无情。此人若无寿。某尝在其家，本愿与延寿三百岁，使官至三品。为其尊父母厌迫，不得久居人间，因不果与成其事。今天女幸至，为予之钱五百万，予官至五品。无使过之，恐不胜之，安道命薄耳。"因而命安道出，使拜天后。夫人谓天后曰："此天女之属部人也，当受之拜。"天后进退，色若不足而受之，于是诺而去。①

宋代皇都风月主人编的《绿窗新话》也收录了这则故事，但改动不大。后土夫人的气派一如人间帝王，小说的开始，韦安道看到后土夫人的队伍，误以为是武则天出行。有人认为这篇小说是讽刺武则天的作品。后土夫人与韦安道的露水情缘，也被看成武则天私生活不检点

---

① 韦安道：《异闻录》，（宋）李昉等编《太平广记》，中华书局1961年版，第2379页。

的影射。小说中的武则天在人间是女皇帝，在神界是大罗天女。虽然后土夫人神通广大，降妖除魔的法术都被她轻而易举地化解，但她也有做不到的事情，最后不得不请武则天帮忙。不仅平民百姓需要听命于武则天，神仙有困难也要向她求助，可见武则天的非凡能力。

第二节　元明：诋毁女皇形象

　　武则天的形象不仅仅是她在人间的经历，还涉及她的前生今世及六道轮回。这些故事是文人士大夫从诋毁武则天的角度出发，恶意编造出来的。佛教似乎和武则天开了一个玩笑，她生前尊崇佛教，但她死后，人们却利用佛教中的因果报应观念来丑化她。

　　佛教根据众生在世间的变化，按照人欲望存在的程度及生灭流转的境界分为三个层次，即三世（三生）之说。当下之所在为今世（今生），前一个轮回的生命体称为前世（前生），下一个轮回称为来世（来生）。今世的生命死亡以后，按照因果报应的法则投胎为来世的另一个新生命即为转世。在转世过程中，前世为因，今世为果，今世为因，来世为果，世世相因。只要没有涅槃成佛，就必须一直滞留其中，流转不停。

　　所有众生又分为六种表现形态，即六道，又称六凡、六趣，分别为天道、人间道、修罗道、畜生道、饿鬼道、地狱道。由于业力不同，前三道被称为三善道，后三道被称为三恶道（阿修罗因为德不及天，有时也被列入恶道中，故又分为二善道和四恶道）。所有的生物按照业力的流动会产生善恶，根据种善因得善果，种恶因得恶果的法则，在这六道中或升或降，如车轮运转，生生不息。因果报应是佛教的重要观念之一，个人的所作所为都是在因果报应中轮回流转。转世报应之说在古代非常盛行，文学艺术中也有很多表现。如《太平广记》中的"报应类"收录了三十三卷此类故事，其他的类别也有相关内容。

一 转世轮回的凄惨

按照六道轮回的理论，所有的生物都在六道中轮回，行善者可能轮回为人，不善者就可能轮回成为畜生。明代谢肇淛《文海披沙·妒虐之报》中记载，赵飞燕死后化为大龟，郗后死后化为巨蟒，李势的宠姬死后化为斑蛇，武则天死后则被纳于大瓮中，万蝎螫之。这些都是宫廷后妃中的妒虐之人，她们的行为触犯了男人对女人的要求，都变成了"畜牲"，遭到了报应。清代烟霞散人的小说《斩鬼传》第十回写钟馗回到酆都城内，上森罗殿见十殿阎君，向阎君讲述斩鬼经过。

> 钟馗遂将某鬼如何斩灭，某鬼如何安抚，说了一遍，又道："还有几个不在簿子上的，小神见其可恶，一并斩了。"阎君问道："是那几个？"钟馗道："是死大汉、不惜人，以及色中饿鬼所驭的那些妇人，俱是簿子上无者。"阎君道："尊神有所不知，那死大汉是吕布所转，因他虽然勇猛，却少刚骨，所以罚他转了这等个人，以待尊神诛之，报他杀丁建原之罪也。那不惜人是张六郎所转，因他生的美，人皆爱他，故有许多淫欲之事，所以罚他转成个不惜人的人，今世之憎他者，皆前世之爱他者也。尊神也诛得不差。"钟馗道："如此说来，那些妇人想必也有些因由了。"阎君道："怎么无因由？那都是吕太后、武则天、赵飞燕、杨贵妃、虢国夫人，以及贾充妻等之类。因她们淫欲无度，所以

罚她们受些饥寒,少改前过,不想犹然无耻。尊神虽诛之,尚不足以尽其辜,俺还要罚他们变作母猪、母羊、母驴、母马去。"①

张六郎即张昌宗,他因为"有许多淫欲之事"而被惩罚,最后被钟馗斩了,阎君肯定这是他罪有应得。对于武则天,虽然被钟馗斩杀,但仍然消不了罪孽,还要被罚作母猪、母羊、母驴、母马。也就是说,这些淫妒之人免不了要进入畜生道,下场无比凄惨。生前所做的恶事,在这里遭到了报应。

清代笔炼阁所著《八洞天·培连理》中说了这样一个故事:闻聪时常梦断冥狱。有一次,东岳帝君召他前去解决一些悬而未决的案件。其中一案就是关于武则天的。王皇后、萧淑妃的前生是吕后,武则天则是戚姬转世来报仇的。东岳帝君问闻聪,这种因果关系,能否减轻武则天的罪恶。闻聪道:"嫡庶尊卑之分,不可不辨。吕氏以母后惨杀妃嫔,固为恶矣!武氏以妃嫔惨杀母后,逆莫大焉!亦当分别定案。戚姬贞洁无瑕,另以善报报之。武氏淫逆之罪,岂容末减!"②

这个案件把武则天对王皇后和萧淑妃两人的迫害与吕后迫害戚姬的故事连到了一起。汉高祖刘邦宠爱戚姬,并想废掉吕后的儿子刘盈改立戚姬的儿子赵王刘如意为太子,虽然未能如愿,却引发了吕后的妒忌和愤恨。刘邦死后,吕后杀了赵王刘如意,砍断戚姬的手脚,挖去眼睛,熏聋她的耳朵,又逼迫她喝下哑药,丢入厕中,称为"人彘"。武则天用酒醉王皇后、萧淑妃的故事就是吕后行为的翻版。王、

---

① (明)烟霞散人、云中道人:《钟馗传:斩鬼传·平鬼传》,长江文艺出版社 1980年版,第 104 页。

② (清)五色石主人:《八洞天》,陈翔华、萧欣桥点校,书目文献出版社 1985 年版,第 61 页。

萧二人是受害者，一直都引发人们的同情。这里把武则天安排是戚姬投生的，王皇后、萧淑妃是吕后托生的，就把武则天的行为笼罩上一层复仇的色彩。从这个角度来看，武则天的行为应该得到肯定。但这又与传统观念中对武则天的评价相背。"恶有恶报，善有善报"的常理因为两世的报应问题变得矛盾和对立。这个安排把武则天放在了一个二律悖反的位置上，令人难下判断。所以东岳帝君才会把这个烫手的山芋扔给了闻聪。闻聪从正统观念出发，以嫡庶之分把这个复杂的问题简单化。皇后杀妃嫔可以，但妃嫔杀皇后就是大逆不道。使武则天与戚姬虽然是两世一身，却分别承受报应。即使是带有正义性质的复仇行为，也无法减轻武则天的罪行。

二　滞留冥界的无奈

随着佛教的传入，冥界地狱思想传入我国。许多佛典中都有对地狱冥界的描绘，如东汉末年安世高所译的《佛说十八泥犁经》《佛说罪业应报教化地狱经》等，桓帝时支娄迦谶所译《道行般若经》，灵帝时康巨译的《问地狱事经》等。南北朝时期，阎罗王掌管地狱的思想由佛教传入，佛教阎王信仰与本土道教信仰相互作用，产生了十殿阎罗说法。地狱分为十殿，每殿都各有主管，分别有不同的名号，统称十殿阎王。十殿阎王及所有部众，都受地藏菩萨的管辖。①
文人士大夫对武则天的所作所为痛恨不已，除了丑化她的生前，
连她死后的灵魂也不肯放过，描绘武则天在冥界的生活，展示武
则天死后的遭遇。冥界描写为武则天形象开辟了一个新的表现
空间。

武则天虽然生前风光无限，但在冥界却处处受到欺压，比较凄
惨。明代《平妖传》的中心内容是宋代的王则起义，武则天转生为王
则，张昌宗转生为胡永儿，两人又结为夫妻一起揭竿起义，最后被张
柬之托生的文彦博平定。其中的一个情节是冥间的武则天召见一只老
狐狸，为之细说前因后果，点化老狐日后的行径：

> 天后传旨赐坐，婆子谦让道："天颜之下怎敢大胆。"天后
> 道："不须过逊，今日之会亦非偶然，朕方欲与卿细论因缘，岂
> 一立谈可尽耶。"便叫取锦墩相近，御手相挽而坐。婆子又道：
> "山野丑陋人所不齿，过蒙娘娘俯召，有何见谕？"天后道："卿
> 勿以非人自嫌，卿乃狐中之人，朕乃人中之狐，读骆生檄至今寒
> 心，朕反愧卿耳。"遂吟诗一首，诗曰：朕本百花王，权闰人间
> 帝，应运合龙兴，作态非狐媚，国法岂不伸，文人亦可畏，不敢
> 照青铜，对面还知愧。又道："朕那时甚惜骆宾王之才，献俘时

---

① 地狱冥界还有道家及民间信仰两种。道家认为十殿阎罗是东岳大帝，一般有两种说
法：一种是金虹氏说。源于东方朔所撰的《神异经》，东岳大帝是盘古的后代，父母是金轮
王次子少海氏与弥纶仙女。《三教源流搜神大全》等都持此说。另一种是黄飞虎，出自《封
神演义》。黄氏家族七世忠良，商纣王逼死他的妻子，摔死他的妹妹，黄飞虎背商投周，在
讨伐纣王的战役中战死于渑池。姜子牙封黄飞虎为东岳大帝。民间信仰中的地狱源于"泰
山治鬼"的传说。历代帝王都对岱宗之神礼遇有加，如汉明帝时封为泰山元帅；唐武后垂
拱二年（686）封为"神岳天中王"；武后万岁通天元年（696）封为"天齐君"；唐玄宗开
元十三年（725）加封"天齐王"；宋真宗大中祥符元年（1008）封为"天齐仁圣王"，四
年（1011）又封为"东岳天齐仁圣帝"；元代封为"天齐大生仁圣帝"；明代又恢复为东岳
泰山神。

闻有他首级，不忍视之，谁知首级是个假的，骆宾王逃去为僧。从来做官的欺蔽朝廷，都似此类。外人犹以朕为诛戮太甚，公道何在。"又叹口气道："骆生做了和尚，反得升天，朕今犹滞于幽冥，不思黄巢之乱，百年朽骨，重被污辱，金玉之类发掘一空，致朕今日环佩凋残，诚羞见卿之面也。"婆子抬头看时，果然天后头上挽个朝天髻，绝无簪珥，身上身袍无带。婆子道："黄巢草寇无礼，娘娘神灵何不禁之。"天后道："凡杀运到时，天遣魔王临世。朕生在唐初，黄巢生在唐末，男女现身不同，为魔一也。朕当权之时，天下谁能禁朕，朕独能禁黄巢乎？"①

　　这段描写相当于一篇自白书。首先，表明了武则天是百花王转世，是应运而生的真龙天子。其次，表达了对世间文人笔锋的畏惧。"文人亦可畏"，是指骆宾王所作的檄文。这一篇檄文说武则天"狐媚偏能惑主"，直到千载之后，仍令武则天羞愧难当，不敢照镜子。再次，向世人表白，骆宾王不是她杀的。骆宾王的这篇檄文，是文人声讨武则天的开山之作，骆宾王因此成为正统士大夫的代表。武则天不敢背负杀害骆宾王的罪名，在这里为自己辩解。

　　故事是写武则天死后在冥间的故事。通常情况下，冥界的鬼魂应该具有许多奇异的本领，生为人杰，死为鬼雄，没想到武则天的冥间生活却是如此的无奈。她没有一点帝王的架子，给狐狸赐坐，狐狸谦让之后便叫拿来锦墩，"御手相搀而坐"。一个生杀予夺的皇帝，竟然与一个狐狸精相搀而坐，不仅抛弃了人间的等级制度，而且跨越了人与兽的界线。"卿乃狐中之人，朕乃人中之狐"，让武则天肯定自己是狐。与异类促膝长谈，是作者安排的一种自轻自贱的行为，武则天自

---

①　（明）罗贯中、冯梦龙：《平妖传》，上海古籍出版社1991年版，第31—32页。

甘堕落，与兽为伍。武则天在冥间的生活非常狼狈。黄巢盗墓，把墓穴洗劫一空，而武则天只有眼巴巴看着的份儿，根本无能为力，以至于武则天召见老狐时，环佩凋残，身袍无带。武则天嘱咐老狐不要泄漏天机，以免被张柬之得知，就闯下大祸了。"倘八十翁闻之为祸不小"一句刻画了武则天忐忑不安，战战兢兢的样子。话没说完便听见一片喊杀声，乃是张柬之统领十万大军杀来。武则天也顾不上老狐，吓得面如土色，"起身向座后便跑"，仓皇出逃，不管不顾，把武则天的冥间遭遇写得异常悲惨。

身为百花王降生的武则天，因为生前的所作所为，滞留冥间，难以逃离。她被张柬之等人苦苦相逼，东躲西藏，没有退路。小说家把地狱故事与因果报应结合起来，进一步诋毁武则天。

第三节　清代：安排最后归宿

武则天的所作所为令士大夫深恶痛绝，于是挖空心思地编派武则天，把各种各样悲惨的遭遇都集中到她身上，武则天的结局也被拿来大做文章。

一　恶有恶报

佛教认为种善因得善果，种恶因得恶果，即"善有善报，恶有恶报"。小说家要让武则天为她的行为负责，所以武则天的下场必须惨不忍睹才能满足他们的目的。高宗之后，皇位几经更迭，最后由李旦坐稳天下，这引起了小说家的注意。高宗死后，传位给高宗的第七子，武则天的第三子李显。唐高宗李治共有八个儿子。燕王李忠、悼王李孝、泽王李上金、许王李素节、代王李弘、潞王李贤、中宗李显、睿宗李旦。前四个儿子的生母分别是宫人刘氏、宫人郑氏、宫人杨氏、萧淑妃，后四个儿子都是武则天所生。武则天是皇后，太子必然是在武则天所生的四个儿子中来选。武则天的长子李弘先被立为太子，但英年早逝，谥"孝敬皇帝"。长子死后，次子李贤被立为太子，后来被废为庶人，死后谥"章怀太子"。三子李显在高宗死后继位，不久，武则天废李显为庐陵王，贬出长安，立四子李旦为帝，实际上这段时间都是武则天掌权。神龙政变，李显再度登基，死于韦后之乱中。李显死后，李隆基等人又把李旦重新推上王位。李显和李旦两个人轮流都当了两次皇帝，小说家充分利用这个史实，在李旦身上找到了生发点，展开想象，编造故事。

清代《反唐演义传》中，武则天为了夺取皇后之位，用厌胜之术诬陷王皇后，致使王皇后被打入冷宫。此时她已经有孕在身，在冷宫中生下了一个男孩。武则天一方面封锁消息，不让高宗知道，另一方面秘密派太监去冷宫斩草除根。所幸这个太监忠心护主，把小皇子救出皇宫。此前小说描写的重点在于武则天杀害王皇后的方式，目的是表现武则天是一个心肠狠如蛇蝎的女人。这部小说杜撰出王皇后在冷宫生下了太子，把武则天对皇后的残忍手段扩展到对这母子俩斩尽杀绝，让人觉得武则天简直是灭绝人性。为了说明武则天最后遭到报应，小说用尽各种手段：

把武则天拉下皇后之位。高宗第一个皇后是原配王氏，王氏是李世民与姑母同安公主定下的亲事。李世民对这个儿媳妇非常满意，临终托孤时，对长孙无忌和褚遂良等人称之为"佳妇"。王氏出身名门，端庄贤淑，被废之前，除了与武则天之间发生的摩擦之外，可以说

"并无大过"。所以高宗废后时，大臣们有理由据以力争。他们认为杀死小公主、巫蛊之祸都是武则天一手制造的阴谋。王皇后是被嫁祸，是被冤枉的。在士大夫的眼中，武则天根本就没有资格当这个皇后，王皇后才是正宫，武则天是"窃位"。丑化武则天必须从根本上着手，把她拉下皇后的宝座。于是《反唐演义传》中把武则天写成一个谋杀皇后、皇子的元凶，否认武则天的皇后身份。

把武则天的亲生儿子变成他人之子。承认武则天的皇后地位，就等于承认李弘、李贤、李显、李旦的嫡子地位。否定了武则天的皇后地位，连带着必然要否定武则天所生的儿子的地位，这样，武则天的四个儿子就变成了庶出。中国古代皇位继承制度是嫡长子继承制，所以，这四个人是没有资格继承皇位的。要给王皇后翻案，要使李唐天下恢复正宗，则必须是嫡长子继位。高宗死后，几次废立，最后坐天下的是睿宗李旦。李旦是高宗的第八子，武则天的第四子。小说家移花接木，把李旦写成是王皇后在冷宫中生下的太子，这样李旦就成了嫡长子，由他继承皇位才是正统。对一个母亲来说，自己的亲生儿子变成他人之子，无疑是最痛心、最难以承受的。小说家乐于用这种惨剧来折磨武则天。

死后的武则天被亲生儿子斩首。小说要使武则天遭到报应，连武则天的身后事也不肯放过。李旦登基后，把年迈受惊吓而死的武则天尸体扛出来枭首。小说家将其视为报应，视为武则天作恶的后果。李旦是武则天的儿子，此事让李旦来做与传统孝道背道而驰，于是小说家把李旦的生母改成王皇后。李旦斩尸是为了给母亲报仇，这样，使这一行为贴上了复仇的标签，令人无可非议。从历史上看，李旦是武则天的儿子，这是稍有历史常识的人所熟知的史实。小说家不可能不知道，这种安排是有意为之。小说让武则天的亲生儿子对自己的母亲狠下杀手，让已经死了的武则天又被斩首一次，把人间最大的惩罚安排到了她身上，在表明武则天是罪有应得的同时，多了一层揶揄、谐谑之意，客观上增添了一种讽刺效果。小说家的这种改编在惩罚武则天的同时，也强调了正统性的观念。

这种因果报应观念在《镜花缘》中也能体现出来，小说中武则天是天魔星心月狐下凡，目的是为杨隋报仇：

> 原来这位帝王并非须眉男子，系由太后而登大宝。乃唐中宗之母，姓武，名曌，自号则天。按天魔星心月狐临凡。当日高祖、太宗本是隋朝臣子，后来篡了炀帝江山。虽是天命，但杀戮过重，且涉于淫私，伤残手足；所以炀帝并各路烟尘趁他这个亏处，都在阴曹控告唐家父子种种暴戾荼毒之苦。冥官具奏。幸亏众神条陈：与其令杨氏出世报仇，又结来生不了之案，莫若令一天魔下界，扰乱唐室，任其自兴自灭，以彰报施。适有心月狐思凡获谴，即请敕令投胎为唐家天子，错乱阴阳，消此罪案。①

唐高祖、唐太宗都是隋朝臣子，却阴谋篡位。隋炀帝在阴曹地府告了李家一状，于是天庭派遣心月狐下凡扰乱唐家天下，给杨隋家族报仇。这是因果报应观念使然。

二　皈依结局

文人士大夫对历史上武则天的结局不满，便以此大做文章。据史书所载，神龙元年（705），五王发动政变，诛杀二张，逼武则天传位于李显，徙居上阳宫。武则天抱病，遗诏祔庙、归陵，去帝号，崩于

---

① （清）李汝珍：《镜花缘》（上），张友鹤校注，人民文学出版社 1955 年版，第 13 页。

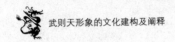

上阳宫，祔葬乾陵。

文人士大夫无法容忍武则天，对于历史上武则天老死上阳宫的结局很不满意，便在文艺作品中给她安排了五花八门的结局。《平妖传》中武则天祈求自己能够成为男身，这是男权文化对女性当权者的暴力改造。《隋唐演义》中把武则天、韦后和杨玉环等一大批唐代皇室女性押上了历史的审判台，公开批评这些"祸水"，"见之当时，则遗羞宫闱；传之后世，则有污史册，然要皆未有如唐朝武韦之甚者也。有了如此一个武后，却又有韦后继之，且加以太平、安乐等诸公主，与上官婉儿等诸宫嫔，却是一班寡廉鲜耻、败检丧伦的女人"。①《反唐演义传》中，薛刚等保李显复位，当武则天与李显母子相见时，二人悲喜交集，武则天自悔从前不是。武三思弄权，李显身故，李旦兴兵入朝，薛刚、樊梨花领兵冲进宫里时，武则天正在睡觉，听到喊杀声一片，吓了一跳，跌倒在地，呜呼哀哉。李旦登位后，又将武则天尸首扛出斩首。

《镜花缘》虽然将武则天塑造成一个明君的形象，但小说的基调在一开始就奠定好了。心月狐下凡是来替杨隋扰乱李唐天下的。主人公唐敖、唐闺臣不仅姓唐，而且唐闺臣这个名字的寓意即李唐的闺中之臣。唐敖的出身又是勤王者徐敬业、骆宾王一派，主要的才女及后来勤王的主力大部分都是当初徐敬业等人的后代。无论武则天政绩如何，无论武则天是否得民心，天下是否太平，即使她的功业超过了唐太宗，也不可能得到大家的承认。恢复正统是文人士大夫执着的理想，武则天永远只是一个篡夺者，僭越者，必然会被拉下皇帝的宝座。《绿牡丹》是一部以绿林好汉为主人公的侠义小说，众好汉最后

① （清）褚人穫：《隋唐演义》（下），上海古籍出版社1981年版，第593页。

归附薛刚及狄仁杰等人，帮助庐陵王复位。小说中的武则天开女科，选人才，基本上是正面形象。但这些功劳无法弥补她占据君位的罪恶，最后在皆大欢喜的团圆中，羞愧自缢而死。《狄公案》中武则天一出场就是一个僭位之主，让她传位给李显，恢复李唐天下，是所有忠臣的目标。

但这种指责似乎远远不够，《鱼篮记》中，给武则天安排了一个皈依佛教的结局。在《饯圆》一出中，武则天在狄仁杰、张柬之等人发动政变后出家为尼，"工谗掩袖，如何万国朝宗，而今回想一度一心忧。虽则年华去也，还好做改过全终，今来此，青缁布履，不听景阳钟"。① 缁是黑色的意思，青缁泛指僧尼的衣服，也是僧尼的代指。景阳钟是宫中置于景阳楼上报时的钟，此钟的设置始于南朝，刘武帝时因宫深听不见鼓漏声，故置钟于景阳楼上。景阳钟响，宣布早朝开始，群臣在钟声中上殿列班朝拜。不听景阳钟，即不参与政治。

在《鱼篮记》的结尾，武则天晚年躬身自省，羞愧难当。第三十六出武则天的出场白中：

> "老身武氏，敕号金轮。昔日娥眉争妒，不肯让人，后来衮冕临轩公然自主。张柬之称兵易位之后，是老身省躬知过之年。我追想从前，甚觉含愧……老身今日已是方外之闲人，诸位公卿尽是唐家之硕望，况我从前所作【做】，不惟难见先皇于地下，抑且不容一日于人间……"狄仁杰道："娘娘改过知非，万民钦仰。"（武则天对曰）"古来社稷为重君为轻，况我妇人乱政，更属妄为，先生之功甚是有见。"②

---

① （清）褚人穫：《隋唐演义》（下），上海古籍出版社1981年版，第593页。
② 同上。

　　武则天对自己的所作所为追悔莫及，深刻反省，痛陈前非。结尾于楚将自己所画的观音大士神像献给武则天，"臣先年浪游建康之时，寓一鱼篮大士庵中，后与尹氏结盟，又与大士为证。况臣姓于，尹氏名唤若兰，岂非鱼篮之兆乎。臣有自画大士像一幅，伏乞娘娘圣慈，亦赐几案一张，将来张挂筵前"①。武则天非常高兴，命吕仁把神像和皇上龙位香烛并列，南向摆列。宴会结束，武则天命"鸾仙请此大士像迎入朕宫朝夕瞻礼"。武则天把鱼篮观音与皇帝放在同等地位，坐北朝南，并为尊位，自己则是北面相陪。在表示对佛教尊重的同时，也表现了对皇帝的尊重，显示出甘处下风的淡定。这里武则天改过自新，说自己是妇人乱政，不仅死后无颜面对先皇，而且一日不容于人间。赞扬把她逼下宝座的狄仁杰、张柬之等五人是唐家硕望，社稷功臣。这种写法只是文人的一厢情愿，他们希望武则天能够自己承认错误，向世人忏悔，向历史赎罪，这样才更有说服力，才能起到现身说法的教育作用。

　　作者自称鱼篮道人，"鱼篮"，在佛教中多指鱼篮观音，是三十三观音之一。其形象特点为手持鱼篮。"道人"最初指方士、术士，最早出现于《汉书·京房传》。道教创立后，道人一般专指道士。南北朝时专指沙门，与道士相区别。唐代以后，泛指有道术之人，道士、僧人。作者自称"鱼篮道人"，是清醒的"槛外人"，希望能够点化那些迷途之人，皈依宗教。在作者的眼里，像武则天这样在滚滚红尘中汲汲于事功的人，宗教或许是她最好的归宿。

---

　　① （清）褚人穫：《隋唐演义》（下），上海古籍出版社 1981 年版，第 593 页

第四章　神秘文化中的武则天形象

在中国传统文化中，有一部分内容带有浓厚的神秘色彩。由于生产力低下，古人无法科学地解释自然与人生的一些现象，便通过主观想象做出阐释，进而产生神秘文化。这是人类探索宇宙自然和社会人生的一种特殊的思维模式，其中既包含了一些科学因素，同时也有大量的封建迷信内容。神秘文化涉及的范围极为广泛，大凡具有神秘色彩的内容，都可以划入其中。总体上可以分为两类，一类是关于自然万物的，如万物有灵论、阴阳五行学说、地理风水、星象学说、仙怪狐妖等；另一类是关于现实人生的，如宗教学说、图谶符命、鬼神祭祀、养生方术等。神秘文化中的大部分内容都是不可知的，因而对人们产生了超强的吸引力。历代统治者都对神秘文化加以利用，使自己的统治赋予天命色彩，如编造出生时的奇异现象、附会鬼神、祥瑞之兆等。①

武则天故事有很大一部分涉及相术、预言、驭鬼、祥瑞、星命说等带有神秘性质的内容。这些故事大多具有超现实的色彩，有的甚至

---

① 有人把祥瑞文化归于儒家思想范畴，有人把它归于神秘文化范畴。武则天题材所涉及的祥瑞内容多数与神秘文化相关，故归到神秘文化类。

比较荒诞。唐宋时期的故事主要是出于"圣人有异表",帝王出身不凡的思维定式;元明时期集中于武则天登基是天命所在;清代的此类故事开始神化武则天,把她写成星宿下凡。总的说来,这些故事都体现了命由天定、君权神授的思想。

第一节　唐宋:女皇登基的舆论准备

唐宋时期,与神秘文化相关的故事大多数都体现出"君权神授"的思想。相术故事中,武则天从刚一出生就具备了帝王之相,这是"圣人有异表"思维的作用;预言故事中,武则天的命运并不是她自己主宰的,而是天命使然;鬼魂求助类故事中,武则天称帝不仅是天命所在,她的德行连鬼魂都能征服,以此来表现武则天的不同凡响。

一　相术:圣人异表

中国古代相术是神秘文化的一个分支。相术是根据人的面貌长相、五官布局、气色骨骼、手纹脚纹等来推测人未来的气运劫数、吉凶祸福、贫困贵贱的预测术,因以面貌为主,故又称相面。武则天相面类故事的理论依据是神秘文化中的相术,而其流传的动力则是帝王自我神化的观念及措施。

(一)文本流变差异

武则天年幼时,名士袁天纲(罡)曾给她看相,断定她将来会成为帝王。关于这个故事比较早的记载是《感定录》。《大唐新语》中袁天罡说武则天，"若是女，当为天子"。《旧唐书》简单改写了《感定录》中的内容：袁天罡相杨氏，认为她会生贵子；相元庆、元爽，可做高官；相韩国夫人，大贵而不利其夫；相武则天，说她富贵之极，若是女人则当为天下主。《新唐书·袁天罡传》中关于相杨氏、武氏兄弟及韩国夫人的内容基本一样，关于武则天的则略有不同，"后最幼，姆抱以见，绐以男"。用了一个"绐"字，"绐"是伪装、欺诈的意思，是说武家的人故意把武则天打扮成男孩，欺骗袁天罡。《旧唐书》中，武则天穿着男孩的衣服，袁天罡如此神机妙算，竟然没有认出是个女孩，不合情理。《新唐书》与《旧唐书》相比，把故事内容写得更合理。南宋吴曾《能改斋漫录》"袁天纲相武后"条载：

> 唐史载武后之幼。母抱以见袁天纲。绐以男。天纲视其步与目。惊曰。龙瞳凤颈。极贵验也。若为女当作天子。此说失于不择。盖取谈宾录之过也。天纲视人祸福。每见于十年之后。虽时日不差。孰谓男女不辨而可以善相称。①

《能改斋漫录》及《新唐书》都对袁天罡不辨男女产生了质疑。可见宋代士大夫对于神化武则天的传说故事能够客观地分析，理性地对待。

命相情节有利于人物形象的塑造。中国传统小说与西方小说一个比较大的区别是，中国小说注重外貌描写，西方小说则注重心理描写。从心理描写的角度来看，它不符合中国人的审美习惯，与"志尽于有生，语绝于无验"（章太炎）的文化传统相悖，因而不被重视。

---

① （南宋）吴曾：《能改斋漫录》，中华书局 1985 年版，第 256 页。

中国文化特别重视历史，小说在某种程度上来说脱胎于史学。历史写作要求"其文直，其事核，不虚美，不隐恶"，这种倾向直接影响到小说的创作。人的心理活动在客观上是不为人知的，只要不是第一人称叙事，就不可能知晓他人的心理活动。心理活动如果被描述出来，无法得到验证，很可能受到诟病。所以心理描写就变成了无的之矢，箭已离弦而不知道是否射中靶心。中国古代小说采用第一人称叙事的不多，所以心理描写相对比较少。但小说中的外貌描写却很发达，而且取得了很大的艺术成就，非常传神，这与中国古代的相术文化密不可分。相术一般是通过人的眉、眼、口、鼻、耳的位置及骨骼体态来判断人的命运。相貌上的每一个细节都不能马虎，细微的变化就可能是完全不同的命运。现实生活中人们注意这样的细节，所以在小说中的相貌描写自然而然地要在这方面多费笔墨，而且必须细致入微。袁天罡说武则天"龙睛凤颈"，非常具体。从袁天罡的表现"大惊"，又生动地反衬出武则天相貌的不凡。武则天只是出场，没发一言，就已经令人感受到她的与众不同。

（二）文化原因阐释

传统相术影响。春秋战国时期就出现了相术，《左传》中就有这方面的描写。《左传·文公元年》载公孙敖请内史叔服给他的两个儿子相面。《史记·赵世家》中，姑布子卿给简子的儿子相面。当时这种风气非常流行，以至于荀子写了《非相篇》来抨击。汉代出现了一系列相书及相士，形成了一套独立的体系。就连著名的无神论者王充也在《论衡》中专门列出了《骨相》篇，认为人的穷通富贵在出生时的骨法相貌中早就定下来了，并举了许多例子来证明。古代相术产生于民间，同时也受到帝王将相的重视，虽然官方有时出于巩固统治的需要不得不打击甚至焚毁这类著作，但却屡禁不止，保持着旺盛的生命力。早期的相术著作大多数已经失传，唐代相术在原来基础上进一步发展，袁天罡的《五行相书》《袁天罡称骨歌》等都是这方面的代表作。

袁天纲在唐朝是非常有名的术士，两唐书皆有传。他曾受到唐太宗的礼遇，并为当时许多名流相过面，无不准确。他认为武则天"龙睛凤颈"，是人主之相。古代相术中冠以"龙""凤"来形容的相貌大多都是贵相，在大多数情况下，龙指帝王，凤指后妃。五官之中，眼睛的形态非常重要。汉代许负的《相法》中载"目秀而长，必近君王；龙睛凤目，必食重禄"。相术中所说的"龙睛"指的是眼型细长，眼尾尖小，单眼皮，眼珠圆润，黑白分明且光彩有神的样子。"黑睛吐光，眼大波长"是典型的贵人相。相传刘希夷所作的《神异赋》中说，"龙颜凤颈，女人必配君王，燕颔虎头，男子定登将相"。所谓龙颜，就是龙头，指方额头。多数人的额头都是圆的，传说龙的额头都是方的，如果人的额头是方的便称为龙头。袁天纲综合武则天的长相及步态等，断定她将成为"天下主"。唐代相术非常流行，相士也非常多，袁天纲、李淳风都是正史记载的当时的名人。相术的流行也带来一些弊端，朝廷曾多次发布禁令，如"永徽四年四月敕，道士女冠僧尼等不得为人疗疾及卜相"，"载初元年六月敕：相书及朔计家书。多妄论祸福。并宜禁断"。① 政府的干预行为，从侧面说明当时相术影响之大。相术成为古代神秘文化的一部分，至今在民间仍比较流行。

圣人必有异表的传统观念。中国古代有崇拜"天"和"圣人"的传统，圣人因为扮演了沟通天人之间的媒介而被人们所崇拜。既然

---

① （北宋）王溥撰：《唐会要》，中华书局1955年版，第878、797页。

能够通达于天，则必与凡人有不同之处，其中表现之一就是圣人天生就有异表。汉代班固的《白虎通·圣人》言"圣人皆有异表"，这是圣人的外在特点。古代典籍中有很多这方面的记录，如黄帝龙颜，颛顼戴干，帝喾骈齿，尧眉八彩，舜二瞳子，禹耳三漏，文王四乳，皋陶马喙，孔子反宇等。封建社会形成以后，集权制的发展，使帝王集中了"天"和"圣人"的双重身份，原本对上天和圣人的崇拜都汇聚到帝王的身上。如刘邦"隆准而龙颜"①，光武帝刘秀"隆准，日角之象，此天命也"②。诗歌中"隆准飞上天，重瞳亦成灰"（苏轼《送郑户曹》），"王者从来云不死，共疑隆准及重瞳"（徐渭《亚夫墓》），说明重瞳与隆准等异貌已经成为帝王的标识。其他的如刘备双耳垂肩，双手过膝，杨坚"五柱入顶"，朱元璋"奇骨贯顶"，努尔哈赤脚底有七颗红痣等，不一而足，这都是"圣人皆有异貌"的思想移位到帝王身上的结果。

神化帝王观念的推动。神化帝王的需要与袁天纲相面结合在一起并不是一个偶然现象。一方面，相面对象居于高位提高了袁天纲的影响力。从两唐书来看，袁天纲相面的几个对象最后都身居高位，影响一时。他曾经给杜淹、王珪、韦挺三人相面，对三人的升迁穷达说的极为准确。杜淹拜为御史大夫、检校吏部尚书；王珪授侍中，出为同州刺史；韦挺历御史大夫、太常卿，贬象州刺史，这些都被袁天纲言中。益州都督窦轨、中书令兼吏部尚书马周、尚书右仆射张行成等人都曾找袁天纲相过面。唐太宗还令他给中书舍人岑文本相看。袁天纲名扬天下与这些名人不无关系。另一方面，袁天纲较高的影响力，使

---

① 隆准："准"是鼻子的意思，"隆准"是指鼻子高高隆起。如果鼻梁直接印堂，两眼之间山根部分没有凹陷，即相法上所谓伏羲鼻。

② 日角：是指在三庭中间有一块像龙一样的骨头（龙的额头中间有一块隆起的骨头），越方大越好，相法上叫作伏羲骨。

武则天及其追随者选择袁天纲的相术以抬高武则天的地位。这个故事是否属实无从考证，但从它流传的广度来看，很可能是武则天为了称帝而神化自己的一种手段。帝王标榜"君权神授"，想尽各种办法为自己的统治披上神秘的外衣。当时的袁天纲在唐初非常有影响力，武则天借袁天纲的名声及相术以抬高自己，神化自己，是完全有可能的。有意神化自己的帝王一般集中于三类，一类是开国帝王，为夺政权造舆论；二类是统治出现危机者，收买人心；三类是以非正常手段夺取政权者，力图使自己的行为合法化。武则天就属于这第三类，她急于证明自己的合法性，所以，有利于她的言论都被不同程度的采纳。

二　预言：女主登基

预言是指对未来可能发生的事情所做的预报或者断言，由于这种判断并不是建立在精确的科学推算之上，故多把它归于迷信。中国古代的预言类书籍有很多，但大多数已经失传，即使保存下来，也因版本杂乱，难窥其貌。比较有名的如姜太公的《乾坤万年歌》、诸葛亮的《马前课》、步虚大师的《步虚大师预言》、李淳风的《藏头诗》、黄蘖的《黄蘖禅师诗》、邵雍的《梅花诗》、刘伯温的《金陵塔碑文》《烧饼歌》等。

（一）图谶

李淳风和袁天纲合著的《推背图》是一部非常有代表性的图谶著作。这本书是对唐朝及以后重大历史事件的预测，全书共 60 幅图，每幅图以六十甲子和卦象分别命名，然后是谶语及四句颂诗。书名"推背图"源于第六十象中的"万万千千说不尽，不如推背去归休"。

书中第三象就是关于武则天的预言。第三象名《丙寅》，图上画一执刀女子，谶语为"日月当空，照临下土。扑朔迷离，不文亦武"。颂诗为"参遍空王色相空，一朝重入帝王宫。遗枝拨尽根犹在，喔喔晨鸡孰是雄"。金圣叹批为"此象主武'明空'当国，废中宗于房州，杀唐宗室殆尽。初武氏削发为尼，故有参遍空王之句。高宗废后王氏而立之，故有喔喔晨鸡孰是雄之兆"。"日月当空"即"曌"字，"不文亦武"指出姓氏为"武"。颂诗暗示武则天出家为尼，再入宫中掌握大权，虽对李唐子孙大开杀戒，但最后还是恢复了李姓天下。武则天掌权的时代，袁天纲与李淳风二人早已作古，但他们对武则天的预测却非常玄妙，引起历代人的兴趣。

（二）预言

与武则天掌权的预言相关的还有一个重要的人物即李淳风。《感定录》中记载了李淳风关于武则天的一段言论。李世民从《贞观秘记》中得知，唐代三世之后会有女人主天下，便向李淳风求证。李淳风推算，此人已经在后宫，三四十年后会掌管天下，大肆杀戮李唐子孙。李世民打算把可疑的人都杀了，李淳风认为这是天之所命，恐怕杀不了她反而会连累无辜。况且此人30年后已老，老则仁慈。如果杀了她上天又派一个年轻力壮的，会对李唐天下更不利。李世民认为他说得有道理而采纳。这段记载被两唐书的李淳风传采用，内容基本相同。

宋代邵博在《邵氏闻见后录》中认为这些记载不可信。原因是李淳风明确指出乱唐者是宫中女人武氏，而唐太宗却杀了宫外的男将李君羡，二者没有直接的因果关系。另外，唐高宗在废王皇后立武昭仪时，长孙无忌、郝处俊、褚遂良等人坚决反对，如果当时这个谶语已经存在，他们不可能不提及此事。清代赵翼在《陔余丛考》中认为这段故事是唐书的作者为了神化李淳风而附会的故事。他指出了两个疑点，一是李淳风已经指明乱唐之武姓女已经在宫中，当时武则天已经入宫，唐太宗不可能不知道李淳风所言之人是谁，怎么可能留下这样大一个隐患呢。二是唐太宗如果是因为李淳风之言而不杀武则天也是不可能的。因为诛杀李君羡说明唐太宗是要根除祸源的，这与听信李淳风不杀的建议自相矛盾。从邵博及赵翼二人的观点来看，这些谶语当时并不存在。应该是武则天为了神化自己而编造的。

　　唐代此类故事的主要目的是神化武则天，使她登基变为天意所归，命中注定。但明清时期的小说却转变为贬低武则天，否定她当皇帝。《反唐演义传》第二回"李淳风课识天机　武媚娘初沾雨露"中，写武媚娘进宫后，深得唐太宗的宠幸。司天监李淳风预知武氏将会掌权而密奏唐太宗杀之以绝后患，没想到唐太宗贪恋美色，根本不相信女人能做出这样的事情，便把名字中带"武"字或涉及妇人的，尽行诛戮。在李淳风的坚决请求之下，唐太宗遣武则天出家为尼。与唐代的几则记载相比，这里有两个变化：一是唐太宗昏庸好色，为了自己享乐诛杀功臣以庇护武氏。二是李淳风由唐代的阻止杀戮变为请求诛杀武氏。《木兰奇女传》中，钦天监李淳风夜占乾象，见妖星居于紫薇垣中，于是请除宫中新进之妃。唐太宗遣出新进宫女，独留武氏，后来在李淳风卜卦的暗示下令武氏出家为尼。小说中把武则天进宫说成妖星居于紫薇垣中，用"妖星"指代武则天，直接骂她是"妖"。《武则天外史》中，说到武则天降生时本来是祥云当空，应有圣天子应运而生，但却突然狂风大作，墨云复布，大雨滂沱，用狂风暴雨把武则天贵为天子的出生祥瑞完全破坏了。从中可以看出，唐代关于武则天的预言是正面的，她当皇帝是有天命支持的。但清代的小说则是反面的，目的是贬低武则天。她与乱臣贼子没什么两样，都是篡位。

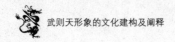

三 驭鬼：泽被阴阳

鬼魂向武则天求助，表现出武则天超凡的能力。她不仅在人间行使权力，甚至连阴间的鬼魂也要向她求助。武则天的能力从泽被苍生拓展到泽被阴阳。①

（一）鬼魂求助故事的文学形态

《隋唐嘉话》中有这样一则故事：

> 武后将如洛阳，至阌乡县东，骑忽不进，召巫，言晋龙骧将军王浚云："臣墓在道南，每为樵者所苦。闻大驾今至，故求哀。"后敕，去墓百步，不得耕殖。至今荆棘森然。②

这个故事《太平广记》中也有记载（摘自《国朝杂记》），内容与《隋唐嘉话》中的基本相同。晋龙骧将军王浚是弘农湖县（今河南灵宝）人，晋武帝时，王浚水军在伐吴战役中立下汗马功劳，官拜抚军大将军、开府仪同三司。太康六年（285），80岁的王浚过世，灵柩返乡，葬在柏谷山，即河南省灵宝市西阌乡大字营村的北岭。王浚活着的时候是威风八面的大将军，死后的坟墓也非常气派。据《晋书·王浚传》载，王浚墓周长四十五里，松柏繁茂。这样豪奢的坟墓外并不多见。

这则记载有一定的历史依据。阌乡位于现在河南灵宝市，正好是从西安到洛阳的必经之路，武则天经过这里是完全有可能的。武则天

----

① 中国古代鬼魂类故事大多受佛教影响产生，这则故事因涉及风水等神秘文化内容，故归为神秘文化类。

② （唐）刘𫗧、张𬳽：《隋唐嘉话　朝野佥载》，中华书局1979年版，第38页。

路过阌乡时，可能道路不好走，便招巫师询卜。因王濬的坟茔在此处，所以巫师附会王濬的鬼魂因为自己坟墓的封树遭到樵夫的砍伐，来请求帮助。于是武则天下令坟墓百步之内不许破坏。

古代通过墓地的规模就能看出墓主的身份地位。古代社会等级制度森严，活着的时候有高低贵贱，死后坟墓的规模同样也要显示出身份等级，这是靠封土高度以及树木数量来体现的。据《史记》记载，战国赵肃侯的寿陵堆积的封土和种植的树木令其陵墓看起来像山一样。故后世帝王的陵墓亦称山陵，用"山陵崩"指代帝王驾崩。据《周礼》载，古代掌管公墓的冢人以爵位的等级作为封丘之度与树数。"尊者丘高而树多，卑者封下而树少"（《周礼·春官·冢人》）。虽然已经有上百年，王濬墓的规模仍使人们很容易辨认。

鬼魂乞求庇佑的故事古代不乏记载。《纂异记·荥阳氏》中载，唐盈州令赴任途中，夜宿寺庙，有鬼来求助。此鬼生前为荥阳氏子，他与妹妹扶父灵柩归乡途中，被继母毒死。埋骨之处被僧徒筑厕于其上，污秽不堪。他请求盈州令将其骸骨沐以兰汤，覆以衣衾，盛以棺椁，改葬高处。北宋佚名的《蒋道传》记蒋道路遇唐将吴忠鬼魂，吴忠请求蒋道助其葬骨，蒋道没有做，遭到了鬼魂的报复。《阅微草堂笔记》载杜奎夜宿荒屋，遇一女鬼求助。此女生前路过此处，被盗所劫，东西被夺之后，被绑缚弃于深涧之中，女鬼请求杜奎能够将她的尸骨移往平原。这些都是死后的鬼魂向人求助的故事。

（二）鬼魂求助故事盛行的文化阐释

鬼魂求助类故事在古代比较盛行，可能有以下几个原因：

原始思维。鬼魂求助类故事之所以如此盛行，是原始思维沉淀为集体无意识的结果。人死后鬼魂有灵，这是"万物有灵"论思想的表现之一。"对原始人来说，没有不可逾越的深渊把死人与活人隔开。相反的，活人经常与死人接触。死人能够使活人得福或受祸，活人也可以给死人善待或恶报。对原始人来说，与死人来往并不比与'神灵'或者与他在自己身上感到其作用的或他认为是服从于自己的任何神秘力量进行联系更奇怪……一般说来，正是触摸不到的和看不见的东西他才认为是最实在的东西。此外，死人甚至能够向活人的感官显露自己。死人可以以幽灵、鬼的形式让活人看见，也可以让活人听见，更不用说他们能够出现在梦中。"① 这些小说中都是鬼魂让活人看见，或者以托梦的形式向活人求救。后世的故事在鬼魂求助，恩主助葬之后又追加了一个情节，即鬼魂报恩；或者是在恩主没有伸出援手的情况下，鬼魂报仇。如《阅微草堂笔记》中杜奎的故事，女鬼自荐枕席，作为葬骨的报答。《蒋道传》中，蒋道没有帮助吴忠鬼魂的请求，遭到了报复。鬼魂求葬类故事与后世复仇文化相结合，"吸取了众多文化因子，愈益迎合且适应下层民众的应然情趣，成为古典通俗小说和野史笔记中'惩恶扬善'模式的核心关目之一"。②

风水文化。中国古代无论是人的住宅（阳宅）还是死者的葬地（阴宅），都要经过精挑细选。尤其是阴宅的地理位置，往往能够对活着的子孙后代产生决定性的影响。郭璞《葬书》（又名《葬经》）中云"五气行乎地中，发而生乎万物。人受体于父母，本骸得气，遗体受荫。盖生者气之聚凝结者成骨，死而独留，故葬者，反气内骨，以荫所生之道也。经云：气感而应鬼福及人"。③ 生气是从地中生发出来

---

① ［法］列维-布留尔：《原始思维》，丁由译，商务印书馆1981年版，第294页。
② 王立：《神秘世界中的公平交易原则——鬼灵酬恩与中国古代复仇文学主题》，《新疆师范大学学报》1999年第1期。
③ 郑谧注释：《刘江东家藏善本藏书》，吴澄删定，中华书局1991年版，第21—26页。

的，生发出来的生气又孕育万物。人的身体是由父母所赋，身体受到生气的庇佑。人之所以活着，就是因为生气的聚合所致。生气凝结成人的骨骼，即使人死了，皮肉腐烂，骨骼还能保留下来。所以埋葬的时候，能够把相类似的生气反纳到骨骼中来，使骨骼长久保持生气的同时，庇佑与之有着同样生气的活着的亲人。经书上说，埋葬时乘生气而生感应，乘生气旺盛就能够使生人受到庇佑，乘生气不旺就会祸及生人。所以坟墓风水好坏关系到子孙后代的祸福。坟墓一直都受到重视，不仅中国如此，国外也一样，如埃及的金字塔、印度的泰姬陵等。国外的墓葬文化多是为了身后能够复活，得到永生；而中国的墓葬文化则是为了提高活人的生活质量，更多了一份人文关怀。

　　墓地中的树木在风水学中占有至关重要的地位。风水中所讲的相宅术分为阳宅和阴宅，阴宅即墓地。墓地最讲究的是"龙脉"，能够阻挡寒风冷气，又称风水山，能够"藏风""得水""乘生气"的，就是好的墓地。山上的树木被视为龙之毛发，又称风水林。树木茂密能够防止水土流失，即"藏风"，有助于保持"龙脉"。风水学上讲"树木兴则宅必旺，树木败则宅必消"。《葬书》中的五不葬篇之第一就是"童山不可葬也"，童山即不生草木之山，如果葬在了这样的地方，就会触霉运，使已经得到的福荫消亡。古代流传下来的《墓葬风水忌讳歌》中"平原十不葬"之八是"不葬草木不盛"，"迁墓十观"之二是"观草木枯死迁"，都说明了草木对于坟墓的重要作用。明代的十三陵曾经长期植树，《明史·刑法志》载，朝廷采用植树赎罪的方法，动用犯人植树减刑。如果有人砍伐了皇家园陵的树木，将会受到严惩。如《旧唐书》及《大唐新语》中都记载了唐高宗李治时发生的一件事。武卫大将军权善才砍了唐太宗昭陵的柏树，犯了大不敬之罪。唐高宗悲不自胜，因为权善才砍树使他背上不孝的罪名，下令把他处死。狄仁杰为权善才求情，但李治盛怒难平，坚持要将其斩首，并要马上执行。权善才并非无名之辈，他曾经驰骋疆场，军功赫赫，被封为左金吾卫大将军、上柱国、开国侯。一个久经沙场的将军竟然因为砍了一棵树惹得皇帝大怒，落得如此下场，可见陵墓风水文化对国人影响之大。《明会典》载，明英宗正统二年（1437）诏令锦衣卫及工部等负责在皇陵立界承担保卫巡逻工作，有砍伐树木者，治以重罪，家属充军。明世宗嘉靖二十七年（1548）在皇陵龙脉关键位置，立禁地界石，从拾柴拔草到偷砍树木者，分别处以充军、问斩、绞刑等罪。南京的明孝陵有崇祯帝立的禁约碑，明确规定对砍伐树木者，严惩不贷。清东陵、清西陵都有界桩隔绝，并有驻军看守，至今树木葱茏。从这些事例可以看出，陵墓树木被砍伐并不是一件小事，所以王濬的鬼魂才会向武则天求助。

鬼魂观念。鬼魂故事的盛行与唐代的风气密切相关，唐代鬼神文化比较发达，他们把神对象化，具体化，把神的某些特性具象到鬼的身上，使其具有灵性。很多故事都涉及这方面的内容。《隋唐嘉话》中有一则故事写将军王果经过峡口时，看见一棺木悬于崖侧，将欲坠落。王果令人迁至平处，得铭云："更后三百年，水漂我，临长江，欲堕不堕逢王果。"[1] 武则天时因为徐敬业叛乱，令掘英公李勣冢，大雾三日不散，颇具神秘色彩。《广异记》中记载了一则关于狄仁杰的故事：

> 则天时，狄仁杰为宁州刺史。其宅素凶。先时刺史死者十余
> 辈。杰初至，吏白："官舍久凶，先后无敢居者，且榛荒棘毁，
> 已不可居，请舍他所。"杰曰："刺史不舍本宅，何别舍乎？"命

---

① （唐）刘餗、张鷟：《隋唐嘉话 朝野佥载》，中华书局1979年版，第38页。

去封锁葺治，居之不疑。数夕，诡怪奇异，不可胜纪。杰怒，谓曰："吾是刺史，此即吾宅，汝曲吾直，何为不识分理，反乃以邪忤正。汝若是神，速听明教，若是鬼魅，何敢相干！吾无惧汝之心，徒为千变万化耳。必理要相见，何不以礼出耶！"斯须，有一人具衣冠而前，曰："某是某朝官，葬堂阶西树下。体魄为树根所穿，楚痛不堪忍。顷前数公，多欲自陈，其人辄死，幽途不达，以至于今。使君诚能改葬，何敢迁延于此！"言讫不见。明日，杰令发之，果如其言。乃为改葬，自此绝也。[①]

故事中狄仁杰住进了经常闹鬼的刺使府，因为府中一棵树下曾经葬过一个前朝官吏，年久尸体被树根所穿，疼痛难忍，所以向人求救。但此前十余任刺史都被吓死了。故事很简略，几句话就能描述完，但故事的开头却做了很多铺垫，制造恐怖气氛。先说此宅是凶宅，接着说在此宅中已经死了十余位刺史，但狄仁杰仍坚持住了进去。结果"诡怪奇异，不可胜纪"，惹得狄仁杰大怒，公开叫板，"汝曲吾直""反乃以邪忤正"，狄仁杰把自己放在"正"的立场上，毫无惧色，正是这种正气竟然把"鬼"给叫了出来。铺垫这么多，目的就是为了突出狄仁杰的一身正气，鬼神尚且惧之，何况于人乎？武则天的故事中只有鬼魂求助这一部分，没有这个故事开头冗长的铺垫，但这些铺垫的内容，正是武则天故事的潜台词。明写鬼，实写人；明写阴事，实写阳人。

武则天在人间的支配能力凌驾于鬼神之上，显示出非凡的力量。即使是鬼神，也并非"全能"，有的时候也要向人间的君主求助。一方面，"鬼"也有无助的时候。戴孚《广异记》还有一则关于狄仁杰

---

① （宋）李昉等编：《太平广记》，中华书局 1961 年版，第 2614 页。

的故事。狄仁杰在出任监察御史时，焚毁了很多淫祠，其中端州一庙中有一蛮神，费了很大的周折才将其焚毁。后来他遇到一个能看见鬼的人，这个人看见那个蛮神一直跟在狄仁杰后面要报复，因狄仁杰有20余鬼神保护，所以那个蛮神一直没有得逞，最后放弃。另一方面，"神"有时也需要帮助。唐代小说《韦安道》中，写后土夫人下嫁韦安道，却被韦安道的父母视为"异类"，并上奏武则天。于是武则天先后派了几批人过来除妖，都无功而返。最后后土夫人迫于舅姑之命，不得已离开。离开之前后土夫人为韦安道的余生做了安排，她嘱咐大罗天女武则天"予之钱五百万，予官至五品"，把丈夫托付给武则天。这些故事的盛行正是唐代鬼魂观念推动的。

君权神授。古人常把人与人的关系归结为一种权利关系，如父权、夫权、皇权等，皇权的确立必须经过神化，不经过神化的权利不具有震慑力。经过神化的王权，具有超自然的神秘感，对民众的心理形成压力，便于建立一种秩序。古代帝王尤其是想称帝之人，为了制造舆论，为了让天下人相信自己是天命所归，常常用各种手段神化自己，"神道设教"便是手段之一。《周易·观卦》载："观天之神道，而四时不忒；圣人以神道设教，而天下服矣。"① 以神道设教的目的，就是让天下人信服。帝王为了神化自己的权利，常常想办法神化自己，甚至想出一些小伎俩，如唐明皇李隆基。《开天传信记》载，唐玄宗路过华阴时，看见山岳之神从数里外前来相迎。他问手下人，却没有人看见。便召来一群巫师，问山神在哪。只有一个老巫阿马婆说"朱鬟紫衣"，在路左边迎候。李隆基很可能什么都没看见，但为了显示自己的权威，显示帝王扮演人神媒介的特殊身份，故意无中生有。

① 黄寿祺、张善文译注：《周易》，上海古籍出版社 2007 年版，第 121 页。

李隆基问左右，这些老实人没搞明白皇帝的意思，最后由一个"老巫"阿马婆，猜透了皇帝的心思，睁眼说瞎话。"帝顾笑之"①，一个"笑"字，透露了李隆基心里的秘密。二人心照不宣，李隆基也知道这个老巫是拍马屁，但他现在需要这个"马屁"，这个老巫又能够适时地帮他圆下这个谎，二人一拍即合，合奏出君臣相得的和谐乐章。

（三）以鬼魂渲染武则天的能力

小说把人与鬼放在同一个层面来写，目的是突出武则天德行高尚的正面形象。这只是一件小事，但被记录下来还可能与王濬的职位"龙骧将军"有关。王濬在当时号称"水中龙"，400 多年后，"水中龙"已经完全失去了往日的威风，对自己的身后事无能为力，不得已来向"人中龙"武则天求助。以王濬作陪衬，武则天的形象显得更高大，"故求哀"，一个"哀"字又把武则天抬举得高高在上。

鬼魂求助故事言在此而意在彼，着笔在于写鬼魂故事，但落脚点却在于恩主。写鬼魂求助是为了突出恩主的德行高尚，正直无私，鬼神不欺。王濬鬼魂求武则天护墓的故事，表面上是一个灵异故事，实际上是为了肯定武则天的德行，不仅管理人间，连阴间的鬼魂之事也能管，由泽被苍生扩展到泽被阴阳。

鬼魂求助的对象都是经过千挑万选的，只有德行高尚的人才能怜悯鬼魂，也只有仁人君子，才能助人为乐。宋代《青锁高议·葬骨记》中谢红莲为人侧室，主妇见而杀之，身首异处，不得往生。于是分别附身于卫公的女奴、役夫、兵官，告诉自己尸首的位置，请求卫公安葬其骸。卫公如其所愿，此鬼又附身于门下吏李生，向卫公致

___

① （宋）李昉等编：《太平广记》，中华书局 1961 年版，第 2257 页。

谢。这是一个死于非命的女鬼求葬的故事。以往的此类故事大部分都是鬼魂现身求助，而此故事中的女鬼则是三番五次地借助他人之口传话，女鬼为什么不亲自去求卫公呢？女鬼解释说："时之正人，又方显贵，所居有卫吏兵拥护，是以我不敢见，幸烦子致诚恳也。"①《荥阳氏》中，荥阳氏子之所以向盈州令求救，是因为他"仁德"。在此类故事中鬼魂求葬只是一个陪衬，目的是突出恩主的德操，起到烘云托月的作用。突出一个人品行高尚有多种方式，为什么要选择替人安葬呢？《青琐高议》中的《丛塚记》及《丛塚记续补》道出了其中的原因，"葬骨迁神，其在阴德无上于此，观丛塚之下，幽魂感德怀赐，固可知矣。惟大人君子能为此善事"②。故助人安葬成了"大人君子"特有的善行。

从武则天开始，王濬之墓不断受到人们的关注，许多诗歌都以此为题材。唐明皇君臣还有唱和之作，李隆基的《过王浚墓》、张九龄的《奉和圣制过王浚墓》、张说的《奉和圣制过王浚墓应制》。此外还有刘禹锡的《西塞山怀古》、李贺的《王浚墓下作》、罗邺的《过王浚墓》等。

第二节　元明：上苑催花的祥瑞色彩

武则天的故事中有一则"上苑催花"故事，只因为武则天的一纸诏令，使百花在隆冬腊月竞相开放。冬季百花盛开本来是违背自然规

---

① （宋）刘斧：《青琐高议》，上海古籍出版社 1983 年版，第 11 页。
② 同上。

律的不可能的事情，人们在撰写、传播时无意中把它当成一种祥瑞现象来写。这个故事从唐代一直贯穿到清代。早期的主题主要是粉碎图谋。即大臣设下圈套想以武力推翻武则天，武则天看出了大臣的意图并设法粉碎了这个阴谋，客观上表现了武则天的睿智果敢。这个主题不符合士大夫贬低武则天的要求，因而在官方文学中出现了断层，在民间文学中却被继承下来。明代催花故事演变出三种主题：一是享乐主题，催花的缘起从粉碎大臣的图谋转移到武则天与面首的享乐；二是祥瑞主题，上苑花开从被质疑的妖妄现象变成肯定武则天统治的祥瑞现象；三是忠贞主题，加入了武则天贬牡丹于洛阳的情节，牡丹变成忠于故主的良臣的象征，祥瑞现象从肯定武则天称帝转移到肯定李显登基。催花故事在传统文化中沉淀为一种帝王显示天赋异秉的手段。

一　明代之前粉碎阴谋主题

明代之前的上苑催花故事都是围绕着武则天粉碎大臣阴谋的主题展开的。这个故事不符合文人打压武则天的需要，故在官方文化中出现了断裂。但这个故事的神秘色彩符合普通民众崇拜武则天的心理，因而在民间文学中开花结果。这是官方与民间两种不同的立场决定的。

（一）粉碎阴谋主题的断裂

早期的催花故事是武则天的诏令使百花违时盛开，武则天如有天助，粉碎了大臣的阴谋。南宋计有功的《唐诗纪事》记载了这则故事：

> 天授二年腊，卿相欲诈称花发，请幸上苑，有所谋也。许

之。寻疑有异图，乃遣使宣诏曰："明朝游上苑，火急报春知。花须连夜发，莫待晓风吹。"于是凌晨名花布苑，群臣咸服其异。后托术以移唐祚，此皆妖妄，不足信也。①

《全唐诗话》《诗话总龟》等诗话类著作都记载了这则故事。这几本诗话有继承关系，有的就是原文抄录。如《全唐诗话》旧题尤袤撰，据《四库全书总目提要》考证，此书实际上是《唐诗纪事》的删节本。②《诗话总龟》是宋代阮阅编于宣和年间的，研究者认为此书可能出于书坊捏合，成书时间应该在南宋光宗时期。按照目前研究现状来看，《全唐诗话》是《唐诗纪事》的删节本，《诗话总龟》又是书坊捏合之作，所以对于上苑催花故事基本上是照搬原文。③《唐诗纪事》《全唐诗话》《诗话总龟》《事物纪原》等著作要么是诗话类，要么是资料选辑类，故事内容基本上都是抄录或者是沿袭前说，结尾大多直接说明上苑催花故事不足信，内容上变化不大。

（二）民间文学的补充演绎

以上作品中关于这则故事的记录，都有一个共同的主题，即武则

---

① （宋）计有功撰：《唐诗纪事》，中华书局1965年版，第24页。

② 《钦定四库全书总目》载："尤袤为绍兴二十一年进士，以光宗时卒，而自序年月乃题咸淳，时代殊不相及。校验其文，皆与计有功《唐诗纪事》相同。《纪事》之例，凡诗为唐人采入总集者，皆云右某取为某集。此本张籍条下尚未及删此一句，则其为后人剽取影撰，更无疑义。考周密《齐东野语》载贾似道所著诸书，此居其一。盖似道假手廖莹中，而莹中又剽窃旧文，涂饰塞责。后人恶似道之奸，改题袤名，以便行世。遂致伪书之中又增一伪撰人耳。毛晋不为考核，刻之《津逮秘书》中，疏亦甚矣！"（出自（清）纪昀等纂《钦定四库全书总目》，中华书局1997年整理本，第2765页）

③ 明代蒋一葵的《尧山堂外纪》卷二十三"唐武后曌"条也有关于这则故事的记载，内容与《诗话总龟》相似。据《四库全书总目提要》考，"尧山其读书堂名也。是书取记传所载轶闻琐事，择其稍僻者，辑为一编。上起古初，下迄明代，每代俱以人名标目。雅俗并陈，真伪并列，殊乏简汰之功。至以明诸帝分编入各卷之中，尤非体例矣"（出自永瑢等《钦定四库全书总目》，中华书局1997年版，第1748页）。清代《全唐诗》的记录与《唐诗纪事》相同。

天粉碎了大臣的阴谋。催花故事的缘起是卿相设下圈套，被武则天识破。这个缘起合乎情理，比较现实，但是却戛然而止，在后代的官方文学中没有继续，出现了断层。原因在于故事中武则天的势力压倒了反对派取得了胜利，与后世丑化武则天的倾向相左，故在官方文化中出现了断裂，却意外地在民间文学中开了花。

民间文学中武则天是一个被歌颂的正面形象，故这个主题沿袭下来。民间有一则《女皇催花》的故事写武则天写完催花诗之后，百花齐放，令武则天惊讶万分，并推测出两种可能：一种是有人搞鬼，弄虚作假；另一种是密谋策划，意图篡位。于是下令严查，从而纠出丘神勣谋反一案。另有一则《武则天巧设赏花宴》的故事：武则天当上女皇之后，朝中的一些大臣想推翻她，便在上苑设下埋伏，准备把武则天骗到上苑赏花，趁她不备时动手，以武力迫使武则天退位。当时是冬天，老臣们声称上苑花开，引起了武则天的怀疑，于是派人去查看，发现除了蜡梅之外，其他的花都没有开。武则天便心生一计，令宫人连夜用色彩斑斓的绸绢制作除了牡丹之外的各种花，然后绑到树上，提笔赋诗催花。第二天通知所有的大臣入宫宴饮赏花。众臣虽饮酒观花，但内心却忐忑不安。武则天又故意问宫女何花未开，宫女答道只有花王牡丹不奉诏。武则天大怒，命把牡丹连根拔起，逐出皇宫，贬到洛阳。武则天此举是敲山镇虎，想让朝臣们都看到不听命于她的下场。这种杀鸡儆猴的办法，武则天经常采用。《新唐书·则天武皇后传》载，武则天在徐敬业起兵后，先后杀了宰相裴炎和大将军程务挺：

> 召群臣廷让曰："朕于天下无负，若等知之乎？"群臣唯唯。
> 太后曰："朕辅先帝逾三十年，忧劳天下。爵位富贵，朕所与也；天下安佚，朕所养也。先帝弃群臣，以社稷为托，朕不敢爱身，

而知爱人。今为戎首者皆将相,何见负之邃?且受遗老臣伉扈难制有若裴炎乎?世将种能合亡命若徐敬业乎?宿将善战若程务挺乎?彼皆人豪,不利于朕,朕能戮之。公等才有过彼,蚤为之。不然,谨以事朕,无诒天下笑。"群臣顿首,不敢仰视,曰:"惟陛下命。"①

武则天首先跟大臣们摊牌,声称自己管理天下名正言顺,是受先帝之托,是不得已而为之,任何人没有任何理由反对她。其次,挑明当时的在朝官员都受惠于她,这些人的爵禄都是她赋予的,反对她就是忘恩负义。最后,恐吓众臣,如果反对她,就不会有好下场,裴炎、程务挺、徐敬业这些人就是活生生的例子。这一段话掷地有声,恩威并施,令听者心惊胆寒。武则天贬牡丹花的举动与朝堂之上的这番话有异曲同工之妙,都起到警示的作用。

二 明代演变的三个新主题

明代的上苑催花故事抛弃了以前单一的粉碎阴谋主题,演变出了享乐、祥瑞和忠贞三个主题。此前这段故事记录比较简单,篇幅较小,仅用 100 字左右,而且都是资料性的记载,没有过多展开。百花盛开的部分是一种带有虚幻浪漫色彩的想象,正是虚幻的这部分被后世大书特书。明代的小说中对这一故事情节表现的比较多,如《如意君传》《醒世恒言》《石点头》《上林春》等。

(一) 享乐主题

催花缘起从破坏朝臣的图谋变成武则天与面首淫乱享乐。此前关

---

① (北宋)欧阳修、宋祁等:《新唐书》,中华书局 1975 年版,第 3478—3479 页。

于这段故事的记载都有大臣有所图谋这个情节，在明代的小说中，这个情节逐渐淡化甚至消失。《如意君传》中武则天因为要与二张一同到上苑游玩，于是写诗催花。冯梦龙《醒世恒言》第四卷《灌园叟晚逢仙女》中载：

> 这牡丹乃花中之王……你道因何独盛于洛阳？只为昔日唐朝有个武则天皇后，淫乱无道，宠幸两个官儿，名唤张易之、张昌宗，于冬月之间，要游后苑，写出四句诏来，道："来朝游上苑，火速报春知。百花连夜发，莫待晓风吹。"不想武则天原是应运之主，百花不敢违旨，一夜发蕊开花。次日驾幸后苑，只见千红万紫，芳菲满目，单有牡丹花有些志气，不肯奉承女主、幸臣，要一根叶儿也没有。则天大怒，遂贬于洛阳。故此洛阳牡丹冠于天下。[①]

此故事承袭《如意君传》，把催花故事的缘起归为武则天与二张游玩引发的。

此前催花是为了粉碎大臣的阴谋，表现了一个睿智果敢的帝王形象。但明代却转移到武则天私生活方面，直接点出她"淫乱无道"，带有一丝荒淫误国的意味。

（二）祥瑞主题

祥瑞又称符瑞，是指表达天意、很少出现的、带有吉祥喜庆色彩的自然现象，有的是出于人们的想象而实际上不可能出现的，这种现象被视为帝王受命的征兆。祥瑞文化是一种关于天人关系的传统政治

---

① （明）冯梦龙：《醒世恒言》，顾学颉校注，人民文学出版社1956年版，第88页。

文化，是儒家思想范畴，但因为涉及很多神秘的内容，故又可以看作神秘文化的一部分。人们认为这种特殊的现象是上天对帝王行为政策的赞赏或表彰，是对帝王表示肯定的一种方式。统治者往往把祥瑞作为舆论宣传的工具，用来宣扬其政权的合法性和权威性，以巩固统治。在中国古代，祥瑞之事一向受到统治者的高度重视，他们不仅观察寻找祥瑞，甚至编造炮制祥瑞。在国家编撰的正式史书中，专门设立了《符瑞志》，记载前朝或当代的祥瑞。唐代还出现了专门的类书，刘赓所撰的《稽瑞》就是这样一部作品。① 祥瑞种类繁多，分类标准不一，《新唐书》相对比较详细，《唐六典》中写得更加具体，如五色祥云、禾生双穗、枯枝再发等。

武则天虽然热衷于祥瑞，但史书上并没有关于上苑催花故事的记载，相似的只有枯梨再放的故事。《资治通鉴》载，延载元年九月梨花凋零的季节，武则天拿出一枝梨花给大家看，大家都说是祥瑞，只有杜景俭提出反对意见。武则天称赞他是"真宰相"！枯木再生是史书所载的祥瑞之一，所以武则天才会沾沾自喜地拿出来，颇有自我标榜公开炫耀的意味。上苑催花故事可能以此为蓝本生发而来。严格说来，冬行夏令、百花齐放并不是史书明载的祥瑞种类，武则天时期"大瑞"层出不穷，这种勉强可以归为植物祥瑞类的"小瑞"在正式场合根本上不了台面，但这个"小瑞"却在文学作品中大放异彩，风头压过了所有的祥瑞现象。

明代把催花故事提升为武则天当皇帝的天兆，成了武则天故事

---

① 《稽瑞》唐刘赓撰。书成于天宝末，肃宗至德前。一卷。北宋《崇文总目》和南宋《通志·艺文略》列入史部传记类。《秘书省续编到四库阙书目》列入子部类书类，《中兴馆阁书目》《玉海》中都有著录。清代《四库全书》未得其书。道光年间顾湘购得旧刻本，影刻入《玲珑山馆丛刊》中，才刊行于世。光绪年间，鲍廷爵又重刻入《后知不足斋丛书》中。这是一部专门的类书，书中所记都是符瑞休祥之事，时间是从上古到六朝，为四言韵语并注明出处。刘赓认为祥瑞乃国之大事，无专书记载是遗憾，故作此书。

中表现天兆的母题和标签。《如意君传》记载这段故事时，增加了一句"是亦天从武后之意"。《醒世恒言》中说武则天是"应运之主"，所以百花不敢违旨，一夜之间竞相开放。明代许三阶的传奇《节侠记》中，武承嗣自言，"俺家姑娘忒福大，一言出得便开花，带挈侄儿也造化"。李秦授也说："恭喜大王燮理有功，当此凋零时节上苑的花都开了。甚是可喜，甚是可贺。昨夜俺姑娘说要游上苑，作一首诗说道……所以，一夜里这些花都大开了，这真是天子百灵显功"。[①] 清代张澜的传奇《万花台》第一出《培花》中，万花台花神与惜花主人、护花使者预知武则天会下诏催花，所以提前来做准备。他们虽然知道"冬行夏令，颠倒阴阳"是不合时宜的，但因为武则天之前是月宫仙史，况又是应谶之主，"官民顺服，上天尚且佑之，谅吾辈奚能悖逆耶"。[②] 把武则天催花归于天子百灵相助，天降祥瑞。

祥瑞是帝王粉饰太平的工具，每一个君主，每一个朝代都希望用祥瑞为自己锦上添花，而且多多益善。一般在新君继位、王朝更替及政权出现变更时期，祥瑞现象就会大量出现。尤其是通过非正常手段取得皇位时，更希望通过祥瑞来为自己加分，故祥瑞现象层出不穷。大臣们往往把发现祥瑞当作自己的政绩向帝王汇报，实际上则是臣子溜须拍马的手段。唐初李世民曾经多次下诏限制奏报这些祥瑞现象，认为真正的祥瑞应该是好好治理国家。但贞观后期却史不绝载，贞观十一年、十三年、十七年、十八年、二十年、二十一年都有相关记录，许多大臣如长孙无忌、许敬宗等都写有贺表，

---

① （明）许三阶：《节侠记》，（明）毛晋《六十种曲》（第 12 册），中华书局 1958 年版，第 62 页。

② （清）张澜：《万花台》，古本戏曲丛刊编委会《古本戏曲丛刊》（五集），上海古籍出版社 1986 年版。

可见贞观后期李世民对祥瑞的认可。高宗时期对此也相当重视，高宗在位 33 年，用了 14 个年号，大多数年号都是为了顺应当时的天意人事，有的就是祥瑞现象。

武则天迫切需要祥瑞以彰显上天对她执政的认可。武则天执政，面对的阻力空前强大，所以需要一种强有力的理论为她辩护，祥瑞这种天意的表达就变得更加重要。武则天对此相当重视，在她所设的铜匦中，北面的"通玄"就是"言天象灾变及军机迷计者投之"。《酉阳杂俎》续集卷四"贬误"载，武则天时有一个人献三足乌以为祥瑞，但却被人举报说其中的一条腿是假的，武则天笑曰，书之史册即可，不必察其真伪。可见武则天并不在意祥瑞本身是什么，她自己可能也并不真的相信这些事，但这对她执政有利，所以就大力提倡。武则天执政时期，出现了祥瑞高峰，仅从《全唐文》中百官所上的贺表，便可窥见当时祥瑞之盛。如杨炯的《老人星赋》；陈子昂的《大周受命颂》《为程处弼庆拜洛表》《上大周受命颂表》《为朝官及岳牧贺慈竹再生表》；崔融的《进洛图颂表》《为皇太子贺甘露表》《代皇太子贺白龙见表》《代皇太子贺嘉麦表》《为皇太子贺瑞木表》《代皇太子贺芝草表》《代皇太子贺石龟负图表》《代皇太子贺天后芝草表》《为西京百官贺老君见表》《为荆州李刺使贺庆云见表》《为许智仁奏怀州黄河清表》《贺秦州河清表》《为泾州李使君贺庆山表》《为百官贺千叶瑞莲表》《为魏州成使君贺白狼表》；李峤的《为百寮贺日抱戴庆云现表》《为百寮贺庆云现表》《为纳言姚璹等贺瑞桃表》《为百寮贺瑞笋表》《为纳言姚璹等贺瑞石龟表》《为纳言姚璹等贺瑞石表》《为百寮贺瑞石表》《贺麟迹表》；张说的《为留守奏庆山醴泉表》《为留守奏瑞禾杏表》《为留守作贺崛山表》《为留守奏羊乳獐表》《为留守奏嘉禾表》；武三思的《贺老人星见表》，等等。其他还有绿毛龟、赤嘴山鹊、瑞牛、冬棋等符瑞，花样翻新，种类繁多。① 武则天有意识地利用这些祥瑞甚至制造祥瑞来帮助自己取得天下人的认可。

符瑞现象是为政权合法化而制造的天意征兆，是天地神祇福佑的证明，某个帝王统治时期出现了祥瑞现象，说明这个帝王承天景命，顺应人心，是一个英明的君主。古代社会，祥瑞出现的数量及质量已经成为衡量君主政绩的标准之一。武则天当政虽然是名不正言不顺，却是天意所在，就连酒醉之后令百花违时而放的狂语都能应验，天神都肯屈尊帮忙，何况军国大事。催花故事表现出武则天为帝是承天景命，代天宣化，同时也是向反对派示威。武则天充分运用了祥瑞这一武器，为自己登基制造合法依据，以示"顺乎天而享其运，应乎人而和其义"②。

（三）忠贞主题

明代故事中，武则天为了威慑群臣把牡丹贬于洛阳，这个情节从正面看是武则天威慑群臣，从反面看是赞扬牡丹不谄媚于上，忠贞的品质。百花盛开之后，唯有牡丹不开，武则天大怒，把牡丹花连根拔起，贬到洛阳。牡丹被贬的情节较早的文本是《事物纪原》：

> 隋炀帝世，始传牡丹。唐人亦曰木芍药，开元时，官中及民闲竞尚之，今品极多也。一说武后冬月游后苑，花俱开，而牡丹独迟，遂贬于洛阳，故今言牡丹者，以西洛为冠首。《刘公嘉话》

---

① 关于武则天时期的祥瑞现象参见刘永海硕士学位论文《略论武则天称帝与祥瑞》（首都师范大学，2008 年）。

② （晋）干宝：《晋记总论》，（梁）萧统编《文选》，上海古籍出版社 1986 年版，第2181 页。

云：世谓牡丹花近有，盖以前朝文士集中，无牡丹歌诗。禹锡尝言杨子华有书牡丹处极分明。子华，北齐人，则知牡丹花亦久矣。《酉阳杂俎》曰：前史中无说牡丹，唯谢康乐集中，言竹闲水际多牡丹。段成式检隋《种植法》，并不记说，则知隋朝花中所无。开元末，裴士淹使幽冀，至汾州众香寺，得白牡丹，植于长安私第，为都下奇赏。至德中，马仆射又得红紫二色者，移于城中。《青琐集》有《隋朝海山记》，中载牡丹品甚多，而前贤所说如此。①

《事物纪原》又名《事物纪原集类》，南宋中兴馆书目著录为十卷，二百七十事，《钦定四库全书总目》记载："事物纪原十卷，明正统间南昌简敬所刊。前有敬序云：'作者佚其姓名。'考赵希弁《读书附志》云：'《事物纪原》十卷，高承撰。承，开封人。自博弈嬉戏之微、鱼虫飞走之类，无不考其所自来。双溪项彬为之序。'陈振孙《书录解题》亦云：'《中兴书目》作十卷，高承撰，元丰中人。凡二百十七事。今此书多十卷，且多数百事，当是后人广之耳'云云。则此书实出高承，敬序盖未详考。惟检此本所载，凡一千七百六十五事，较振孙所见更数倍之，而仍作十卷，又无项彬原序，与陈、赵两家之言俱不合。盖后来又有所增并，非复宋本之旧耳。书凡分五十五部，名目颇为冗碎。其所考论事始，亦间有未确。"② 从中可见，此书宋时已有，但历代不乏其人修改增补，故今所见并非宋本。张志和在《〈事物纪原〉成书于明代考》一文中认为此书成于明代。③ 据此可

---

① （宋）高承、（明）李果、金圆：《事物纪原》，许沛藻点校，中华书局 1989 年版，第 551 页。
② （清）纪昀等纂：《钦定四库全书总目》，中华书局 1997 年整理本，第 1777 页。
③ 张志和：《〈事物纪原〉成书于明代考》，《东方论坛》2001 年第 4 期。

推，武则天贬牡丹的情节可能出现在唐朝，宋明时期的《事物纪原》较早保留了这段文字记载。

《醒世恒言》继承《事物纪原》，把这段故事当作传闻来写，但加入了赞扬牡丹花有志气，不肯奉承女皇，不肯应诏开花的情节。把单纯的牡丹与人物联系起来。稍后的明代拟话本选集《今古奇观》的第八卷"灌园叟晚逢仙女"的内容与《醒世恒言》相同。《石点头》的"唐玄宗恩赐纩衣缘"中，写武则天题诗之后，百花尽开，只有槿树不奉诏，武后大怒，将槿树杖了20下，罚它编作篱笆。唐明皇受武则天上苑催花的启发，草诏求雪，果然天降琼瑶。不同的是，这里将牡丹改成了槿树（《混唐后传》《隋唐演义》中贬的也是槿树）。在流传过程中，故事的主体没有变，但细节因素有的发生了改变。普罗普在《神奇故事的转化》中认为："人物的功能是恒定不变的因素，而其余部分都是可以变化的。"① 这些细节的变化并不影响故事的主旨。

这些牡丹被贬的情节都被当作传闻来写，此后的记载把这段传闻敷演成故事。《上林春》中牡丹花成为良臣忠于故主的象征。戏剧的开头写武则天向天借春三日，要百花齐放以供圣目，只有牡丹未开，被贬洛阳。传奇的主线是武则天与庐陵王的故事，副线是安金藏兄弟的故事。安金鉴参加殿试，题目是"百花齐放"，安金鉴的诗中有"百花俱贱种，牡丹待放故君前"的句子，没想到话音刚落，牡丹突然绽放。武则天感到天意在庐陵王，故还政于李显。这里的牡丹开始因不奉武则天之诏令而被贬洛阳，当安金鉴作诗让它开于故君前时，牡丹却应之而开。牡丹成了忠于故主的大臣的象征。

<hr>

① ［俄］弗·普罗普：《神奇故事的转化》，［法］茨维坦·托多罗夫编选《俄苏形式主义文论选》，蔡鸿滨译，中国社会科学出版社1989年版，第209页。

上苑催花故事原本是表现武则天的，在《上林春》中，却转移到了庐陵王李显的身上。此前武则天写了一首催花诗，催开了百花，唯独没有催开牡丹。安金鉴的诗却催开了牡丹花。诗中将百花骂为"贱种"，批判百花是趋炎附势的小人。同时抬高牡丹，把牡丹写成不随波逐流，忠心耿耿守护旧主的忠臣的象征。催花故事中，唯独牡丹未放的故事从诞生以来，一直是这种写法，而这部传奇却一反传统，武则天数百年都没有催开的牡丹竟然为庐陵王而开，表现出天意在李家的思想。隆冬开花是一种违时现象，目的是突出"天命"思想。数百年的催花故事中，"天命"都是归于武则天，在这里变成归于"庐陵王"，其深层原因是正统观念的作用。

三　催花的文化意义及影响

催花故事滥觞于武则天，却成为中国古代文化中显示帝王具有超凡能力的手段之一。催花故事产生了深远的影响，在清代整合出两个系统。

（一）催花的文化意义

催花的故事始于武则天，却成为传统文化中显示帝王异秉的标志，成为帝王君权神授的文化符号。

在古代社会帝王自称受命于天，"为天之子"，具有天然的合理性，皇帝代表"天"在人间行使权力，管理人民。这是封建君主专制制度的一种政治理论，目的是为了巩固自己的统治，让人们按照君主的命令去做。这就为帝王统治加上了神圣的光环，是帝王神化自己的一种方式。帝王为了证明自己是奉天承运，常常寻找、制造祥瑞或挖空心思想证明自己与凡人的不同。催花故事为帝王提供了证明自己有非凡能力的途径。武则天的孙子唐玄宗就向祖母学习催花，《独异志》"玄宗"条记载了唐明皇羯鼓催花故事。天宝初年一个初春时节，百花未开，玄宗于殿阶击鼓，没想到满树花发。"一曲未终，而花灿然。得不以我为圣耶！"① 从中可见，花开之后唐玄宗非常得意，自命为圣人。《石点头》卷十三"唐玄宗恩赐犷衣缘"，将唐明皇催花的故事移植为催雪。唐玄宗与众人宴饮赋诗，想起武则天催花的故事，便要学武则天写诗催雪，挥笔题诗"雪兆丰年瑞，三冬信尚遥。天公如有意，顷刻降琼瑶"②，果然天降瑞雪，从而引发出赐军衣的故事。明杂剧《唐苑鼓催花》写唐明皇与杨贵妃沉香亭宴饮，明皇见花未尽开，便取羯鼓，又挥笔作诗。花开之后，明皇得意不已，自比天公。

唐明皇的催花故事，是模仿武则天而来，就连诗作也是粗略地改写武则天的。武则天的诗是"明朝游上苑，火速报春知。花须连夜发，莫待晓风吹"；唐明皇的则是"朕今游上苑，传令百花知。百花随鼓发，莫待午风吹"③，只是改了几个字而已。与武则天的故事相比，唐明皇的故事有所不同。一是唐明皇故事中，除了写诗，又加入了击鼓的情节，以显示帝王才情。羯鼓本是西域乐器，开元中比较流行，唐玄宗及宋璟都以此绝技著称。《羯鼓录》和《独异志》中都写到唐明皇击鼓特别投入以至于百花齐放的情节，表现出太平天子，作为"普天下郎君领袖，盖世界浪子班头"的梨园魁首的风流雅趣。二是自我肯定天子身份。唐明皇的故事中大多都有明皇得意不已，自比天公的情节。唐明皇的皇位如果按正统观念来讲并不是名正言顺的。

---

① （唐）李冗：《独异志》，中华书局 1983 年版，第 10 页。
② （明）天然痴叟：《石点头》，上海古籍出版社 1957 年版，第 312 页。
③ （明）邓志谟：《唐苑鼓催花》，《花鸟争奇》，国家图书馆藏明春语堂刻本。

他是睿宗的三儿子，继位时，大哥李成器、二哥李成义都在，但因李隆基当时功劳大，二人不得已把皇位让给了他。唐明皇在催花之前，内心其实是忐忑不安的。他知道其祖母曾经有过这样的故事，祖母能令花开，但自己是否能做到还是一个未知数。所以当他把花催开时候，得意忘形，自比天公。以此来证明自己的确是"真命天子"，这是一种自我肯定。三是唐明皇的催花故事与杨贵妃的故事结合在一起，多了一层荒淫误国的意味。明代唐龙有诗云："晓过骊山下，唤生千古愁。催花媚妃子，举火戏诸侯。石上浮云过，松间宿雨留。风流尽尘土，景物自悠悠。"①"媚妃子"一说将催花的目的归为取悦杨贵妃，把唐明皇催花与周幽王烽火戏诸侯放在同一层面上相比较，使唐明皇的催花行为与荒淫误国联系到了一起。

催花故事与帝王相结合，成为显示帝王权威的一种方式。清代道光年间何梦梅的小说《大明正德皇帝游江南传》写到宋恩设立育英堂救助被抛弃的女婴，积下功德，上天赐其女儿椒房之荣。宋恩受羽衣道人的指引，贴出告示，说有能令琼花开者，就把女儿嫁给他。被正德皇帝赶上，来看热闹。正德皇帝问明了来龙去脉，想到武则天能冬日令百花开放，唐明皇能击鼓催花，自己也是天子，应该也可以。于是默默祈祷，之后用手指花，并令花开，只见舒缨吐络，锦瓣齐放。此时的催花已经成为帝王所具有的特殊能力，是帝王身份的标志和赋有异秉的象征。

（二）催花故事的影响

清代的催花故事整合为两个系统。

---

① （明）佚名：《马嵬志》，江苏古籍出版社 1990 年版，第 131 页。

一种是说唐系列的历史演义小说，包括《异说征西演义全传》《说唐三传》《隋唐演义》《反唐演义传》等，史家笔法使虚妄的故事变得具有现实可能性。宣诏催花是一种虚构的笔法，古代典籍中也把此事当成奇闻逸事来写，如《全唐诗话》认为："此皆妖妄，不足信也。"《诗话总龟》中，此条列于"奇怪门下"，可见宋人对此事也持怀疑态度。在催花方式上，此类故事大多都是承袭旧说，腊月百花盛开都是因为武则天的诏书。这一记载颇富传奇色彩，却缺乏逻辑上的可能性。历史演义小说受史学影响比较大，小说家的史学观念比较强。虽然历史小说可以在事实的基础上敷演润色，但并不能完全脱离史实而随意虚构，在整体上应该不违事实。所谓"七实三虚"，就是这种观念的体现。为了使这种虚幻的描写变成可能，作者费尽心机寻找实现这种异事的途径，于是搬出了法术这个武器，加入了陈硕贞做法的情节，《混唐后传》和《隋唐演义》都出现了相关内容，如《混唐后传》载，武则天欲在武攸暨谢亲时赐宴苑中，想让百花开放以显瑞庆，便让陈硕贞想办法。陈硕贞让武则天下了诏书，又加上了一道檄文，在苑中施符作法，焚给花神。①《混唐后传》是《隋唐演义》的材料来源之一，后者对于此事的描写直接借鉴了前者。小说把虚幻的内容加入现实依据，使故事更具有现实可能性。此外，《镜花缘》等小说中诏书催花与法术并用，尽可能使故事更加可信。

　　另一种是武则天开女科的系列作品，包括《镜花缘》《绿牡丹》《洛城殿无双艳福》等，这些故事给催花故事加入了"前因"及"后果"，天上人间交相辉映，奇上加奇，亦真亦幻，使故事内容更加丰

---

　　① （明）钟惺、罗贯中：《混唐后传》，华夏出版社2013年版，第43页。

富，更具可读性。此前的故事如果有所增加都是在原故事基础上的续写，而这类故事中则是在催花之前添加了神话描写的"前因"，在催花之后增入了开女科招才女的"后果"，这种写法滥觞于《镜花缘》。在这类小说中，催花故事在结构上起了巨大的作用。催花故事放在开头，一方面是作为线索，成为故事的缘起，引出整个篇章，另一方面也是肯定武则天执政的正当性，从而为百花仙子大显身手提供一个相对稳定和谐的环境。小说给现实的催花故事，加入了神话的内容，更富有传奇色彩，后来的《绿牡丹》《洛城殿无双艳福》等都沿袭了这个思路。

第三节　清代：星命说对武则天的神化

清代的武则天故事与星象紧密联系在一起。天星心月狐转世，表明了武则天的中心地位；武则天作为帝王的命运与天星紧密相连，凡人难以改变；星宿下凡，表明武则天是上天派来做皇帝的。这些具体内容虽然有差别，但总体上都体现了相同思想——武则天为帝是天命所在。

一　心月狐的星象学渊源

武则天形象中有许多涉及星象学的内容。如宸妃的封号就与星象学密切相关。两唐书都有唐高宗欲封武则天为"宸妃"的记载，"宸妃"的名号是武则天借用星象以提高自己在后宫地位的手段。武则天欲问鼎皇后之位，高宗也想废王皇后立武昭仪，遭到大臣的强烈反对。于是，两人退而求其次，谋求封为"妃"。正一品的"妃"，是除了皇后之外最高的品阶。唐初后宫等级在皇后以下设四夫人：贵妃、淑妃、德妃、贤妃为正一品；九嫔：昭仪、昭容、昭媛、修仪、修容、修媛、充仪、充容、充媛为正二品；二十七世妇：婕妤正三品、美人正四品、才人正五品各 9 人；八十一御妻：宝林正六品、御女正七品、采女正八品各 27 人。但当时四妃的位子都已有人，武则天如果想封为妃，必须等有空缺才行，这在短期内不太可能。于是二人便想出新设立"宸妃"这一名号。这是封后不成所采取的折中办法。"宸妃"的等级是在皇后一人之下，其他妃嫔之上。后宫的这些称谓都是从德行、容貌等角度来命名，唯有"宸妃"的命名与众不同，带有政治意义。"宸"即北辰，指北极星。《论语·为政篇》言："为政以德，譬如北辰，居其所，而众星拱之。"所以北辰又借指帝王的居所，后来成为王位、帝王的代称。如宸极指北极星，又指代帝王；宸居指帝王的住处；宸札指帝王的书札；宸翰指帝王的书迹；宸垣指京师等。采用"宸妃"这一名号，代表后宫的中心，其他妃嫔要像众星拱月一样围绕在她周围。小小的封号可以反映出武则天的政治野心。

清代李汝珍的小说《镜花缘》中，把武则天写成天星心月狐下凡，心月狐的说法来源于古代星象学说。心月狐是中国神话中的二十八星宿之一，东方七宿（角木蛟、亢金龙、氐土貉、房日兔、心月狐、尾火虎、箕水豹）的第五宿，即心宿，又称为商星，代表文明昌盛。它是全天第十五亮星，相当于天文学中的天蝎座 σ，α，τ 三星。心宿之精属火，是夏季第一个月应候的星宿，古人靠它来确定季节。古代星象学所认识到的星宿有很多，之所以把武则天与心宿联系在一起，可能有以下几个原因：

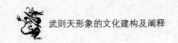

（一）星宿指代对象角度：心宿及心宿二都是帝王的代表

心宿：东方苍龙共有七宿，角、亢、氐、房、心、尾、箕。古人认为这七宿排列之形似龙，故将之命名为苍龙。七宿的位置从字义上就看得出来。角是龙的角；亢，本意是颈的前部，即喉咙；氐，《尔雅·释天》载："天根，氐也。"注称："角，亢下系于氐，若木之有根"，故氐可以理解为龙的颈根；房的本意是方形城邑正门左右两边的小屋子，通"腑"；心是心脏，也有中心的意思；尾是尾巴，箕是尾巴之末。七宿的位置是龙身最重要的组成部分，心宿的重要性不言而喻。道教中的这七颗星都有各自的星君，据《太上黄箓斋仪》载，角宿为天门星君，亢宿为庭庭星君，氐宿为天府星君，房宿为天驷星君，心宿为天王星君，尾宿为天鸡星君，箕宿为天律星君。心宿是天王星君，"心"的位置加上"天王"的名号，显示了心宿的重要性。

心宿二：心宿由三颗星构成，（东起、右起）第一星为"太子"，第二星为"帝"（"天王"），第三星为"庶子"。心宿三星的主星是心星二（天蝎座α星），为"帝"，是一颗巨大的红色星，也称大火，是一等星，也是三星中最亮的星。心宿三星中，"帝"星处于"太子"与"庶子"的中心，构成了"天之心"。"太子"与"庶子"两星代表天下五方的万民，心星理所当然地成为帝王的代表。心宿的构造与"北极五星"构造相似。心宿常与房宿连用，以表示"中央支配四方"之意。

（二）宫廷建筑对应角度：心宿二对应的宫殿位置是明堂

明堂是先秦时期帝王举行重大活动、宣明政教的场所，是正统王权的象征。在古代社会具有非常重要的政治象征意义。《史记·天官书》载"东宫苍龙，房、心。心为明堂，大星天王，前后星子属。不欲直，直则天王失计"。构成"天官"的"五官"即紫宫，房心，权衡，咸池，虚危等五大星座群，与人间的"五宫"相对应，即中宫，东宫，南宫，西宫，北宫。故"东宫"与"房心"相对应。《晋志》载："心三星，天王正位也。中星曰明堂，天子位为大辰，主天下之赏罚。前星为太子，后星为庶子。"① 也就是说心宿所对应的地方是明堂，是天子发号施令之所，是正统帝王的象征。

（三）星次分野对应角度：心宿所对应的地理分野是豫州

豫州是华夏中心的代表，是武则天长期居住的洛阳所在地。古代天文学家把天上的星区划分与地上的地理位置对应起来，称作分野。每一地区对应不同的星宿，心宿与房宿对应的地方是豫州。豫州的地理位置大约相当于现在的河南南部、淮河以北、伏牛山以东的河南东部、安徽北部、江苏的西北角及山东的西南角。河南省地处中国的中心偏东，大禹分天下为九州之时，豫州位于九州的中心，所以历史上河南又有"中原""中州"之称。由于处于黄河中下游，草木丰茂，物产丰富，优越的地理位置使这里成为一块富饶之地，历史上几度达到鼎盛，成为中国的政治、经济和文化中心。帝王理应处于中心位置，事实上，武则天大部分时间都住在洛阳。据两唐书及《资治通鉴》载，神功元年（697），武则天制成冀、兖、青、徐、扬、荆、豫、梁、雍九鼎。其中，豫州鼎最大，名神都，高一丈八尺，能容一千八百石。其他八鼎高一丈二尺，能容一千二百石。武则天亲自为豫州鼎制铭文《曳鼎歌》："羲农首出，轩昊膺期。唐虞继踵，汤禹乘

_____

① （唐）房玄龄等撰：《晋书》，中华书局 1974 年版，第 300 页。

时。天地光宅，域中雍熙。上天降鉴，方建隆基，"[1] 可见豫州鼎的特殊。武则天置九鼎于通天宫是有政治寓意的。传说大禹划天下为九州，聚天下之铜以铸九鼎，并将九州的名山大川、奇异物产刻于其上，以每鼎象征一州，并将九鼎集于都城。此后，九鼎就成了王权的象征。武则天所制的九鼎中，豫州鼎的规格最特殊，武则天把它当作大周天下的代表，都城长安属于雍州，是李唐天下的代表。豫州鼎压过了雍州鼎，应该是有意为之。

（四）星象占卜吉凶角度：心宿二涉及女主干政的问题

心宿中的三星位置变化是帝王吉凶的预兆。根据《晋书》《隋书》《宋史》等史书中天文志的记载，心宿中的三星不能处在同一条直线上，如果三星呈一直线，意味着皇帝失势。心星二如果耀眼明亮，意味着天下同心，国泰民安。如果变动较大，则天下大乱。如果出现"五星聚"，即五颗星星的亮度都超过了心宿二，并且比较密集，表示天下同心，改立天子。如果逆行，则意味着女主干政。这就与武则天又联系到了一起。故以此星宿作为武则天的代表。

在古代星象学中，还有一些星宿可以代表帝王，如心宿和"北极五星"中的北极二。[2] "北极五星"和心宿构造相同，寓意相近。它

---

① （后晋）刘昫等撰：《旧唐书》，中华书局 1975 年版，第 589—590 页。原文称此铭为《豫州鼎铭》，因为唐代宗名李豫，为了避讳把豫州改为蔡州。

② "北极五星"在古代中国官方天文学星名表上坐着第二把交椅（第一位的是北极星）。"北极五星"指："北极星"（又名天一星，太一星，10 iota Dra，星等 4.61）、"北极一"（太子，13 gamma Umi，Pherkad，星等 3.0）、"北极二"（帝，7 beta UMi，kochab，星等 2.05）、"北极三"（庶子，5 Umi，星等 4.25）、"北极四"（后宫，4 Umi，星等 4.82）。"北极二"代表两颗星，一个是帝星，另一个是给北极星设的虚位，代表北极星。因此，"北极二"代表了两颗星，即"帝星"和"北极星"（见《中国大百科全书·天文学卷》第571 页《中国星名表》）。《宋史·天文二》载："（北极第）二星主日，帝王也，亦太一之坐，谓最赤明者也。"（《晋书·天文上》同）。"北极一"是太子星，"北极三"是庶子星，"北极四"是后宫星，这里用了四个概念，代表了五颗星，故称"北极五星"。

们都由第一星"太子"、第二星"帝"（"天王"）和第三星"庶子"星构成，如果算上心宿的下一宿尾宿，二者都有"后宫"星。主星"帝"和"天王"都是赤色星，是各自星组的最亮星。北极二与心宿二都构成了星空中的"天心"，都是人间帝王的代表。另外，北方玄武七宿之第三宿——女宿①，象征女性，此星明亮，预示女人主事。这些星宿都可以代表帝王，李汝珍却弃而不用，而选择心月狐，除了"心"与"狐"分别表明武则天的帝王身份与审美倾向外，用"月"表明武则天的性别身份。

心宿与月相对应，暗示了武则天的性别身份。二十八星宿中，东南西北各七宿，每七宿又与日、月、五行相对应。东方七宿为角、亢、氐、房、心、尾、箕，分别与木、金、土、日、月、火、水对应为角木蛟、亢金龙、氐土貉、房日兔、心月狐、尾火虎、箕水豹。其中，心宿对应的是"月"。月主阴，李汝珍以此表明武则天的女性身份。

把月亮与女性联系到一起是世界范围内的普遍现象。基于"互渗律"的思维方式，远古人类通过细心的观察，发现月亮阴晴圆缺的周期性变化与女性的生理特点有共通之处，故而把月亮与女性联系到了一起。古希腊的月亮之神阿耳忒弥斯是女性，在西方，月亮与女性的关系极为特殊。美国 M. 艾瑟·哈婷女士的《月亮神话·女性的神话》一书在这方面论述得相当充分。在中国古代，一直都有月亮代表女性的思想。古代神话中的月亮神嫦娥是女性。嫦娥是羿的妻子。羿在西王母那儿得到了两份长生不死之药，让嫦娥保管。嫦娥趁羿不在家时自己偷吃了，之后就飞到月亮上去了。从此成为掌管月亮的女

---

①　女宿为北方玄武七宿之第三宿，包括四颗星，属宝瓶座，象征女性，此星明亮代表妇女昌盛，女权主事。

神。传统文化中，常以日、月相对指代男、女。太阳属阳（太阳），月亮属阴（太阴）。有些典籍中，常把日、月并提，代表帝王和女主。如《晋书·天文志》说："日为太阳之精，主生养恩德，人君之象也。人君有瑕，必露其愆以告示焉……月为太阴之精，以之配日，女主之象……女主外戚专权，则或进或退。"① 将太阳与人君，月亮与女主并置。《乙巳占·月占》中载"夫月者，太阴之精，积而成象，魄质含影，禀日之光，以明照夜。佐修阴道，以之配日，女主之象也"。② 此外，日食与月食现象也与男女对应起来。日食往往与男性相关，月食则常涉及女性，《乙巳占》说："月食发生有张宿，贵人失势，皇后有忧。"这里把月食与皇后联系到一起。月亮的性别身份，已经成为世界范围内普遍的文化符码。

从星宿的选择上可见，在李汝珍心中，李显才是正统皇帝。小说中，心月狐代表武则天，紫薇垣代表李显。古代星象学中，在全天处于主位的星是紫薇星（北极星），它也是人们最熟知的帝王星，心月狐只是在局部星群中占主位。二者相较，前者才是正宗的帝王代表。

二 武则天命运与占星术

古代预测术中有很大一部分与天象联系在一起。占星术与星象密切相关，它是古代命理学的一种。占星术又称"星占术""占星学""星占学"，是根据各星宿所主之人事，通过其出没行踪、运行轨迹、光度色泽、星宿之间的相互位置及交会情况，比附其所对应的分野，来预测国运、事运和人命运的一种方术。

---

① （唐）房玄龄等撰：《晋书》，中华书局1974年版，第317—318页。
② （唐）李淳风：《乙巳占》，中华书局1985年版，第25页。

古代天文学非常发达，并把星与人联系起来。古人很早就开始观察天象。《史记·天官书》载：昔之传天数者，高辛之前，重、黎；于唐、虞、羲、和；有夏，昆吾；殷商，巫咸；周室，史佚、苌弘；于宋，子韦；郑则裨灶；在齐，甘公；楚，唐昧；赵，尹皋；魏，石申。《易经·贲卦》曰："观乎天文，以察时变；观乎人文，以化成天下。"① 这就把人的命运与天象变化联系到一起。春秋时期，人们把阴阳五行学说与星象理论结合，认为人出生时所禀之气与众星相应，如王充《论衡·命义篇》载："至于富贵所禀，犹性所禀之气，得众星之精。众星在天，天有其象。得富贵象则富贵，得贫贱象则贫贱，故曰'在天'。在天如何？天有百官，有众星。天施气而众星布精，天所施气而众星之气在其中矣。人禀气而生，含气而长，得贵则贵，得贱则贱。贵或秩有高下，富或赀有多少，皆星位尊卑大小之所授也。"②

古代占星术被纳入政府管理体系。各朝代都设立官员掌管这方面的事物，如上古时期的保京氏，秦汉时期的太史令，隋唐时的太史曹、太史监，五代与宋初时的司天监，明清的司天监、钦天监等，都是负责观测星象的官。古代的天文学与占星学是紧密联系在一起的，天文学家往往是占星家，天文学著作往往都有占星的内容。古代这方面的著作主要有唐代李淳风的《乙巳占》、瞿昙悉达的《开元占经》，北宋王安礼等人重修的《灵台秘苑》，明代的《观象玩古》等。古代的星命术大致包括五星推命术、紫薇斗数、九宫八卦遁法、演禽术等，宋代的鲍云龙、元代的郑希诚、辽代的耶律纯、明代的万民英等都是这方面的大师。占星术把社会政治的巨大变故与星象历法联系在

---

① 黄寿祺、张善文译注：《周易》，上海古籍出版社 2007 年版，第 132 页。
② （东汉）王充：《论衡》，上海人民出版社 1974 年版，第 18 页。

一起，如五星连珠的现象被视为太平盛世的预兆，而五星错乱则意味着天下有变，是政权不稳的征兆。随着人们对星体运动知识的掌握，占星术的推算的方法也变得越来越复杂。

古代小说中经常涉及这方面的内容。命理学认为每个人的命运都与官星紧密联系在一起。《史记·天官书》开篇即云："天文有五官，官者，星官也；星座有尊卑，若人之官曹列位，故曰天官。"古人认为人出生之时，天上恰有某星照耀，便是所谓的"星宿照命"或"神煞入命"，这个人一生的命运都会受到这颗星的影响。帝王受命于天，大小官员也由上天派遣，即使普通百姓，不管高低尊卑，都与天上的星星相对应，"天上一颗星，地上一个丁"。命理学说在小说中常常有所表现。如《京本通俗小说·菩萨蛮》中，算命先生说陈可常"命有华盖，却无官星，只好出家"。《警世通言·俞伯牙摔琴谢知音》中载俞伯牙虽然是楚国人，但官星却落在晋国，官至上大夫之位。清代道光年间何梦梅所撰的《大明正德皇帝游江南传》中，由于宋恩设立育婴堂救助被抛弃的女婴，积下功德，使"咸熙官星显耀"，不到十余年，便官拜户部尚书，后来归隐，寿到八十。《二十年目睹之怪现状》中，当时在任的臬台本来是个贼，但因为算命先生说他官星高照，如果能走仕途，可能会做到方面大员。于是他便顺言而为，成为臬台。小说中的这些描写从侧面反映了人们对命理学说的重视。

（一）《镜花缘》中的描写

武则天故事中，小说家常用占星术来预示人物的命运。《镜花缘》中描写武则天是天星心月狐下凡，她的命运随着这颗星星的阴晴晦暗而起伏，尤其是她作为帝王的兴衰成败在星象上反应得比较明显。勤王党人行动时，如果顺应星象所显示出的征兆而行，就会胜利，如果逆星象征兆而行，都以失败告终。如徐敬业、骆宾王等人起兵时，心月狐气数正旺，他们违天而行，结果一败涂地。小说中塑造了一个精通天象的人物——文隐家的四公子文菘。他通过占星术来指导反对武则天的武装行动。如余承志与文隐家的五位公子相见聚谈时，五公子埋怨他的四哥文菘因为以星象为指导而耽误了大家的军事行动：

> 这总怪四哥看了天象，要候什么度数，又是什么课上孤虚，以致耽搁至今，真是养痈成患，将来他的羽翼越多，越难动手哩……（文菘反驳说）现在紫薇垣业已透出微光，那心月狐光芒日见消散，看来武氏气数甚觉有限，大约再迟三五年，自必一举成功。此时若轻举妄动，所谓逆天行事，不独自己有损，且与主上亦更有害……谁知近来忽又吐出一道奇光，紫薇垣被他这光压住，不能十分透露，因此才说还须三五年方能举事。这道奇光，我闻那些臆断之徒，都道以为回光返照，那知却是感召天和所致！①

这里紫薇垣指代帝王，即李显，"紫薇垣透出微光"，说明帝星开始呈上升趋势。武则天是心月狐下凡，所以心月狐代表了武则天。"心月狐光芒日见消散"，说明武则天的气运已经开始走下坡路。文菘估计再有三五年就是武则天的大限，到那时举兵便会一举成功。此前，文菘据"心月狐光芒已退"，断定武氏恶贯即满，但因心月狐近来又吐出了一道奇光，压住了紫薇垣，即武则天的光芒遮住了李显。对于这"一道奇光"，不同的人解释不同。史逸观天象，也观察到武则天气运消散，紫薇吐光，便觉大势已定，所以决定保李显复位，当

---

① （清）李汝珍：《镜花缘》（下），张友鹤校注，人民文学出版社 1955 年版，第 425—426 页。

他又看到"一道奇光"时,以为是武则天回光返照,没有多想便立即起兵,竟致全军覆没。文菼则认为这道奇光是因为武则天发了一道恩诏,救活了若干民命,所以又延长了三五年的气数。而且史逸起兵勤王兵败之事,也被文菼从天象上观测出来。后来余承志、洛承志与众才女于三月初三桃会之期起兵时,是因为"心月狐光芒已退",最后取得了胜利。小说中在描写武则天成败的关键时刻总是不忘描述一下星象,她的命运与心月狐的明暗消长息息相关。

女性参加科举考试,文运亨通,在星象上也看得出来。魁星是中国古代的星宿名之一,主宰文运,传说被他点中的士子,就会金榜题名,所以受到历代读书人的信奉。几乎各地都建有魁星阁或魁星楼。魁星神的形象为男性,右手握着一支大笔,即朱笔,左手持一墨斗,脚踏一只大鳌的头部,寓意为"魁星点斗,独占鳌头"。中国的政治是男性的政治,科举是男性的科举,主载文运的神灵魁星也是男性。但《镜花缘》的第一回和第四十八回,魁星却都以女身出现,这是女性在文学上崭露头角的预兆。这些星象的变化都与人物命运吉凶相对应。

(二)其他小说中的表现

其他小说中也有类似的写法,如《混唐后传》载武则天入宫后,太白金星屡屡昼现,太史令据此占为女主昌。《反唐演义传》载,薛刚欲保庐陵王复位,狄仁杰认为时机未到。因为武则天气盛未衰,帝星不明,庐陵王尚多患难,未可举手。李旦的军师徐孝德夜观天象,见帝星昏暗,认为武则天不久必有大患。李旦官星光芒焕彩,以此得出结论,天下不久定属李旦。且此星周围环绕着很多星宿,徐孝德据此断定必会有谋臣勇将前来相助,重整唐室江山。《木兰奇女传》中描写钦天监李淳风夜观天象，"见妖星居于紫微垣中"，于是上奏请唐太宗尽除宫中新晋之妃。

当然，并不是每一个人都相信星象之说，如王夫之《读通鉴论》卷二十"太宗"条载：

> 星占术测，乱之所自生也。史言秘记云：……而太史守其曲说，曰"女主昌"，与所谓秘记者相合，太宗不能以理折之，而横杀李君羡以应之；李淳风又曰"天之所命，人不能违"，以决其必然，武氏之篡夺，实斯言教之也①。

认为占星术是祸乱之源。武则天夺取天下，实际上是预言谶语所教，杀李氏子孙殆尽是依据预言行事。

三　星宿下凡的文化阐释

星宿下凡是武则天故事中塑造人物的重要手段之一。《镜花缘》中的武则天是天星心月狐下凡，说唐系列小说中的很多人物也都是星宿下凡。

星宿变化为人的故事在古代小说中常常出现。如《水浒传》中的梁山好汉就是三十六天罡星，七十二地煞星托生的。《西游记》中太白金星曾经奉旨招安孙悟空；卯日星君曾下凡帮助孙悟空降伏蜈蚣精；第五十六回中描写了二十八星宿与五方揭谛神等帮助孙悟空降伏黄眉怪的故事。在古话本中，包拯是文曲星下凡，狄青是武曲星下凡。杨家将系列故事中，辽邦肖天佐是青龙星转世，杨六郎是白虎星转世。薛家将系列故事中，薛仁贵父子俩都是白虎星下凡，"白虎星争位""白虎星转世"都是直接以星神名指代人物。《薛刚反唐》中

---

① （清）王夫之：《读通鉴论》，中华书局1975年版，第615页。

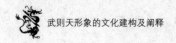

吴奇、马赞、薛葵分别是铁石星、太阴星、太白星下凡。《说唐三传》
中薛刚是五鬼星下凡。可见，这种写法出现的频率很高。

（一）道教文化与星神变化说

星宿下凡故事与道教文化相关。道教把星神人格化，使他们具有
人的相貌和情感，这为小说中的星宿下凡故事奠定了基础。星宿神在
中国传统文化中相当活跃，这与道教文化关系密切。道教认为星为太
阳所生，故由"日""生"组成，地上万物之精都与星星相对应，所
以星宿神在道教神仙体系中非常重要。道教赋予每个星星一个星神，
这些神有自己的相貌特征及神职范围，称之为星君。这些星君都被拟
人化，如宋元佚名的《太上洞神五星诸宿日月混常经》记录了日月星
宿之精化身为人降世济人之事。如心、尾、箕三星之精，常常在辰日
一起穿着黄色的衣裳，化为道士往来于寺观中。如果有人能认出来向
他们求助，星神们多会满足他们的心愿。道教与星星相关的神祇有很
多，比较重要的有：紫薇大帝、五星七曜、五斗星君、斗姆、四方二
十八宿星君等。《云笈七签》"二十八宿"中描述了二十八星君的姓
名、服色及职掌。如心月狐"戊从官阳神也，心星神主之。心星火
也，为工，故在东方，阳神五人，姓女名涂祖，牛头人身，衣黄单
衣，带剑，心星神主之"①。

（二）原始思维的自然崇拜论

星宿下凡是原始思维中自然崇拜与图腾崇拜综合作用的结果。星
宿下凡故事是古人对星星崇拜的一种表现，属自然崇拜范畴，星崇拜

① （北宋）张君房：《云笈七签》，中华书局 2003 年版，第 550 页。

经过历史的过滤，已经沉淀成为一种集体无意识，存在于人的脑海之中。星星高悬于天际，对人类而言遥不可及，有些星体的运动具有一定的规律性并能够由肉眼观测到。这种大自然所表现出的神秘力量，对原始初民产生了极强的吸引力，"原始人的意识已经充满了大量的集体表象，靠了这些集体表象，一切客体、存在物或者人制作的物品总是被想象成拥有大量神秘属性的"。① 原始初民找不到解释星象的原理，同样也无法科学的解释人事的变化，基于"万物有灵"的思维惯性及顺势巫术的思维方法，把偶然出现的现象当成必然，认为客观存在的星星与人之间相互渗透，"通过某种神秘的交感可以远距离的相互作用，通过一种我们看不见的'以太'把一物体的推动力传输给另一物体"。② 这种交感巫术的思维方式把天上的星星与地上的人类的命运紧密联系在一起，在星星和人之间建立了联系。他们认为现实的人、事变化与天上星体的运动具有某种内在的一致性。并对这种似有似无，或虚或实的神秘联系深信不疑。于是出现了占星术，中国古代及古埃及、古巴比伦、古希腊等国家都出现过占星术。占星术利用星象的变化推测人的命运、吉凶祸福，甚至战争的胜负、政权的更迭等。

（三）天人合一思想的感应说

星宿下凡故事也与古代"天人合一"的思想有关。"天人感应"是"天人合一"思想的内容之一，来源于先秦哲学思想。战国时的子思、孟子提出了这一理论，阴阳家邹衍"深观阴阳消息而作怪迂之变"，促进了天人感应说的发展。西汉董仲舒根据《公羊传》把远古

---

① 〔法〕列维 - 布留尔：《原始思维》，丁由译，商务印书馆 1981 年版，第 69 页。
② 〔英〕G. J. 弗雷泽：《金枝》，徐育新等译，新世界出版社 2006 年版，第 17 页。

的天道观与阴阳五行学说结合起来，吸收法家、道家、阴阳家等诸家思想，形成一套完备的理论体系，使天人感应说趋于成熟。董仲舒认为，天与人在本质上是相通的，二者能够发生感应关系，天能够干预人事，赋予人以吉凶祸福，人也能够感应上天，人类顺应自然，与天相应，才能达到和谐。星星是"天"的重要组成部分，是天意的代表。星宿的变化与人的命运存在感应关系。

传统文化创造出星宿神，通过拟人化的手法，把大自然界中的星星"人化"，又把凡人神化。二者虽然处于"天""人"两端，却休戚相关，命运与共。表现在小说中，便是武则天的命运与星宿共消涨。

第五章　性别文化中的武则天形象

武则天与性别文化相关的内容表现在政治等许多方面，本章以其情感生活为主。传统的礼法观念和社会秩序规定了男女、夫妻、父子、君臣，各有自己的名分，不可逾越，这构成中国古代的政治伦理体系。触犯了这种禁忌，就会受到世人的鄙视和唾骂。贯穿武则天情感生活的一个重要关键词是"不伦之恋"。狭义的不伦之恋一般是指在法律或风俗习惯不允许的情况下与近亲之间发生的恋情，广义的不伦之恋泛指违反伦理道德的两性情感。武则天与李治的结合被认为是一种乱伦的行为，她与面首的关系又造成了对婚姻的背叛，故武则天的情感生活多被认为是违反伦理道德的。这种行为不受法律制裁却被世俗人情所不容。

此类内容主要有两条线索，一条是武则天与唐太宗、唐高宗的故事，另一条是武则天与面首的故事。前者是公开化的"合法"夫妻，后者则是见不得光的地下情人。在武则天的生命中，前者是她攀登权力的阶梯，后者则是她晚年生活的消遣。前者因为触犯"乱伦"的禁忌而遭人诟病，后者则因败坏"妇德"而成为众矢之的。唐宋时期，这些故事相对比较客观，武则天与唐太宗和唐高宗的形象并不引人注目，倒是武则天与王皇后和萧淑妃争宠的故事抢了风头。从明代开始，两条线索并拢，都朝着艳情化的方面发展，唐太宗与唐高宗的形象也与面首的形象接近。在很多小说中，武则天被物化成情欲的符号。

第一节　唐五代：接近历史，写实化倾向

唐代的野史笔记把关于武则天的内容当作朝野见闻记录下来。有的具有传奇色彩，但虚构的成分并不多，总体上接近历史史实。武则天生活中不乏面首，但这些面首都在武则天的掌控之下。武则天对他们虽然格外照顾，但当涉及大臣及朝廷大事时，却保持着清醒的头脑，非常理智。

一　异性对武则天的作用

据《旧唐书》《唐会要》《新唐书》《资治通鉴》等史书记载，与武则天私生活相关的异性一共有6位：唐太宗李世民、唐高宗李治、薛怀义、沈南璆、张昌宗、张易之。其中关于沈南璆的记载很少，只是在薛怀义的传记中提到。李世民让她成长，李治让她成熟。而面首只是武则天在政坛拼搏过后释放压力的弄臣。

（一）丈夫：攀登最高权力的阶梯

武则天的第一位丈夫是唐太宗，之后又成了他的儿媳妇。对武则天而言，在历史与文艺作品中，唐太宗的重要性差异很大。

　　唐太宗是中国历史上相对比较英明的君主。关于他的故事很多，大致可以分为以下四种：一，治国故事，主要描写他善于纳谏，精于治国的事迹，如《大唐新语》《朝野金载》《隋唐嘉话》《尚书故实》《续世说》，元杂剧《唐太宗哭魏征》等；二，玄怪故事，包括魂游地府和泾河龙索命等内容，如《唐太宗入冥记》《西游记》，元明时期关于《西游记》的戏曲等；三，英雄传奇，集中于统领将帅，安邦定国的故事，如唐传奇《虬髯客传》、小说《大唐秦王词话》《说唐演义前传》《隋唐演义》《说唐后传》等，元杂剧《介休县敬德降唐》，明传奇《红拂记》；四，情感故事，涉及长孙皇后、杨氏、武则天等，如杂剧《长孙皇后鼎镬谏》。这些故事中，时时会出现武则天的影子，但比例不大。

　　唐代武则天形象主要集中于四个内容：则天入宫、降伏狮子骢、武氏乱唐的预言和出宫修行。从这些故事可以看出，唐太宗对武则天的态度越来越差。唐太宗对武则天兴趣最大的时候便是听说她"美容止"，进而召入宫中，封为才人，赐号武媚。从唐太宗赐名来看，他与武则天的初识应该是比较美好的。但狮子骢事件表明武则天并不受宠。这件事是武则天在晚年时自己忆述的。当年西域进贡了一匹良驹名曰狮子骢，此马性情暴烈，无人能驯服。武则天自告奋勇要驯马，扬言需要三样东西：铁鞭、铁锤和匕首。如果用铁鞭击之而不能降服就用铁锤，还不服的话就用匕首。武则天此举的目的是希望能够引起太宗的眷顾，但这位驰骋沙场的君主似乎更喜欢像徐贤妃那样知书达礼，性情温婉的女子。从现有记载来看，唐太宗并没有因此加深对武则天的宠爱，反而似乎一直让她坐"冷板凳"。武则天的大胆和铁腕并没有打动唐太宗，她的地位没有改变，努力归于失败。第三个故事是关于武则天的预言。唐太宗时的《秘记》载，唐三代之后，会有

"女主武王代有天下"。太宗找来李淳风询其事，李淳风肯定了《秘记》中的说法，"帝（唐太宗）曰：'求而杀之如何'。淳风曰：'天之所命，不可废也。王者不死，虽求恐不可得。且据占已长成，复在宫内，已是陛下眷属。更四十年，又当衰老，老则仁慈，其于陛下子孙或不甚损。今若杀之，即当复生，更四十年，亦堪御天下矣。少壮严毒，杀之为血仇，即陛下子孙无遗类矣'"。① 从唐太宗与李淳风的对话当中可以看出，唐太宗对武则天并没有感情，当他得知武则天可能威胁到李唐天下时，杀机顿起，毫无怜香惜玉之情。从这几则故事可以看出，唐太宗对武则天的态度每况愈下，直到送她出宫。这时的唐太宗以江山社稷为重，江山与美人之间，没有丝毫含糊。美色在他的生命中几乎毫无地位。处于唐太宗这样一个强势君王之下，武则天的命运无法自己掌握，完全由唐太宗操纵。

唐太宗虽然把武则天召入宫中，但并没有对她表现出过多的兴趣，主要精力用于治国上，是一个英明的君主。二人在对方的情感生活中，都是无足轻重的。对于唐太宗而言，武则天并不重要。武则天从 14 岁入宫，到唐太宗驾崩的十余年间，一直是才人，没有晋升，也没有子嗣，并不得宠，只是后宫众佳丽中很普通的一位。唐太宗驾崩以后，武则天与其他妃嫔一起在感业寺出家为尼。在这十余年间，她以后妃的身份侍奉唐太宗的机会很少，大多数情况下是作为一个宫女遥望太宗。但这却是她成长过程必不可少的阶段，她在后宫不仅学习了很多知识，耳濡目染也对唐太宗处理政事的方式方法有所了解，更学会了在后宫这个矛盾复杂的地方的生存法则。她后来之所以能够成功地坐上皇后的宝座，进而登基为帝，都与她这个时候的学识积累

---

① （唐）刘餗、张鷟：《隋唐嘉话　朝野佥载》，中华书局 1979 年版，第 179 页。

分不开。

对于武则天来说，唐太宗把她召入宫中，使她一步跨进了最高权力中心的所在——皇宫，彻底改变了她的命运。但唐太宗似乎跟她开了个大玩笑，死的时候又把她推了出来，把她的人生推到了绝境。如果没有李治的再度垂青，便于此折戟沉沙。武则天的辉煌人生是从李治的时代开始的，唐太宗的时代早已成为历史，翻了过去。她要确认"武昭仪"、"武皇后"的身份，就必须淡化甚至掩盖"武才人"的经历。李治在册封武则天为皇后的赦文中把武则天说成是父皇赐给他的，来遮蔽这段内容。故这一时期很少有关于两人情感生活的描写。

唐高宗李治。高宗李治为太子时，与武则天有旧。李治到感业寺行香时见到武则天，又把她召回宫中，拜为昭仪，专房独宠。高宗皇后王氏、良娣萧氏联合起来与武则天争宠。永徽六年，王皇后被废，武则天被立为皇后。高宗苦于风疾，目不能视，武则天辅助他处理政务，显示出非同一般的政治才能。上元元年（674），高宗称天皇，武则天称天后，天下之人谓之"二圣"。弘道元年（683）十二月丁巳，高宗驾崩，皇太子李显即位，尊天后为皇太后。在感业寺的几年生活，是武则天苦其心智，劳其筋骨，磨炼意志的过程。这是她以后能够战胜各种困难的必要准备。对于武则天来讲，是李治把她重新带回宫中，让她又回到这个权力的中心；是李治的宠爱让她有了当皇后的机会，使她能够在后宫纵横睥睨；是李治的多病，让她有机会参与政治，"好风凭借力，送我上青云"。正是李治这个平台，使日后武则天的掌权成为可能。

武则天与李治的结合，被后世视为乱伦而被诟病，但在唐朝能够令人接受。受前代胡风影响，唐代社会风气比较开放，礼教束缚不严格。儒家的礼教思想在诞生之初，只是一家之言，没有形成一统天下的局面。从汉代"罢黜百家，独尊儒术"开始，礼教才正式被官方提倡。汉末三国混战，两晋接替，五胡十六国时期，北方大批游牧民族进入中原。这种胡风对中原文化形成强烈的冲击，使"礼崩乐坏"，教化不兴。隋代统一全国，但文化并不能随着疆域的统一而迅速改变，这是这一个漫长的过程。杨隋仅存在 30 余年就被李唐代替，隋朝只起了一个过渡的作用。儒家经典在两汉的今古文之争中，变得众说纷纭。唐代统治者本身的情感生活自由度很大。据不完全统计，整个唐代公主再嫁的有二十多人，高祖女有四，太宗女有六，中宗与睿宗女有二，玄宗女有八，肃宗女有一，其中三次嫁人的有三人①。唐代李世民在"玄武门之变"中杀死了哥哥李建成和弟弟李元吉，并且把李元吉的妻子杨氏纳为妃子。李渊从父兄子、卢江王李瑗谋反，李世民杀了他之后，把他的妻子也纳入后宫。宋璟的儿子娶了一个寡妇薛氏。从这些现象来看，整个唐代社会风气比较开放，统治者关陇集团礼教观念不强。

（二）面首：晚年生活的娱乐消遣

面首，"面"指容貌之美，"首"指的是头发之美，意思是美貌的男性，一般指古代有权势地位的女性的情人，也称为男妾或男宠。面首这个称谓，正式的书面表达来源于史书中关于南朝刘宋废帝刘子业的妹妹山阴公主的记载。《宋书·前废帝纪》中载："山阴公主淫恣过度，谓帝曰：'妾与陛下，虽男女有殊，俱托体先帝。陛下六宫万数，而妾唯驸马一人。事不均平，一何至此！'帝乃为主置面首左右

---

① 参考刘达临《中国古代性文化》，宁夏人民出版社 2003 年版，第 445 页。

三十人。"① 山阴公主认为自己与皇兄都是皇家血脉，帝王可以佳丽三千，但自己却只能守着驸马一人，太不公平，所以公开向皇帝要人。刘子业觉得山阴公主的话有道理，于是一下子为她安排了 30 个面首。从这段记载中可以看出，面首其实与嫔妃的性质差不多，只不过在性别上进行了置换。虽然这个词出现得不早，但这种类型的人很早就存在。秦国宣太后的魏丑夫；秦始皇母亲赵太后的嫪毐；汉代馆陶公主刘嫖的董偃；汉昭帝的姐姐鄂邑盖公主的丁外人；赵飞燕赵合德姐妹的燕赤凤；北魏冯太后的李奕、李冲，等等。

武则天有据可查的面首有 4 个人，薛怀义、沈南璆、张昌宗、张易之。沈南璆在史书中所见较少，只是在薛怀义的传记中提到女皇有了新宠御医沈南璆，导致薛怀义逐渐失宠。后世为了丑化武则天，又虚构出了薛敖曹、张保、张玉、张采、武三思、武承嗣、许敬宗等，都是子虚乌有之事。

薛怀义是武则天的第一个面首。薛怀义本名冯小宝，京兆鄠县人，混迹于市井间，由千金公主引荐给武则天。武则天召见后"恩遇日深"，为了掩人耳目，让他剃发为僧，成为白马寺住持。为了提升他的出身，武则天让太平公主的丈夫薛绍以季父事之，改姓薛。史书中并没有记载他哪一年入宫，关于他有确切年代的最早记载是《旧唐书》，"垂拱初，说则天于故洛阳城西修故白马寺"，怀义进宫最早不会早于弘道元年（683）高宗驾崩。也就是说，薛怀义入宫时约在武则天 60 岁左右。当时高宗已逝，武则天此时应该是全身心投入政事。在朝堂之上，武则天不得不板起面孔，与那些虎视眈眈的大臣们斗智

---

① （梁）沈约等撰：《宋书》，中华书局 1974 年版，第 147—148 页。《资治通鉴》宋纪中"太宗明皇帝上之上"也记录了这段故事"山阴公主，帝妹也，尝谓帝曰：'妾与陛下男女虽殊，俱托体先帝，陛下六宫万数，而妾惟驸马一人，事太不均。'帝乃为公主置面首左右三十人，进爵郡长公主，秩同郡王。"

斗勇。薛怀义的出现，使她在处理政事之余，有机会放松紧张的神经。薛怀义有点小聪明，能够帮女皇办一些正直大臣不肯做的事情。他在武则天的支持下做了几件大事：一是督建明堂、天堂。虽然这一工程耗资巨大，但明堂毕竟最终落成，而且武则天非常满意。二是带兵出征抵御突厥进攻。薛怀义是否有军事才能不太好确定，但他无疑非常有运气，他出征的两回都可以说是凯旋。三是伪造《大云经疏》，把武则天附会为弥勒下生，给武则天登基制造舆论。所以，薛怀义可以说是有功劳的。他因此恃宠而骄，把一些市井混混剃发为僧，收于白马寺中。这些人目无法纪，到处横行，无人敢管。引起了朝中几位正直大臣的反感，右台御史冯思勖弹劾他，反而身受其害。武则天有了新宠御医沈南璆，薛怀义妒火中烧，怒焚明堂、天堂。武则天表面上愧而隐之，下令让他重新督建，而私下里则命令太平公主将他秘密处死。薛怀义可以说是为武则天立下了汗马功劳，武则天对他也很好。让他与薛绍认亲、把他安排为白马寺住持，给他立功的机会，但薛怀义得意忘形，气焰嚣张，以至于火烧明堂，闯下大祸，使武则天不得不采取措施加以阻止。

《旧唐书》外戚传后附薛怀义传，薛怀义并不属于外戚，但又找到不到合适的门类，可见这一类人的历史定位令史学家大费周折。《新唐书》因为无类可归，所以没有给薛怀义单独列传，只是在武则天或其他人的传记中捎带描述。史书中所载的薛怀义事迹基本相同，只是在细节上有所差异。

张昌宗、张易之两个人是武则天晚年主要的娱乐消遣对象。

二张出身名门，是张行成的族孙。《旧唐书》张行成的传记中附张易之、张昌宗的传记。太平公主把张昌宗推荐给武则天，张昌宗又引荐了兄长张易之。两人有一定的才学，年轻"白皙美姿容"，善音律，深得武则天喜爱。人呼易之为五郎，昌宗为六郎。薛怀义与二张是完全相反的类型。前者身材魁梧，后者可以说是玉树临风；前者是市井野夫，后者是文雅书生；前者是下里巴人，后者是阳春白雪。武则天于圣历二年（699）设立了控鹤监（后改名为奉宸府），让二张统领。实际上是以编书的名义，为面首们安置一个体面的头衔，提供一个冠冕堂皇的容身之所。张昌宗是太平公主在万岁通天二年（697）引荐给武则天的，这一年武则天已经70多岁了。年迈的武则天，在后宫听这兄弟俩吹拉弹唱，吟诗作赋，使"高处不胜寒"的生活增添了一丝情趣。武则天晚年卧病，大臣难得进见，政事多委于二张。神龙元年（705），张柬之等发动政变，二张伏诛。

二 武则天对面首的态度

虽然武则天的生活不乏面首，并且对他们也可以说是宠爱有加，但武则天在这方面却有自己的原则，不纵容他们胡作非为。首先，面首必须听话，言听计从才可以。薛怀义就在武则天的授意下，为武则天登基做了很多事。其次，不许主动参与政治。如果是武则天授意的，可以去做，如果不是，后果就会很严重。再次，武则天对面首宠爱但不宠信。当面首与大臣发生冲突时，她基本上都能够公私分明，不护短。

（一）史书的记载

薛怀义是武则天的第一个面首，他经常出入宫闱，势倾一时，许多耿直的大臣不顾性命，冒死直谏。与薛怀义发生正面冲突的主要涉及三位大臣：

苏良嗣。《隋唐嘉话》记载了这样一个故事：薛怀义受宠之时，不可一世，许多人都对他礼敬三分，包括武三思、武承嗣等人都去巴结他。有一次，苏良嗣在朝堂上与薛怀义相遇，薛怀义傲慢无礼，苏良嗣大怒，命左右把他拽过来，打了数十个耳光。薛怀义被打后，跑到武则天面前告状。武则天劝说他以后出入走北门，不要再走南门，南门是宰相往来的地方，不要去冒犯他们。薛怀义被打，他去告状时，应该会添油加醋，夸大其词。"打狗还得看主人"，武则天在没有任何人提醒的情况下，劝薛怀义避开大臣，而不是去处罚被告者。可以看出武则天公私分明的处事态度。对于这样刚直不阿的大臣，武则天心里是非常敬重的。《旧唐书》苏世长（子苏良嗣）传载，苏良嗣与地官尚书韦方质不和，韦方质犯了死罪故意把苏良嗣牵扯进来，武则天"特保明之"。苏良嗣谢恩拜伏时，直接栽倒在了朝堂上，武则天诏御医给他看病。苏良嗣死后，武则天辍朝三日，在观风门举哀，命令百官去他家里吊唁。追赠开府仪同三司，益州都督，"赐绢布八百段、米粟八百石，兼降玺书吊祭"①。可见在掌掴薛怀义事件上，武则天不仅没有惩罚苏良嗣，反而对苏良嗣的人格更加敬重，恩遇有加。

周矩。薛怀义在白马寺时，召集了上千个市井无赖剃度为僧，胡作非为。侍御史周矩无法忍受这些无赖的不法行为，向武则天启奏要审问薛怀义。武则天不同意，但周矩坚持要审，武则天只好勉强答应。她让周矩先回御史台，说随后就让薛怀义过去。周矩刚回去，薛怀义也到了。薛怀义把马一直骑到门口，下来之后露胸袒腹于床。周矩看他这么无礼，便招手下过来要审问，薛怀义见势不好，便又跃马而去，周矩便将此事上奏武则天。武则天说这个和尚有疯病，不能严刑拷问，告诉周矩可以随意处置薛怀义手下的那批人。武则天有心袒

---

① （后晋）刘昫等撰：《旧唐书》，中华书局1975年版，第1777页。

护，而周矩却不识相地步步紧逼，让武则天很难堪，最后让周矩处理薛怀义手下的人，算是给周矩面子。周矩由此迁为天官员外郎。在这件事上，武则天其实是祖护了薛怀义，但为了安慰周矩，给他升了官。

王求礼。《朝野佥载补辑》中据《后村诗话》载，薛怀义常出入宫闱，补阙王求礼上表为了避免宫闱之乱，请阉割薛怀义，并举太宗时罗黑黑之例。罗黑黑是太宗时一个乐师，琵琶弹得特别好，唐太宗为了让他入后宫教授宫人，便下令把他阉割之后送进宫中。从当时唐代的社会风气及朝堂氛围来讲，王求礼不可能不知道薛怀义入宫干什么，这是揣着明白装糊涂。武则天特别安排的人和事，他却要半路坏事，顶风而上。结果是"表寝不出"，武则天未置可否。在这些事例中，武则天是祖护薛怀义的，但却没有因为这些大臣的不依不饶而翻脸，可见武则天的明智之处。

继薛怀义之后，张昌宗和张易之成为新宠，有的大臣也与他俩发生了冲突。《旧唐书·张行成传》载：

> 天后令选美少年为左右奉宸供奉，右补阙朱敬则谏曰："臣闻志不可满，乐不可极。嗜欲之情，愚智皆同，贤者能节之不使过度，则前圣格言也。陛下内宠，已有薛怀义、张易之、昌宗，固应足矣。近闻上舍奉御柳模自言子良宾洁白美须眉，左监门卫长史侯祥云阳道壮伟，过于薛怀义，专欲自进堪奉宸内供奉。无礼无仪，溢于朝听。臣愚职在谏诤，不敢不奏。"则天劳之曰："非卿直言，朕不知此。"赐彩百段。①

朱敬则首先表明自己的立场，不反对武则天养面首，只要"节之

---

① （后晋）刘昫等撰：《旧唐书》，中华书局1975年版，第1828页。

不使过度"就可。但他却胆敢在大庭广众之下一一点出内宠的姓名，又点出候选新宠的姓名，让武则天颜面尽失。臣下批评君主应该适可而止，但朱敬则的行为搞得朝堂上下，君不君、臣不臣，丑声四布，礼仪尽失，一点情面都不留，这简直是自寻死路。但武则天却没有大发雷霆，还赐彩百段。《旧唐书·韦安石传》载，武则天在宫中内殿赐宴，张易之把蜀商宋霸子等数人带到宫中一起宴饮，韦安石奏曰"蜀商等贱类，不合预登此筵"①。让左右把这群人赶了出去，在场的人脸都吓白了，以为韦大人性命难保。没想到武则天却因为韦安石敢于直言，还安慰鼓励他。后来韦安石又上书揭发张易之等人。

二张在武则天的故事中占有很大的比重。他们在武则天身边充当的只是弄臣的角色，二人唯武则天马首是瞻。许多诗词中都写到这两人。其一，清代史梦兰（1813—1898）《全史宫词》之一"莫教浪语阿婆嗔，吃酒张公惯醉人。控鹤新衔知最称，原来子晋是前身"。《朝野佥载》载，咸亨以后民间谣歌为"莫浪语，阿婆嗔，三叔闻时笑杀人"。阿婆即指武则天。三叔指的是孝和（李显初谥孝和）皇帝李显，李显是高宗李治的第七子，武则天所生儿子中排行第三，故称"三叔"。同书又载，武则天时还有谣歌曰："张公吃酒李公醉。"张公是指张昌宗、张易之兄弟，李公指皇室李氏。《新唐书·则天顺圣皇后武氏》载，从薛怀义死后，二张得宠。武则天设控鹤府，选美少年实其中，由二张领撰《三教珠英》。《隋唐嘉话》载张昌宗得宠时，人谓之"王子晋后身"，在宫中宴饮时，张昌宗披鹤氅衣，戴华阳巾，手执洞箫，乘木鹤游于园中。其二，史梦兰还有一首词曰："无端苤茪满城歌，人面莲花受宠多。镜殿春深初

---

① （后晋）刘昫等撰：《旧唐书》，中华书局1975年版，第2000页。

睡起，金轮轻著赭黄罗。""苾刍"是指"苾刍儿歌"，《朝野金载》载，垂拱以来，民间传唱"苾刍儿歌"，"苾刍"是张易之的小名。"莲花"指当时许多阿谀之辈谓张昌宗"六郎面似莲花"，杨再思作色改为"莲花似六郎耳!"镜殿是高宗时所造，四周都是镜子。有一次高宗独自坐在镜殿召见刘仁轨，刘仁轨认为天无二日，上无二王，帝王只有一个，而镜中却有多个，是不祥之兆，于是毁之。高宗死后，武则天又修复。"金轮"指武则天。"赭黄罗"指则天以赭黄罗上银泥袄子以燕居。其三，《升庵诗话·附录》中载有杨廉夫的一首诗："镜殿青春秘戏多，玉肌相照影相摩。六郎酣战明空笑，队队鸳鸯漾绿波。"六郎指张昌宗，明空合在一起即"曌"字，指武则天。这三首诗词都是直接描写二张，借以讽刺武则天私生活的不检点。这些故事中，二张只是面首，但在《忠孝勇烈奇女传》中，张昌宗的形象变成了一个奸臣。小说无视史实，把张昌宗安排成唐太宗晚年的近臣，向太宗进谗言，屈杀了武登。

（二）文学的演绎

文学故事沿袭了史书记载的思路。杜甫的《八哀诗》之一《赠秘书监江夏李公邕》诗歌中涉及李邕与二张之事。《八哀诗》是五言古诗，一共有八首，是杜甫伤悼王思礼、李光弼、严武、李琎、李邕、苏源明、郑虔、张九龄八人的诗作。其中《赠秘书监江夏李公邕》是为哀悼李邕所作。李邕（678—747）是唐代著名的书法家，被誉为"书中仙手"。他曾任北海太守，人称李北海。为《文选》作注的李善之子。① 李邕少负才名，为人耿介磊落，不畏权贵，屡出诤谏之言。

---

① 《旧唐书·李邕传》载李善为官得力于贺兰敏之的推荐，及贺兰敏之败，李善坐罪，流放岭外，会赦还。

开元初年，任陈州刺史时被诬陷下狱论死，孔璋为他伸张正义，上疏愿代他死，打动玄宗，使李邕免死。后又遭李林甫陷害，年70岁时以贪污罪被杖杀，为玄宗天宝五年一大冤案。16年后，由唐代宗为其平冤昭雪。李邕鬻书获金，结交天下名士，与李白、杜甫都有来往。他含冤而死，李白、杜甫都作诗哀悼他，杜甫诗中"往者武后朝，引用多宠嬖。否臧太常议，面折二张势"①。这两句是指武则天当政时发生的一件事。据两唐书记载，李邕在武则天朝官拜左拾遗时，有一次，御史中丞宋璟弹劾张昌宗、张易之兄弟等人，武则天沉默不言，当时李邕官小位卑，却敢立于阶下直言，支持宋璟。武则天阴沉的脸才稍有缓解，解除了宋璟之危。从中可见，武则天虽宠二张，但并不是一味护短，在朝臣面折廷诤，自己颜面无存的情况下，能够理智地处理问题，认可臣下的意见，并没有因宠爱面首而坏政事。

唐代的文学作品还表现了武则天在面首的问题上也能从谏如流。如李商隐的寓言式散文《宜都内人传》：

> 武后篡既久，颇放纵，耽内习，不敬宗庙，四方日有叛逆，防豫不暇。时宜都内人以唾壶进，思有以谏者。后坐帷下，倚檀几，与语，问四方事。宜都内人曰："大家知古女卑于男耶？"后曰："知。"内人曰："古有女娲，亦不正是天子，佐伏羲理九州岛耳。后世娘姥，有越出房阁断天下事者，皆不得其正。多是辅昏主，不然抱小儿。独大家革天姓，改去钗钏，袭服冠冕，符瑞日至，大臣不敢动，真天子也。然今者内之弄臣狎人，朝夕进御者，久未屏去，妾疑此未当天意。"后曰："何?"内人曰："女

---

① （唐）杜甫：《杜工部诗集》，中华书局1957年版，第270页。

阴也，男阳也。阳尊而阴卑，虽大家以阴事主天，然宜体取刚亢明烈以消群阳，阳消然后阴得志也。今狃弄日至，处大家夫宫尊位，其势阴求阳也。阳胜而阴亦微，不可久也。大家始今日能屏去男妾，独立天下，则阳之刚亢明烈可有矣。如是过万万岁，男子益削，女子益专，妾之愿在此。"后虽不能尽用，然即日下令诛作明堂者。①

宜都内人以阴阳消长之理劝诫武则天屏去男妾。从这篇小文章可以看出武则天纳谏的一些特点。首先，武则天对进谏者一视同仁，不论出身。从"以唾壶进"可知宜都内人是武则天身边的一个宫女。以宫女的身份向帝王进谏，是需要勇气和胆量的。进谏之前，内人应该考虑到后果，一旦龙颜大怒，将不堪设想。既然内人敢这么做，她就有全身而退的把握。可见武则天听取意见并不取决于进谏人身份地位的高低。其次，胸怀宽广，容许别人对她的私生活指手画脚。帝王纳谏一般都是关于治国方略等国家大事，虽然后宫是帝王生活的一部分，但大多数人都不喜欢把自己的私生活暴露在阳光下，尤其是非正当关系。中国古代女性如果有面首，并不是什么光彩的事，尤其被拿出来数落的时候，更令人难堪。再次，接受意见并付诸行动。"不能尽用"，说明"能用"，也就是说武则天能够听得进去不同意见，并且采纳这些意见，着手去做。据两唐书记载"作明堂者"是薛怀义，他是武则天的得意面首之一。历史上武则天杀薛怀义的真实原因是什么，不得而知。《旧唐书》认为怀义"益骄倨，则天恶之"，令太平公主杀之。《资治通鉴》也认为怀义的"骄恣"引起武则天的厌恶，

---

① （唐）李商隐、李贺：《李商隐全集·李贺诗集》，朱怀春等标点，上海古籍出版社1999年版，第216页。

令武攸宁率众殴杀之于瑶光殿。但在这篇散文中，却是武则天从谏如流的结果。

清代小说《反唐演义传》写武则天把薛敖曹、张易之、张昌宗等人都封官加爵，这些人在宫里男扮女装，在宫外横行无忌，朝中忠臣个个恨得咬牙切齿。有一天张宗昌游猎回来从端武门闯入。这端武门是唐太宗所设，非台阁名臣，不许走此门。狄仁杰见张昌宗从此门闯入，一声令下，众武士把张昌宗扯下马来。张昌宗立而不跪。狄仁杰先下令打了他20棍，又打了50个嘴巴，之后捆绑斩首。正欲行刑，武则天圣旨到，令狄仁杰饶张昌宗不死。狄仁杰无奈，又打了他40大棍才罢手。张昌宗见了武则天哭诉告状，武则天只是好言劝慰，让张昌宗以后小心躲避，不要与狄仁杰冲撞。这段故事与苏良嗣掌掴薛怀义的事件相似，可能据此生发而来。

从以上的小故事中可以看出，武则天的内宠众所周知，君臣能够公开谈论，并不讳言。俗话说"树怕揭皮，人怕揭短"，"打人不打脸，骂人不揭短"，短处是每个人都想掩盖的方面，不愿让人提起，是禁区。揭人家的短是犯了大忌讳，一般人被揭了短之后多会恼羞成怒，反唇相讥，或者找其他机会，打击报复。尤其是万人之上的皇帝，更是老虎的尾巴摸不得。当大臣与面首发生了冲突，武则天虽然祖护他们，但不会因此对大臣无礼，并不因为溺爱面首而坏了法规制度，可见武则天作为君主的过人之处。后人赵翼在《廿二史札记》中评价道：

> 武后之淫恶极矣，然其纳谏知人，亦自有不可及者。……夫以怀义、易之等床第之间，何言不可中伤善类，而后迄不为所动摇，则其能别白人才，主持国是，有大过人者。其视怀义、易之等不过如面首之类。人主富有四海，妃嫔动至千百，后既身为女

主，而所宠幸不过数人，固亦无足深怪。故后初不以为讳，并若不必讳也。至用人行政之大端，则独握其纲，至老不可挠撼。陆贽谓"后收人心，擢才俊，当时称知人之明，累朝赖多士之用。"李绛亦言"后命官猥多，而开元中名臣多出其选。"旧书本纪赞谓"后不惜官爵笼豪杰以自助，有一言合，辄不次用，不称职，亦废诛不少假，务取实才真贤。"然则区区帷薄不修，固其末节，而知人善任，权不下移，不可谓非女中英主也。①

赵翼因为武则天"牝鸡司晨"这一点对她是持批判态度的，但也不得不承认她处理政事尤其是在用人方面有过人之处。

第二节　宋元：抓住缺点，夸大化倾向

宋元时期士大夫出于正统观念，抓住武则天的缺点加以放大。文人士大夫在诗文中把她写成一个扰乱宫闱的淫妇；在武则天与王皇后、萧淑妃的故事中，把武则天歪曲成一个狠毒无比的恶妇。

一　扰乱宫闱的淫妇：文人士大夫对武则天的评价

宋元时期，由于特殊的现实环境，武则天成为士人阐扬"华夷之辨"的素材。攻击一个女性最佳的方法就是在私生活上做文章，为了败坏武则天的形象，她的私生活因此受到了高度关注，武则天被描述成扰乱宫闱的淫妇。

---

① （清）赵翼：《廿二史札记》，商务印书馆 1987 年版，第 379 页。

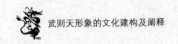

元代刘将孙《养吾斋集》中的《约略杂诗》中载：

> 英明有时昏，衽席养戈戗。但疑女君羡，皇识武媚娘。古今
> 有大笑，枯杨晚华出。嫦娥齿发落，未肯沮择匹。堕身奉君爱，
> 身亦竟狼藉。彼淫固自取，渠命岂不惜。莲花张六郎，老武八十
> 一。语言谁不美，肝肺鲜如流。贯高对滕公，令伯念母刘。千年
> 真寥寥，情语罕其俦。灵武黄爪辞，蓬莱家事谋。①

武氏之祸是唐太宗自己酿成的，屈杀李君羡而留下武媚娘，嘲笑
武则天已经80多岁了还养面首，"老武"这个称呼是第一次出现，一
个"老"字表达出作者的嘲讽意味。《全元散曲》中载薛昂夫的［中
吕·朝天曲］："则天，改元，雌鸟长朝殿。昌宗出入二十年，怀义阴
功健。四海淫风，满朝窑变，《关雎》无此篇。弄权，妒贤，却听梁
公劝。"② 对于则天朝的张昌宗、薛怀义等人出入宫禁，以至于淫风弥
漫加以批判，对武则天的私生活全面否定。元代杨维桢《武后》诗
云："忠良斩刈若刍荛，乳虎苍鹰积满朝。可是唐臣无杜伯，危心只
忌六宫猫。"③ "六宫猫"暗指萧淑妃的遗言，传言武则天从王皇后、
萧淑妃死后非常害怕猫，所以宫中禁止养猫。实际上这是不符合历史
的，武则天曾专门训练一只猫与鹦鹉共处。诗歌中指武则天大权独
揽，不可一世，没有什么让她感到害怕的事情，只有那些冤死在她手
下的王皇后、萧淑妃这样的阴鬼才能令她有所畏惧。

---

① （元）刘将孙：《养吾斋集》，《四库全书珍本》（初集、别集），文渊阁影印本。
② 隋树森：《全元散曲》，中华书局1964年版，第703页。
③ （元）杨维桢：《铁崖先生古乐府》（卷十四），《四部丛刊初编》（集部），商务印
书馆缩印常熟瞿氏藏明成化本。

二　故意歪曲的恶妇：小说家们对后宫争宠的渲染

宋元时期，关于武则天的叙事作品相对较少，武则天与王皇后、萧淑妃后宫争宠的故事占了很大比重。佚名的金院本《武则天》，关汉卿的杂剧《武则天肉醉王皇后》（《王皇后》）都是这方面题材，但两个剧本都已失传。据现有资料来看，大体内容为武则天登上皇后宝座之后，把王皇后和萧淑妃囚于后宫别院。一日，高宗闲步来到此地，看到皇后、淑妃今非昔比，想起往事，无限伤感，想要有所行动以改变二人的处境。武则天听说后大怒，杖每人各一百，又令砍断二人手足并置于酒瓮中，令骨醉，数日不死，又矫诏杀之。萧淑妃临死时发愿来世要阿武为鼠，自己为猫，生生扼其喉。故宫中不养猫。

对于王皇后和萧淑妃之死，有很多不同的记载，最早的一则是《大唐新语·酷忍》，这段记载被《旧唐书·王皇后传》大体上照搬下来：

> 永徽六年十月，废后及萧良娣皆为庶人，囚之别院。武昭仪令人皆缢杀之。后母柳氏、兄尚衣奉御全信及萧氏兄弟，并配流岭外。遂立昭仪为皇后。寻又追改后姓为蟒氏，萧良娣为枭氏。
>
> 庶人良娣初囚，大骂曰："愿阿武为老鼠，吾作猫儿，生生扼其喉！"武后怒，自是宫中不畜猫。初囚，高宗念之，闲行至其所，见其室封闭极密，惟开一窍通食器出入。高宗恻然，呼曰："皇后、淑妃安在？"庶人泣而对曰："妾等得罪，废弃为宫婢，何得更有尊称，名为皇后？"言讫悲咽，又曰："今至尊思及畴昔，使妾等再见日月，出入院中，望改此院名为'回心院'，妾等再生之幸。"高宗曰："朕即有处置。"武后知之，令人杖庶人及萧氏各一百，截去手足，投于酒瓮中，曰："令此二妪骨

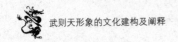
醉!”数日而卒。后则天频见王、萧二庶人披发沥血,如死时状。武后恶之,祷以巫祝,又移居蓬莱宫,复见,故多在东都。中宗即位,复后姓为王氏,枭氏还为萧氏。①

《唐会要》记载的比较简略,只提到王氏何时被封为后,何时被废,其他无过多阐述。《新唐书》也有相关内容,所叙与《旧唐书》大体相同。不同的是,武则天把二人“促诏杖二人百,剔其手足,反接投酿瓮中”,多了一个“反接”的情节。《资治通鉴》的记载与《新唐书》相似,但删去了“反接投酿瓮”这一句。酒醉王皇后、萧淑妃故事最早的记载是《大唐新语》,此书虽然不是正史,但这则材料却被后代撰写史书的人所采用。《旧唐书》先说是缢杀,之后又说是酒醉而死,自相矛盾。王溥或许是认为这段记载找不到证据或不可信,故《唐会要》不载。《新唐书》对武则天态度很差,不仅照搬此段,还编出“反接”的情节,不太合常理。司马光虽然与《新唐书》的作者持同样态度,但可能觉得“反接”太离谱,所以《资治通鉴》去掉了这句。从现代医学常识角度来看,截去四肢很难支撑数天,至少会血流不止而死。从当时的情况来看,武则天当时还没有当上皇后,还需要高宗为她撑腰,她没有必要这么狠毒来伤高宗的心。《大唐新语》属于朝野纪闻一类的著作,这一段是模拟吕后“人彘”戚夫人的情节撰写的,使用的是小说笔法。史家因为对武则天的偏见,将这些“小说家言”纳进了史书。宋代罗大经《鹤林玉露》载:

> 唐武后断王后萧妃之手足,置于酒瓮中,曰:“使此二婢骨醉。”萧妃临死曰:“愿武为鼠吾为猫,生生世世扼其喉。”亦可

---

① (后晋)刘昫等撰:《旧唐书》,中华书局 1975 年版,第 1463 页。

悲矣。今俗间相传谓猫为天子妃者，盖本此也。予自读唐史此段，每见猫得鼠，未尝不为之称快，人心之公愤，有千万年而不可磨灭者。尝有诗云："陋室偏遭黠鼠欺，狸奴虽小策勋奇。扼喉莫讶无遗力，应记当年骨醉时。"①

此段在萧淑妃临死前的诅咒上做文章。首先作者对王、萧的经历表示同情，之后表达了对武则天的恨意。他把猫看成是萧淑妃的化身，把老鼠当成武则天，每次看到猫捉老鼠都拍手称快，心里解恨。武则天的行为已经引起众怒，千年之下，人们仍然恨意难消。结尾的小诗对老鼠相当鄙视，对猫（狸奴是古人对猫的别称）交口称赞。当猫筋疲力尽无力扼鼠时，诗人恨不得自己也上去帮一把，提醒猫儿要记得当年骨醉之时，鼓励猫儿继续扼鼠。看到猫捉鼠便会触景生情，想起王皇后之悲，武则天之恶，生动地表达了宋人的感受。

明清时期这一主题也受到重视。明代冯梦龙《情史·情仇类》对这段故事的记载与两唐书基本相似。周清源《西湖二集》"薰莸不同器"中复述了此故事，改动也不大。元末明初的《隋唐两朝志传》（《隋唐志传》）"武氏杀王后萧妃"对此段有不同的描述：王皇后、萧淑妃二人被囚后，高宗思念不已，但慑于武后之威，敢怒而不敢言。武则天派李义甫来杀二人，分别以白练、鸩酒结束了王、萧二人的性命。之后又断手足投入瓮中。最后枭下首级，埋之。② 这段描写综合了缢杀、鸩杀、断手足、枭首等多种说法于一炉，小说家让武则天用各种手法把王、萧二人都杀了一遍。王皇后和萧淑妃二人不知道得死多少遍，死得多惨烈，才能映衬出武则天的狠毒，才能让文人士

---

① （宋）罗大经：《鹤林玉露》，中华书局1983年版，第195—196页。
② （明）罗贯中：《隋唐志传通俗演义·残唐五代史演义传》，群众出版社1997年版，第468—469页。

大夫把怨气发泄出来。

这段改动比较大的是唐高宗的立场。实际上，历史上的唐高宗应该是和武则天站在同一立场上的。高宗继位之后，一直受到以舅舅长孙无忌为首的唐太宗遗臣的牵制，这些人都是随唐太宗打天下的功臣，开国有功、位高权重，很多又是李治的亲戚长辈，且受唐太宗遗命辅佐李治。这些都像重重枷锁，把李治压得喘不过气来。虽高高在上，但很多事情都做不了主。李治的性格又不强硬，他迫切地想要改变这种现状，却又无能为力。武则天恰在此时出现，她刚毅的性格正好与李治形成互补，她的政治斗争经验要比李治多得多，也成熟得多。武则天要为自己争地位，客观上就是与士家大族为敌，与朝中关陇集团为敌。① 表现在后宫就是与王皇后为敌。王皇后出身名门，她的舅舅柳奭与长孙无忌等人就是她的后台。士家大族不会放弃在宫内的势力，所以全力支持王皇后。武则天要想在后宫站稳脚跟，就会与王皇后发生矛盾。李治要摆脱牵制的想法与武则天出人头地的欲望一拍即合，他们把矛头对外都指向了以长孙无忌为首的大臣，对内则指向了王皇后。高宗李治虽然不宠爱王皇后，但也不至于恨她。在这场政治、情感斗争中，王皇后成了牺牲品。当王皇后与萧淑妃在别院与高宗重逢之后，高宗从感情上不愿意看到她俩这么惨。但从理智上又不敢放她俩出来，担心她们会在权臣的支持下卷土重来，所以才会默许武则天杀了这两人。所以，归根结底，唐高宗与武则天是站在同一立场上的。在唐宋时期的作品中，为了突出武则天的跋扈，李治在整个事件中，是一个做不了主的、处于武则天威势之下的懦弱形象。他

---

① 参见陈寅恪《论隋末唐初所谓"山东豪族"》，《金明馆丛馆初编》，生活·读书·新知三联书店2001年版，第242页；王达津《两唐书为什么诋贬武则天》，《光明日报》，1961年4月1日。

对事件的接受是被动的。《隋唐两朝志传》中还把李治的立场改变了。"帝朝夕亦自思念不已"，把本来应该是与武则天处于同一立场的李治推到了王皇后一边，把武则天孤立起来。

清代《武则天外史》也有关于这段的描写。小说中武则天作威作福，令高宗也非常惧怯。高宗探望王皇后之事被武则天知道：

> 则天大怒道："这还了得！"便也不动声色，吩咐太监，办了两只最高的酒瓮，贮了两满瓮的醋来。次日，高宗由王皇后那里回宫，面带惧色，深愁武后查问，哪知她并不查点，心中甚为欢喜。不上一刻，忽见两个太监，一个将王皇后领到，一个将萧淑妃领到，两人皆身着后服，走来向皇上谢恩，高宗大为诧异。王皇后看见萧淑妃身着后服，萧淑妃看见王皇后身着后服，也彼此诧异。三人都摸不着究竟，所以只是默默的，你望我，我望你。突见武则天走出，向两人冷笑道："你们自己看一看，不皆是皇后吗……"随即换了一个亲信的太监，自己帮同动手，走到萧淑妃面前把她搭起，头朝下，脚朝上，使劲的向醋瓮里一纳，然后王皇后也照样行事。……高宗在旁也只得敢怒而不敢言。①

《武则天外史》全力丑化武则天，对这段故事的改写也是历代改动最大的。一是显示出武则天城府极深。当武则天得知唐高宗探望被禁闭的王皇后、萧淑妃后，在唐高宗面前不动声色。二是突出武则天的狡诈。她亲手导演了一出戏，派人假传圣旨，让王皇后和萧淑妃分别都着皇后服装来见，让两人都误以为被立为皇后。当两人向唐高宗谢恩时，高宗、王皇后与萧淑妃三人见到彼此的穿着，都丈二和尚摸

---

① （清）不奇生：《武则天外史》，萧林主编《中国禁毁小说110部》，时代文艺出版社2001年版，第269页。

不着头脑。先让王皇后和萧淑妃欢喜一场，再把两人从天上摔到地下，这个情节完全是作者杜撰出来的。三是突出她的狠毒，武则天出场，当着高宗的面指责二人，并亲自将她两人倒置入醋缸里。此前小说中也有这个情节，但对于具体是由谁来把这二人放入缸中并没有明确说明，这里说她亲自做此事，突出武则天的灭绝人性。四是狂傲。武则天根本不把高宗放在眼里，之前描写武则天杀二人都是高宗不在场，这一次竟然是当着高宗的面，是故意在高宗面前立威。五是把酒瓮变成了醋瓮，增加了一层妒忌的含义。清代史梦兰的《全史宫词》之一感叹此事，"谁教酒骨醉难苏，院号回心望已无。狐媚从来情似鼠，六宫不许聘狸奴。"[①] 赵翼《廿二史札记》"武后之忍"条载，"自其初搤死亲女以诬王皇后，绝毛里之爱，夺燕昵之私，固已非复人理。及正位后，王后、萧良娣被废，各杖二百，反接投酿瓮中，曰'令二妪骨醉。'数日死，犹殊其尸。并窜长孙无忌、褚遂良等至死。又杀上官仪。"[②] 把武则天的行为归为妒忌所致，并表达了武则天的同情。从明代到清代，在小说家的笔下，武则天变得狠如蛇蝎。

第三节　明代：聚焦私生活，艳情化倾向

　　中国古代帝王小说中，普遍存在着艳情化的倾向，如汉武帝、隋炀帝、唐太宗等。此前武则天形象大多是以史实为依据，虽然偏离历史，但基本保留了武则天的本来面目。明代的武则天形象有一个巨大

---

① （清）史梦兰：《全史宫词》，中国戏剧出版社 2002 年版，第 298 页。
② （清）赵翼：《廿二史札记》，商务印书馆 1987 年版，第 374—375 页。

的转变，即聚焦于武则天的私生活，把武则天艳情化。这个时期，以武则天为主人公的艳情小说大量出现，如《如意君传》《浓情快史》等，人物、情节等很多因素都是虚构出来的。

武则天的相关因素使她比较容易成为艳情小说主角。明代妇女社会地位低下，女子的贞节受到极度的重视，夫死终身守寡也成为一种社会普遍认可的不成文的规定。守贞女子可以免除赋税，成了家族荣耀的资本和女子扬名的最佳捷径。在这种社会氛围中，"荡妇"形象便显得格外引人注目。武则天的面首在典籍中有所记载，她自己又是集美貌、权势于一身，这些因素非常符合艳情小说的需要，于是武则天便成为此类小说家的写作对象。

一 抹黑唐太宗以归罪武则天

明代出现了艳情化武则天的倾向，产生了一大批关于武则天的艳情小说，唐太宗也因此被抹黑。艳情小说重点是描绘武则天与面首的生活。此前为了维护武则天的正面形象，与唐太宗之间的故事是故意回避的内容，即使出现也是简要的客观陈述，对于二人的情感生活，很少涉笔。明代艳情小说的目的是摧毁武则天的正面形象，所以她所有的阴暗面都被挖掘出来，尤其是与面首的生活。唐太宗也被拉入了这一行列，成为写作对象。这类故事突破了以往人们的认知框架，把唐太宗从一个高蹈的明君变成了一个淫逸无度的昏君。他一见到武则天就被迷得晕头转向，神魂颠倒，"从此君王不早朝"。

餐花主人的《浓情快史》中，写武则天在入宫之前就与武三思、张采、张玉等人淫乱，积累了媚惑人的经验，一入宫就得到了唐太宗的宠幸。唐太宗被她完全迷住了，时时刻刻想着她，一刻也离不开她，以至于起了废掉皇后改立武则天的念头。在魏征的劝诫下，虽然没有实现，但却由于纵欲过度而重病不起，迫于众人的压力，最后忍痛割爱，让她遁入空门。但他却对武则天念念不忘，病重之余，因思念她而经常泪流满面，不久就驾崩了。

唐代故事中，当唐太宗得知武氏乱唐的预言后，主张杀掉武则天，因李淳风劝阻才作罢，而明代则正好颠倒过来。《浓情快史》中当李淳风预言宫中武氏将会扰乱李唐天下，坚决主张杀掉时，唐太宗却舍不得武则天，冤杀了许多无辜的人。小说塑造了唐太宗沉湎于声色而难以自拔的形象。

《混唐后传》中，武则天的母亲张氏梦见玉面狐狸后生下武媚娘。她入宫后被选为才人，因为她敢作敢当，毫无忌惮，一下子就抓住了唐太宗的心。当唐太宗得知武才人可能会对李唐天下不利，虽然心里不踏实，但只要见了媚娘便回嗔作喜，难以割舍。经过一系列事件之后，李世民终于相信了李淳风的话，

> 因思："今已大病如此，何苦留此余孽，为祸后人。"便对武才人道："外廷物议，说你姓武，应图谶你将何以自处？"武才人跪下泣道："妾事皇上有年，未尝有过。今皇上无故置妾于死，使妾含恨九泉，何以瞑目。望皇上以好生为心，使妾披剃入空门，长斋拜佛，以祝圣躬，以修来世，垂恩不朽。"说罢大恸。太宗心上原不想杀她，今见她肯削发为尼，不胜大喜道："你肯为尼，亦是万幸的事，宫中所有，快即收拾回家，见父母一面，随即来京，赐于感业寺削发为尼。"[①]

明代的这两部小说中，唐太宗最后都不得不忍痛割爱，把武则天

---

① （明）钟惺、罗贯中：《混唐后传》，华夏出版社2013年版，第34页。

送出宫。唐太宗是历史上比较英明的君主，把这样一位备受赞扬的明君拉进面首的行列，变成武则天淫乱的对象，加大了丑化武则天的力度。小说通过抹黑唐太宗，给武则天安上"祸水"的罪名。[①]

二　着墨于面首以贬损武则天

历史上的武则天在生活中不乏面首，包括薛怀义、张昌宗、张易之等人，文艺作品还虚构了其他面首。为了抹黑武则天的形象，人们在面首身上大做文章。

（一）铺陈与张昌宗的游乐生活

关于"狄仁杰双陆赢集翠裘"有一系列的作品。唐代薛用弱《集异记·集翠裘》、元代佚名杂剧《张昌宗双陆博貂裘》、清代余怀传奇《集翠裘》，裘琏的杂剧《集翠裘》等演绎的都是这个故事。宋代祝穆的类书《事文类聚》、明代李贽的《藏书》、王士贞的《艳异编》、程文修、金怀玉的《望云记》、明代冯梦龙的《情史》也都涉及这方面的内容。

明代金怀玉的传奇《狄梁公返周望云忠孝记》的题材来源于《集异记》。武则天赐给张昌宗一件南海郡进贡的非常珍贵的集翠裘，命他披裘对弈，恰逢狄仁杰入奏，武则天便命二人玩双陆。张昌宗以集翠裘为赌资，狄仁杰以身上的紫绅袍相对。武则天大笑，认为紫绅袍与千金之裘价格不对等。狄仁杰说："臣此袍，乃大臣朝见奏对之衣；昌宗所衣，乃嬖幸宠遇之服。对臣此袍，臣犹怏怏。"[②] 张昌宗被狄仁

---

① 参见韩林《武则天故事中唐太宗形象的文本演变及文化内涵》，《天中学刊》2012年第4期（《高等学校文科学术文摘》2013年第1期摘编）。

② （唐）谷神子、薛用弱：《博异志·集异记》，中华书局1980年版，第9页。

杰的话说得"心赧神沮，气势索寞"，连连败北，"狄对御，就脱其裘"。狄仁杰出门之后，把集翠裘给家奴穿了。宋代类书《事文类聚》、明代的《藏书》《艳异编》都是采用《集异记》的内容，变化不大。这些作品中，集翠裘的故事只是单独一小段内容，金怀玉的作品与此前相比，出现了几个变化。

首先，把独立的赌裘之事与反周复唐的社稷大事联系到了一起。此前的故事中，武则天赏给张昌宗集翠裘，恰逢狄仁杰入宫奏事，武则天便命二人赌双陆。这部传奇中，武则天做了一个梦，梦见一只鹦鹉独立枝头，翅膀抬不起来，便召狄仁杰为她解梦。狄仁杰认为"鹉"与"武"谐音，鹦鹉指的就是武则天，儿子就是母亲的羽翼，鸟儿失去翅膀与母亲失去儿子是一个道理。他劝武则天召回庐陵王，继承大统。于是，武则天宣张昌宗、武三思入宫与狄仁杰赌双陆，以决天意。故事的结果，狄仁杰获胜，武则天认为天意如此，便召回了庐陵王。

其次，创造机会，通过狄仁杰之口训斥小人。此前的故事都是由武则天提出二人赌资不等的问题，武则天是君主，狄仁杰胆子再大，也不敢对君主放肆，况且对君主无礼就是不忠。金怀玉把提出异议的人变成张昌宗，这样狄仁杰说话就免去了后顾之忧，"裘乃小臣嬖亵之衣，袍乃大臣立朝之服，贵贱不识，汝言过矣"[①]。狄仁杰的话得到武则天的肯定，"宰相辞正，慎勿多言"。故事中还增加了一个人物武三思，让狄仁杰一个人连败武三思和张昌宗两个，以示正义所在，天意使然。

再次，加入了武则天得知狄仁杰赏裘给家奴的情节，来表现狄仁

---

① （明）金怀玉：《狄梁公返周望云忠孝记》，古本戏曲丛刊编刊委员会《古本戏曲丛刊》（二集），商务印书馆1955年影印本。

杰的忠直。此前的故事写狄仁杰因为此裘曾被张昌宗穿过，所以对它不屑一顾，出门后便把价值千金的集翠裘赏赐给家奴穿，以此来嘲笑张昌宗。这里增加了下人把狄仁杰赏裘给马夫之事回报给武则天，武则天感到"唐家有此直臣，其祚未易剪也。汝持节星夜去召庐陵回京"。狄仁杰的正直征服了武则天，令武则天召回庐陵王。

最后，基于传奇体裁特点，作者别有用心地把面首张昌宗安排成旦角。传奇是一种舞台艺术，其角色分为生、旦、净、末、丑、外、贴等。旦角是女性，这里把男性张昌宗安排成旦角，暗含对他入室成为面首的唾弃，客观上形成讽刺效果。这段故事聚焦于武则天与面首张昌宗的游乐生活，但涉及艳情描写的内容并不是主要部分，后来薛敖曹的故事在这方面大费笔墨。

《集翠裘》故事在清代也引起较多关注。清代褚人穫的《隋唐演义》中涉及这个情节，较前代也有所变化。首先，增加武则天赐裘，张昌宗试衣的细节描写。写武则天赐裘之后，张昌宗在御前穿着起来，武则天看了，非常欣赏，说张昌宗着此裘更加妩媚了。增加这个细节渲染武则天与面首之间的生活，尤其是张昌宗听到武则天的夸奖后沾沾自喜，颇有小人得志的意味，与耿直的狄仁杰形成鲜明的对照。其次，把对弈的目的更改了。之前对弈的缘起是狄仁杰入奏时恰好遇到二人玩双陆，武则天即命狄仁杰参与其中。金怀玉的传奇中改为召狄仁杰来赌双陆的目的是想看看天意是否主张庐陵王继位。《隋唐演义》中把目的改为武则天想让狄仁杰与张昌宗亲近亲近。这句话直接告诉读者，狄仁杰与张昌宗平日关系不太好，二人处于完全不同的立场，所以武则天才会从中调和。再次，狄仁杰与张昌宗二人都争要白子。双陆是一种中国古代比较流行的游戏。双陆有黑白棋子各 6 枚，共 12 枚，故也可以写成"双六"，陆是"六"的大写，两人掷骰子按点数行棋。唐代双陆的玩法已经失传，从这部小说来看，应该是黑棋先走。武则天因为张昌宗棋艺高，故让他用白棋，但狄仁杰用忠心比棋，"臣自信是精白一心，涅而不淄之人，弈虽小数，愿从其类，请用白者"[1]。小说是借棋的颜色来突出狄仁杰的人格。最后，增加了武则天知道狄仁杰赏裘之后的态度。金怀玉的传奇中，武则天感叹天意在李家而归政李唐。这里写武则天得知狄仁杰把这么珍贵的集翠裘赏给了家奴，"亦置不问，因此群小都畏惮他"。把君主赏赐的东西转手给他人，是犯了大不敬之罪，而武则天并没有因此而处罚他，无形中抬高了狄仁杰的声望。小说的这种写法让人感觉到，就连武则天对狄仁杰尚且礼敬三分，何况别人呢。故群小忌惮，不敢胡作非为。

清代裘琏的杂剧《集翠裘》，把这一个小故事，铺写成一部杂剧。共两折，分别为《佞臣输裘》和《马奴嘲裘》，"佞""嘲"二字鲜明地表现了作者的立场。作者在小叙中声称："狄梁公，唐之纯臣也。读虞初所志集翠裘一事则贤而侠者也。方昌宗供奉双陆时，一见梁公固已气阻，此何待胜负局终。乃禠其衣哉。其付马奴着之，出光范门，则又以诙谐戏笑之态，寓其悲愤激越之情。目中微独无昌宗，并无武后矣。然则敬君之义奈何？梁公之君，中宗也；梁公之心，房州也；梁公之事业，唐也，非周也。郎无武后庸何伤予？故于填词之末，表而出之。告夫天下之事君以权而不失其纯者。"[2] 杂剧中增加了狄仁杰骂张昌宗情节，狄仁杰出光范门后，大骂张昌宗摇尾乞怜，丧尽衣冠正气。这一系列故事，通过嘲讽张昌宗，从正面歌颂狄仁杰。但从武则天对狄仁杰的态度来看，又展现了一个复杂多面的武则天。

---

[1] （清）褚人穫：《隋唐演义》（下），上海古籍出版社 1981 年版，第 582 页。
[2] （清）裘琏：《集翠裘》，郑振铎《清人杂剧》（初集）1931 年影印本。

（二）杜撰与薛敖曹的艳情故事

薛敖曹是明代小说《如意君传》虚构出来的武则天的面首，通常虚构的人物只活跃于一部作品，而这个人物却在《隋唐两朝志传》《浓情快史》《反唐演义传》《武则天四大奇案》等作品中出现，显示出非同一般的文学生命力。

《如意君传》又名《阃娱情传》《阃娱情奇传》《则天皇后如意君传》。作者署名"吴门徐昌龄"。卷首有甲戌"华阳散人"序，刊刻于明代中期。武则天因为薛敖曹令她非常满意，赐名"如意君"，并改元"如意"，故名。武则天的确用过"如意"这个年号，据《旧唐书》载，天授三年（692）四月，武则天改元为如意。薛敖曹是虚构的人物，历史上根本没有这个人，更谈不上武则天为他改元"如意"这回事。小说一共万余字，只用十分之一的篇幅就把武则天多面的一生勾勒出来，剩余的十分之九的内容都是铺陈武则天与面首之间的生活。小说把武则天写成了一只只知道沉迷于性事的动物。似乎在武则天的生命中，没有其他事情可做。小说强化武则天主观行为上的败坏，孤立地描写性，剥离了附着于其上的情感道德因素。

小说中的武则天具有一些反性别特征。

首先，工于心计，很有政治手腕。一是勾引太子。武则天身为太宗的才人，竟然在老皇帝的病榻之侧勾引太子。她令太子把随身所佩的九龙羊脂玉钩送给她做信物，并使太子保证登基之后封她为皇后，这并不是一般人能够做到的。二是在感业寺出家时，能令见到她的唐高宗旧情复燃，载之回宫。三是在后宫佳丽三千中，能够轻而易举地击败王皇后和萧淑妃，一枝独秀。四是借唐高宗之力，力排众议，问鼎后位。五是力挫褚遂良和长孙无忌等权臣，排除异己。六是遣将击

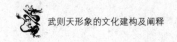

杀琅琊王李冲及越王李贞，又大肆杀戮李唐宗室。

其次，具有处理国家大事的政治才能和君临天下的魄力。小说中武则天天性聪敏，博通古今，涉猎文史。在李治因病不能处理朝政时，武则天成为他的得力助手，并且处理国家大事皆称旨意。高宗死后，继位的李显不称其心，她便把皇帝废掉，自己称帝。古代曾经出现过太后废立皇帝的情况，但大多数都是在皇帝年幼或没有能力处理朝政之时。武则天废掉皇帝已经够大胆的了，而她竟然向传统男权社会挑战，自己做皇帝，改国易号。武则天任用酷吏来俊臣、索元礼等人来为自己的统治服务。百官虽不赞成却不敢采取行动。

再次，模仿男性皇帝的所作所为。成为皇帝之后的武则天，很多情况下都是以男性皇帝为标准或榜样来做的。如她模仿皇帝立太子的做法，立侄儿武三思为太子。男性皇帝有三宫六院，妻妾成群，武则天也学他们为自己找了几个内宠。先与薛怀义相好，当怀义不能满足她的需要时，就把他杀了。后来又有御医沈南璆，张昌宗和张易之兄弟。《如意君传》中大量描写了这种性别倒错的支配关系。

小说结局的儒释道文化阐释。

《如意君传》旨在把武则天塑造成一个不折不扣的荡妇，为了满足一己之私欲，蓄养面首，纵欲求欢。在武则天与面首之间，武则天作为帝王，处于强势地位，面首处于弱势地位，但在作品中却由始至终渗透着男权意识。

从儒家角度来看，小说塑造了正面的薛敖曹形象。小说在一开始就给薛敖曹的性格以明确的定位。当武则天的使者持诏书召敖曹时，薛敖曹因为自己是以"下贱之资"的面首身份面君而自惭形秽，严词拒绝。当使者劝说他时，薛敖曹认为以色相为晋身之阶"诚可耻也"，最后不得已而行。武则天对薛敖曹十分满意，封他为如意君，并改元如意。当武则天要剥夺二张的官爵给薛敖曹，并要为他大治府第，封其宗族时，薛敖曹坚持不受。小说把薛敖曹的人格写得似乎很高尚。

薛敖曹具有双重身份，他既是一个内宠，同时也是一个忠臣义士，在精神上拥有一个士大夫的人格和气节。小说把改周复唐的功劳归到薛敖曹的身上。他力劝武则天迎回太子，当武后有难色时，薛敖曹竟然不顾自己的安危，以自残相逼。最后武则天迎回李显。这一事件使这个人物形象从单纯的面首摇身变成"挽狂澜于既倒，扶大厦之将倾"的功臣，从幕后走到台前，从后宫弄臣变成社稷忠臣，进入政治舞台。薛敖曹因此也成了儒家理念的载体。"在这些戏剧小说中，主人公都深陷于情欲，这在一开始对权威的道德法规构成挑战，但最终又都表达了儒家有关忠、孝、节、义的最高价值；真情化解了本真性的自我表达与正统行为（Orthopraxy）之间的张力。"① 也就是说，虽然小说着笔于情欲的描写，向传统道德发起挑战，但最终又回归到儒家的思想理念。小说把性与政治、国事联系在一起，这是一种质的变化。古代社会士人的最高荣誉就是为了国家而献身。即使得不到预期的效果，也要"知其不可而为之"。薛敖曹劝武则天归政于唐，使这个备受争议的人物首先变成一个男人，其次又变成一个士大夫。为了国家的安危舍生忘死，兵不血刃即令一场血雨腥风消弭于未萌，不费一兵一卒夺回了李唐的江山。华阳散人在序言中对薛敖曹给予了极高的评价，竟然将他比作西汉留侯。可见小说是把薛敖曹当作正面人物来塑造的。

薛敖曹的结局也可以说是功成身退，这是中国传统文化中最理想的归宿。薛敖曹这类人物的结局本应该是不得善终的，但他不仅全身

① ［英］艾梅兰：《竞争的话语——明清小说中的正统性，本真性及所生成之意义》，罗琳译，江苏人民出版社 2005 年版，第68—69 页。

而退，而且名利双收，得道成仙。功成身退是传统中国人最推崇的结局，范蠡、张良等就是这样的楷模。李白终其一生都在追求这种生命理想，直到最后也没有达成。但如果站在女性的立场上来看，薛敖曹在武则天处于高处时附之，处于低谷时逃之夭夭的行为，是一种薄情寡义的举动，是见风使舵的行径，这种人常被视为"小人"而为人所不齿。如果处于此情况下的是女性，她们的结局应该是在对方落难时不离不弃，在对方毁灭时随之而去，如虞姬、绿珠等。而这里却当成急流勇退，退步抽身的明智之举。究其原因是性别差异使然。男权文化对两性使用了不同的标准。女性对男性必须从一而终，而男性对女性则不必如此要求。

从佛家角度来看，薛敖曹的离开，是经受住了"色欲考验"。武则天为薛敖曹的将来打算，安排他住在武承嗣府中。不久，武则天又非常想念他，便又召他入宫，薛敖曹得知这个消息后不辞而别。小说的结尾描写太子继位以后，感激薛敖曹的帮助，到处寻访也找不到他。后来天宝年间，有人看见他着"羽衣黄冠，童颜绀发"，看起来就像二十几岁的人，人们都说他成仙得道了。男人修行，必须摆脱人世间的七情六欲，其中，"色欲考验"一直是难关之一，也是一个重要的叙事母题。这种意识来源于佛教。《譬喻经》载一淫女将一沙门骗入屋中，欲破其戒身，遭到拒绝后被淫女推入火坑。《四分律》中记一比丘阿那律寄宿，被一女胁迫，最终感化女子入佛门的故事。佛经中有许多此类型故事，主要是考验佛家子弟的佛性。这种考验情节也被中国典籍所借鉴：

> 后又时天甚寒雪，有一女子来求寄宿。形貌端正，衣服鲜明，姿媚柔雅，自称天女，"以上人有德，天遣我来，以相慰喻。"谈说欲言，劝动其意。鬼执志贞确，一心无扰，乃谓女曰：

"吾心若死灰，无以革囊见试。"女遂陵云而逝。①

　　此段是描写晋长安释慧嵬在寺中修行时不仅经受住了恶鬼的恐吓，还抵挡住了美女的诱惑，最终成为得道高僧。《清平山堂话本》中有一则"五戒禅师私红莲记"，冯梦龙据此改编为"明悟禅师赶五戒"（《喻世明言》第三十卷），故事中五戒禅师没有经受住诱惑，破了戒。《西游记》中，唐僧在西行路上，经常被女妖精逮去，大部分女妖都要与唐僧成亲。她们用各种手段利诱、恐吓和威逼，唐僧都不为所动，一心向佛。这些修行者都需要经受住色欲考验，才能修成正果。他们所遇到的美色都是短暂的，稍纵即逝的。而薛敖曹则能长期生活在这种环境中，在完成了社稷大任之后，远离尘世，从色欲生活中主动退出，又显得更高一筹。《如意君传》旨在维护正统，贬斥红颜祸水。女人的主动献身，是对男人德行的肯定，男人抵制女色诱惑是修行的最高境界。薛敖曹的离开看似一个简单的情节，却蕴含了作者的肯定和赞誉。

　　从道家的角度来看，小说在装扮上抬高薛敖曹，把他打扮成一个人间的神仙。如小说描写薛敖曹进宫沐浴之后，穿着云翱鹤氅，腰束七宝剑绦，头戴九华碧玉冠，远望翩翩如神仙。武则天不由得脱口赞曰"仙降于吾所"，这哪里是描写内宠嬖臣，明明是一得道仙人。

　　薛敖曹的离开也与道家思想密切相关。出于维护男性统治秩序的目的，小说家故意丑化武则天，把她塑造成一个纵欲无度、永不满足的荡妇。但令男性始料不及的是，这种丑化带来了强烈的负面效应。男性渴望温柔乡，同时又害怕这种诱惑令他们陷入无法自拔的深渊，产生了极度恐慌的心理。所以要挣扎逃离出去，隐遁修行，延年益寿。所以当机会来临，薛敖曹便逃之夭夭，这是男性恐惧心理作用下

――――――――――
① （梁）释慧皎：《高僧传》，汤用彤校注，中华书局1992年版，第406页。

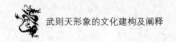

的一种逃亡。

　　小说中的性超越了等级伦常，把一个面首的私生活与重振朝纲、庇佑皇室的政治大事不伦不类地联系到了一起，把国家大事放在一个反常的、非正统的平台上，表现出作者矛盾的心理，或者说是"作者身份的焦虑"。小说家时而咒骂武则天，时而又表现出艳羡。他们对武则天既有意识上的排斥，又有潜意识的渴望，流露出复杂的矛盾心理。恰如拜伦所说："女人身上叫人可怕的东西，就是女人是祸水。我们既不能与她们共同生活，又不能没有她们而生活。"① 男性在这种理性与非理性截然相反的意识中苦苦挣扎。武则天的形象反映出男性对女性的偏见和蔑视。对于那些付出卓越的努力做出成绩，在社会上崭露头角的女人，对于那些在男人的舞台——政治领域中出人头地的女人，尤其像武则天这样当上了皇帝的女人，虽然她们理应获得奖赏和肯定，但男性绝不会给她们这个荣誉。

　　此外，其他作品也有关于薛敖曹的描写。《隋唐两朝志传》从武则天出场写到神龙政变（第九十一至九十八回），勾勒了武则天临朝的故事。其中关于薛敖曹的内容相对较少，直接继承了《如意君传》的写作倾向。② 薛敖曹的出场是在第九十七回"娄师德唾面自干"中

---

① 禹燕：《女性人类学》，东方出版社1988年版，第89页。

② 此书提到如意君薛敖曹。薛敖曹是《如意君传》的主人公。两书都有这个人物，所以两书的成书先后问题显得比较重要。《隋唐两朝志传》通常认为是罗贯中所作，时代应该是元末明初。但沈伯俊先生在《明清小说研究》（1997年第4期）上发表的《〈隋唐志传〉非罗贯中所作》（据文中述，沈先生所说的《隋唐志传》即《隋唐两朝志传》）一文，否定了作者是罗贯中的说法，推断此书成于嘉靖二十七年（1548）以后乃至隆庆、万历年间。据《隋唐两朝志传》中出现狄仁杰荐薛敖曹的情节，推断《隋唐两朝志传》的成书晚于《如意君传》，故取沈先生的说法。原因在于文学作品中，如果一个新人物出现，常常会对这个人物的出身、相貌、经历等方面加以详细介绍，使读者对这个人物有所了解，有一个初步的印象，为下文这个人物的活动及再出场做铺垫。但《隋唐两朝志传》中只说有人把薛敖曹推荐给武则天，武则天对他很满意就结束了。对他的身家背景、来龙去脉都没有交代。作者这种写法有一个预设，预设读者已经读过《如意君传》，了解薛敖曹这个人。在这里只需提一句就可以了，就像冰山的一角，留白部分由读者自己填补。

描写武则天晚年淫心愈盛，遍选天下强健男子入宫侍寝，稍不如意便"捶杀之"。于是狄仁杰推荐了薛敖曹，武则天对他非常满意，敕封薛敖曹为如意君，赐赉甚厚。这个时候出场的薛敖曹是为了突出武则天晚年生活的糜烂和残暴。遍查全书，提到薛敖曹的地方只有此处，而且非常简略，所占篇幅很少。小说中"狄仁杰荐薛敖曹者"，这一句话把薛敖曹定了位。薛敖曹由谁推荐给武则天这个问题看似无关紧要，但实际上大有文章。狄仁杰一向被视为社稷忠臣、唐之砥柱，狄仁杰善于识人并向武则天推荐了很多人才，名列将相者便有数十个。无论是狄仁杰本人还是他所推荐的人，都受到了较高的历史评价。但狄仁杰荐贤的名单里竟然出现了一个面首的名字，令人费解。但读过《如意君传》之后，这个问题便豁然开朗。《如意君传》把薛敖曹不仅仅塑造成一个面首，更把他塑造成一个功臣，一个劝诫武则天归政于李氏的忠臣。历史上神龙政变的发起者张柬之等人多是出于狄仁杰门下。小说在武则天晚年，神龙政变之前加了这样一个人物，潜台词是薛敖曹在其中也起了作用，但具体作用是什么，由读者据《如意君传》便可填补这个空白。《浓情快史》中关于薛敖曹的一段基本上与《如意君传》相同。清代小说《反唐演义》中，薛敖曹的形象变化很大。小说把他写成是西方白叫驴投胎，与武则天生了一个不人不鬼的怪物，最后被挖心、斩首、碎尸万段，扔到野外喂狗。

历史上的武则天纵横捭阖、多姿多彩。为女儿聪慧多才，妩媚迷人；为妻妾温柔多情，争宠狠毒；为君主芟夷斩伐，安邦定国。武则天的故事应该是丰富生动，趣味横生的。但小说家对她人生所承载的所有光辉都不屑一顾，甚至是故意隐瞒，刻意丑化，使她的行为显得堕落不堪。商品经济兴起，创造了一种消费的语境。市民阶层的崛起，使文学艺术从一种宣传工具变成了一种娱乐消遣，从宏大的主流意识形态叙事转向满足人们世俗感官享乐的言说。小说用揶揄的口吻，调侃的态度，通过生活琐事、感官欲望解构历史，消解帝王的权威形象。这种游戏化的手法，狂欢化的表达，成为市民宣泄潜在欲望的方式之一。武则天形象的复杂性恰是精英文化与世俗文化互动的表现之一。小说中武则天完全被剥夺了话语权。话语权本来应该是"一种人人都享有的为了充分表达思想，进行言语交际而获得和拥有说话机会的权利"①。但整个武则天的故事史，我们听不到武则天的声音，即使有，也早已在男权话语的口水之下销声匿迹。男权文化为女性设定了一系列规章制度，并且小心翼翼地戒备着，一旦有女人偏离了他们所设定好的轨道，就会利用话语霸权给她们扣上一顶"魔鬼"、"荡妇"的帽子，把她们鞭挞掘尸，让女人引以为戒。在小说中表现为把武则天完全物化。

第四节　清代：走向极端，妖魔化倾向

清代的士大夫阶层用清代的女性观、贞节观来要求武则天，对武则天的出轨行为进行妖魔化。表现在三个方面：第一，把武则天的丈夫色魔化，由于受到武则天的引诱，李世民父子俩变成了淫棍，最后淫逸过度而死。第二，把武则天妖精化，变成一个狐媚惑主的狐狸精。第三，把武则天的后代妖魔化，虚构出武则天与面首的后代是一个不人不鬼的怪物。目的是咒骂他们的后代是杂种，而且将来会断子绝孙。

---

① 冯广艺：《论话语权》，《福建师范大学学报》2008 年第 4 期。

一　色魔化的丈夫：唐太宗、唐高宗

宋元明时期，文艺作品中描写武则天私生活的笔墨多集中于面首身上，李世民和李治的形象变化不大。但清代小说突破了人们心目中的传统认知模式，把这两个皇帝也写成武则天淫乱的对象，形象近于面首。

（一）唐太宗

由于武则天被李世民冷落，自唐代以来，李世民几乎被踢出了武则天的情感故事领域。明清时期，关于李世民的描写增多。唐太宗被塑造成一个昏庸的君主，甚至色魔。

一方面，他宠信奸佞，乱杀功臣。清代佚名的章回小说《忠孝勇烈奇女传》中的唐太宗就是这样一个形象。小说描写李淳风预言有武氏女将乱国，请求唐太宗驱逐入宫新妃。太宗却贪恋武则天美色而迟迟下不了决心，后来在张昌宗的鼓动下枉杀了功臣武登，还冤杀了战功卓著的朱木兰。

另一方面，失去理智，纵欲而亡。历史上的唐太宗之死大约有两种说法，一种是征高丽时受伤体弱而死，另一种是误服金石长生之药而死，关于武则天的小说却给他安排了另一种死法——纵欲过度而死。这种写法在明代就已经出现。清代小说继承了这一思路。《武则天外史》中唐太宗与新入宫的武则天淫乱后，

> 晚上顿恶热怕寒，痢泻之病复犯。当召太医诊视，太医晓得原委，大约人的精液有限。此刻太宗算已亏虚狠了。果然病入膏肓，服药无效，因此，卧病不起。[1]

---

[1]　（清）不奇生：《武则天外史》，辽宁古籍出版社1996年版，第26页。

从武则天出宫事件上也可以看出唐太宗从英明到昏庸的变化。唐代故事中，唐太宗对武则天没有丝毫感情，开始是想杀掉武则天，被李淳风劝阻之后，退而求其次，把她送到宫外。《浓情快史》《混唐后传》《忠孝勇烈奇女传》中，唐太宗与武则天在后宫淫乱，但他还保留了最后一丝理智，为了李唐的社稷江山，最后把武则天送出宫。但《武则天外史》中唐太宗已经完全丧失了理智，因贪恋美色，把武则天乱国的预言当成耳边风，到死都执迷不悟，落下一个纵欲而死的结局，最后由长孙皇后把武则天送出宫。由于受到武则天的引诱，唐太宗从一个英名的帝王变成了一个不折不扣的昏庸君主，更显示出武则天"狐媚偏能惑主"的反面形象。

武则天情感故事中的唐太宗形象从唐代到清代发生了巨大的变化。唐代时他是一个忙于国事，不近美色的英明帝王形象；明代却变成一个爱美人不爱江山的好色之徒；到了清代成为一个听信谗言，纵欲而亡的昏君。如果剥离唐太宗作为帝王的光环，小说中对他的描写与面首的区别并不大。唐太宗形象从正面到反面的转变，与当时的社会历史状况密切相关，同时也是士人与市民两个阶层对帝王态度的差异造成的。从文本流传情况来看，唐太宗此类形象是武则天形象的副产品。当人们从正面评价武则天时，她与唐太宗的情感故事被淡化，甚至处于一种缺失的状态；当人们从反面评价武则天时，为了迎合人们贬低武则天的需要，唐太宗被重新挖掘出来加以丑化。

（二）唐高宗

小说描写唐太宗成为色魔还不够，又把唐高宗拉了进来。《混唐后传》中武媚娘不仅让唐太宗深陷其中不能自拔，而且太子李治也被她迷得晕头转向。武则天再度回宫后，百般献媚。

自此日夜荒淫。武后怀着那点祸心，要高宗早死，便百般献媚，弄得高宗双目枯眩，不能览本，百官奏章，俱令武后裁决，遂加徽号曰天后。自此，天后在宫中淫乱，见高宗病入膏肓，欢喜不胜。①

小说中的武则天居心叵测，一心要令唐高宗早死。在高宗病危时，仍然诱惑高宗，导致高宗驾崩。

如此描写目的是为了突出武则天迷惑人的本领之高。武则天与面首的生活放荡，并不能完全说明武则天的魅力，因为她的身份、地位和权势都高于面首，处于强势地位，面首或许只是屈从于权力。但把唐太宗和唐高宗也纳入到这个范围中时，就改变了这种强弱对比。这个时候武则天处于弱势地位，起作用的是她个人迷惑人的本领。就连雄才大略的一代明君都逃不过武则天的手掌心，何况是普通人呢。

二　妖精化的自身：狐狸精②

李剑国先生在《中国狐文化》中指出，狐文化的前期是图腾文化和符瑞文化，而后期则是妖精文化，妖精文化是主要方面。伴随着从"图腾文化和符瑞文化"到"妖精文化"转变的同时，人们对狐狸的审美态度也发生了转变，从阳刚之美转为阴柔之美。

（一）阳刚之气

早期的狐呈现的是阳刚之美，表现在三个方面：

首先，狐与英雄之气。古人以佩狐皮、狐尾作为英雄的象征。在

---

① （明）周惺、罗贯中：《混唐后传》，华夏出版社 2013 年版，第 39 页。
② 参考韩林《〈镜花缘〉中武则天星象"心月狐"小考》，《南京师范大学文学院学报》2014 年第 1 期。

原始社会，打猎与战争是最能彰显英雄气概的两种方式。当人们与猛兽经过激烈的搏斗取得胜利后，将兽皮搭在身上回到部落时，会受到像凯旋将军一样的欢迎。久而久之，以兽尾及兽角作装饰，成为一种审美习惯，以此表现粗犷豪放、威武雄壮之美。穿戴狐皮、狐尾的习惯，可能与原始人的思维方式有关。詹姆斯·弗雷泽在《金枝》中提出了"接触巫术"的概念，认为如果人和某些东西接触，便具有这种东西身上所赋有的灵性。狐在上古时期是某些部落的图腾，穿狐裘是人体与图腾动物的直接接触。穿狐裘是以狐死为代价的，这似乎不太符合我们的思维习惯。图腾应该是被崇拜而不应该被杀死。弗雷泽在谈到人们定期杀死某些被认为是谷精的动物时说："我们可以认为目的是要防止他或她年老体弱，趁谷精还健壮的时候把谷精转到年轻力壮的继承者身上。"[①] 通过接触狐裘，狐的灵性就会传导给穿狐裘的人。再加上狐皮、狐尾保暖性能比较好，又美观大方，由此受到人们的珍爱。

其次，狐与帝王之气。狐是上古时期的灵兽，是太昊氏族的图腾。图腾对本氏族成员具有极大的号召力。他们把图腾当作氏族的标志，进而演变成族徽，后来成为君主的象征。《左传》载，秦晋韩之战时，秦穆公在战前令卜徒父占卜，得《蛊》卦，曰："千乘三去，三去之余，获其雄狐。"卜徒父解释说，"夫狐蛊，必其君也"（《左传·鲁僖公十五年》）。卦辞以"狐蛊"指代晋国的君主。可见，在当时，"雄狐"或"狐蛊"已经成为国君的代称。此外，随着社会的发展，狐裘还被等级化、伦理化。如《淮南子·说山训》中载，"狐白之裘，天子被之而坐庙堂"，白色狐裘成为天子的独享之服。

---

① ［英］G. J. 弗雷泽：《金枝》，徐育新等译，新世界出版社 2006 年版，第 495 页。

最后，狐与阳刚之气。上古时期文字记载中的狐，多是"雄狐"，指代男性。李炳海先生在其文中用大禹及《诗经》中一系列例子说明，"在《诗经》产生的历史阶段，狐作为男性配偶的象征，已经是约定俗成的习惯，狐形象的此种内涵对于那个时代的人们来说是不言而喻的，用于描绘雄狐形态的语言符号也已经规范化，基本是固定的"①。狐在当时普遍指男性，无形中给狐赋予了阳刚之气。

上古时期九尾狐比较引人注目。九是数量的极限，阳数之极。在《周易》中阴爻（－－）用六来表示，阳爻（——）用九来表示。李剑国先生认为，"九便带上隐秘的含义，表示气数变化的极致。在汉代九尾狐崇拜中，九尾之九也不能不隐含着阴阳气数思想，或者说也正是九尾的特征，才引起符命家们的注意，把九尾狐纳入瑞物系统"②。中国的古史及神话都有"层累地"生成的倾向，九尾狐很有可能是后人把阳数"九"附会在了狐的身上，使之具有了阳刚之气。

（二）阴柔之美

大约在汉代以前，狐基本上都是图腾神或奇珍异兽。这段时期的狐是一种正面形象，给人的印象是一种阳刚之美，具有浩然正气。大约在汉代时，狐出现了双重性，一方面狐被符命化，是狐瑞，另一方面则堕落成狐妖，作祟祸人。从六朝开始，出现了狐媚。南朝顾野王在《玉篇》中用"媚兽"来释狐。清代蒲松龄塑造了一大批具有阴柔之美的狐女形象。这种阴阳对转现象的产生，可以追溯到《周易·蛊卦》中。从当时的习惯来看，狐蛊代表帝王。但从卦象上看，

---

① 李炳海：《从九尾狐到狐媚女——中国古代的狐图腾与狐意象》，《学术月刊》1993年第12期。

② 李剑国：《中国狐文化》，人民文学出版社2002年版，第44—45页。

"《蛊》卦下体为巽，上体为艮。按照《说卦》的划分，巽为风、为长女，艮为山、为少男。这样一来，《蛊》卦就成了少男与长女结合之象。在古人看来，少男长女成婚，在年龄上是不般配的，二者之所以能够结合在一起，乃是少男受到长女诱惑的结果……狐和蛊属于同类，于是，狐形象也就往往成为女性妖魅，专门诱惑男性。"①

人们对狐审美态度的变化，与对武则天的态度相似。在传统文化中，武则天与狐有着不解之缘。较早把武则天与狐狸并称且影响比较大的是骆宾王的《代李敬业传檄天下文》中的"掩袖工谗，狐媚偏能惑主"。从骆宾王把"狐媚"这顶帽子扣在了武则天的头上后，就再也没摘下来。小说《混唐后传》中，把武则天写成是她的母亲张氏梦见玉面狐狸后生下的。明代《平妖传》中，描写武则天死后滞留冥界，她与老狐狸细论因缘时说，"卿乃狐中之人，朕乃人中之狐"②。明末清初颜元在其著作《颜元集·习斋记余》中直接用"狐"来指代武则天，在表明武则天很有谋略时称之为"杰狐"，形容她年迈时称之为"耄狐"。《香祖笔记》载，王士祯在皇泽寺题诗讪笑武则天时叹曰"岂老狐独灵于乾陵，不灵于利州乎？"用"老狐"来称呼她。《九尾狐》的楔子中提到，"昔骆宾王《讨武檄》中有两句云：掩袖工谗，狐媚偏能惑主。是以则天比狐。后人将他做了古典，编成一部《镜花缘》小说，就说武则天是心月狐下凡。虽未免有些附会，不足为据，然其献媚惑人，又何妨说他是个狐呢？"③ 人们从武则天身上挖掘出她与狐狸精的某些共通之处：

漂亮迷人。狐狸精首要也是最基本的条件，就是要貌美。这个基

---

① 李炳海：《从九尾狐到狐媚女——中国古代的狐图腾与狐意象》，《学术月刊》1993年第12期。

② （明）罗贯中、冯梦龙：《平妖传》，上海古籍出版社1991年版，第31—32页。

③ （清）梦花馆主：《九尾狐》，觉园、秦克标点，上海古籍出版社1997年版，第11页。

本条件，是迷惑男性的本钱。长得漂亮才能吸引男性，成为接近帝王的第一步。武则天长得十分漂亮，14岁时，美名远播。《旧唐书·则天皇后本纪》载："则天年十四时，太宗闻其美容止，召入宫，立为才人。"《新唐书·则天武后传》载："文德皇后崩，久之，太宗闻士蒦女美，召为才人，方十四。"两唐书对武则天的相貌都没有从正面描写，而是从侧面"太宗闻"的角度切入。虽然不知道武则天具体眉眼大小、五官比例，但既然身为一国之君的唐太宗都能听说到她的美貌，可见武则天在容貌上的确有可圈点之处。

聪明多智。狐狸聪明、狡猾，武则天能谋善断，二者有异曲同工之妙。出于贬低武则天的心理，古人常把她与狐狸联系到一起。《旧唐书·则天皇后本纪》说她"素多智计，兼涉文史"，《新唐书·则天武后传》则说她"有权术，诡变不穷"，且"城宇深痛，柔屈不耻，以就大事"。聪明与狡猾，这是一种素质的两面，分别从正面和反面加以强调，实际上是一个意思。这成了武则天与狐狸在素质上的共通之处。

红颜祸水。狐狸与女人结合，在传统文化中形成一个特定的概念——狐狸精，指运用各种手段勾引迷惑男人的漂亮女人。狐狸精最擅长迷惑男人，通常迷惑的多是在山林中读书的书生，当然也有本事迷惑男人中的顶级人物帝王。勾引帝王的女人通常都被认定为是"祸水"。歌舞升平时，美女是必不可少的点缀；鼙鼓动地时，她们就成为众矢之的。在君权主宰一切的社会中，没有人会指责帝王，所有的责任都落在他身边谗言误国的坏女人身上，是这些坏女人断送了江山。比较有名的有夏桀的妹喜，商纣的妲己，周幽王的褒姒。经过几千年的演绎，苏妲己成了"狐狸精"的典范，断送了殷商600年的基业。武则天先后侍奉两代君主，尤其是高宗李治，在后宫佳丽三千之时，竟然能把已经出家的、自己的庶母接回宫中，令人不得不对武则天的魅力产生遐想。于是武则天成了新一代的"狐狸精"。

风流淫荡。狐狸精的特征之一是淫荡、以美貌迷惑异性的精怪，是色情的象征。所以民间将性感迷人的女性称为狐狸精，古代则谓之"狐媚子"。经过历史的积淀，"狐狸精"这个词被贴上了"风骚"、"放荡"、"无耻"的标签，甚至产生了一大批与"狐"相关的贬义词，如狐媚、狐疑、狐臭等。狐狸精成了生活不检点的代名词，成了臭名昭著的淫兽，至今仍未翻身。明清时代的小说大都把武则天写得娇艳无比，私生活不堪入目，塑造成一个不折不扣的荡妇。

把人与狐狸联系在一起，原因之一是远古图腾崇拜的影响。列维布留尔认为，在原始社会，一个社会集体或者单独的个人认为自己与某种图腾动物有联系或者有亲族关系，它或他在自己与这个动物的实际关系中使这种互渗客观化。中国古代的涂山氏、有苏氏、纯狐氏都是以狐狸为图腾。把武则天与狐狸联系在一起或许不是图腾文化直接作用的结果，但这种潜意识的作用却是不容忽视的。

武周时期人们把武则天与狐狸联系在一起时，不能排除符瑞思想的作用，此时武则天是被肯定的，具有阳刚之美。但后来的武则天形象则被否定，转为阴柔，甚至阴鸷。武则天作为女皇的形象逐渐消失，变成一个不知廉耻的妖精，这种转变是传统文化作用的必然结果。

《镜花缘》中把武则天写成天星心月狐下凡，"心"、"月"、"狐"三个因素共同构筑了小说中武则天的文化意象。"心"是从星象学的角度肯定武则天，表达"君权神授"的思想。小说家用神权来肯定皇权，用天上的命定肯定人事的变化，给败在女人脚下的男人争回活着的颜面。"月"是从性别身份上否定武则天，指责她错乱阴阳，篡权僭越。"狐"是从审美角度贬低武则天，从阳刚到阴柔，从正面到反面，从图腾文化、符瑞文化到妖精文化，武则天从一个君主堕落成"异类"。"心"、"月"、"狐"体现了武则天三个变化阶段，"心"表明武则天是星宿，是神；"月"表明武则天是女性，是人；而"狐"则意味着她不是人，是兽、是妖。从神堕落到妖，武则天的地位逐层降低。《镜花缘》虽然有很多肯定武则天之处，但李汝珍通过心月狐的身份，在小说的开头就奠定了否定武则天的基调。

三 妖魔化的后代：驴（骡）头太子

清代的武则天资料中，出现了一个新人物——驴头太子。小说家给武则天虚构了一个情人薛敖曹，还觉得这不足以丑化武则天，于是虚构出了他俩的后代。《反唐演义传》和《说唐三传》都写了这个人物。两书最大的差别是这位太子的长相，《反唐演义传》中说他是骡头人身，而《说唐三传》说他是驴头人身。据民间故事的流传推断，驴头的说法可能更广泛些。

骡头太子。《反唐演义传》第九十三、九十四、九十五回，用了近8000字，生动地描写了这个人物。小说写武则天登基后，每夜都要人陪，只要有人不称她的意，就会被绞死。这事惊动了太白金星上奏天庭，玉帝下旨，发西方白叫驴下凡投胎。那白叫驴投胎不及，灵魂附在了一个叫薛敖曹的人身上。薛敖曹被武则天看中，两个人相好，生下了一个长着人的身体，骡子脑袋的怪胎。他们把这个见不得人的怪物抛进了金龙池，恰逢江南六安山铁板真人路过，把这个孩子救走，传授武艺。当薛刚率兵打过潼关时，铁板真人派他下山帮助武则天，并传给他黑煞飞刀和土遁法。骡头太子下山后揭了武则天的招贤榜文，见到了父母，被封为兵马大元帅，领兵20万，去霸林川剿灭薛刚。两军对峙，吴奇、马赞、薛葵三人被骡头太子打败，命在旦夕，天魔女樊梨花前来相救。樊梨花主动请缨，在战场上夺了骡头的法宝。骡头太子一看自己不是樊梨花的对手，就连忙用土遁法逃跑了。他跑回山中搬救兵，把师父老乌龟精铁板真人请了出来。樊梨花去找玄女娘娘借来了八卦阴阳钟，才收了龟精。之后带领唐兵分八路前去踹营，樊梨花杀入营中，恰逢骡头太子，两人厮杀不上三个回合，樊梨花用手一指，定住了骡头太子，一剑挥为两段。

驴头太子。《说唐三传》的第七十回到九十回的内容与《反唐演义传》相似，但比较简略。欧阳健、萧相恺所著《通俗小说总目提要》中关于《说唐三传》条言，"书中有关薛刚事，似由他书削删而成，故文多省简，至不可读"。① 小说中描写驴头太子，"生得怪异，莲蓬嘴，尖耳长鼻，铜铃眼，头带紫金盔，身穿锁子乌金甲，座下一匹千里狮子马，声如雷鸣"。② 第八十四回，写薛驴头回长安认了母亲之后，被封为兵马大元帅。驴头太子到了大营，并不是先开关迎敌，而是先吃酒狎妓。被薛刚骂阵之后才出来，驴头太子凭借师傅给的宝贝飞镗，拿了薛刚、薛葵。此时樊梨花赶来相救，阵前迎战驴头太子。"驴头见收他飞镗大怒，把手中枪照前心刺来，梨花把剑一指，那枪跌落地下，两手动弹不得，被梨花赶上前，一剑砍死。"③ 小说借

---

① 江苏省社会科学院明清小说研究中心，江苏省社会科学院文学研究所编：《中国通俗小说总目提要》，中国文联出版公司1990年版，第521页。《反唐演义》与《征西说唐三传》二书是一个故事系统，有继承关系。但似乎后一作者在写作的时候，并不是把前书放在手边参考的。单从驴头的故事来看，两书故事情节一样。都是两人生下怪胎之后抛入河中，孩子被高人救走，后来高人派他下山认母助战，最后被樊梨花砍死。但细节却不一样。如一个是骡头、一个是驴头；一个是金水河、一个是金龙池；如果是删节的话没必要改动这些。如果是扩写的话这些基本内容似乎不必改动。所以更像从说书人那儿听说来的。记住了故事的大概，具体内容则自己发挥了。
② （清）无名氏：《说唐三传》，华夏出版社2013年版，第322页。
③ 同上书，第323页。

用了神魔小说的笔法，写一个小孩被世外高人救走，学成本领之后，师父赠予法宝和坐骑派他下山助阵。

（一）驴、骡的象征意义

驴头的象征意义。"驴头"是骂人话，驴头太子形象是把骂人话形象化。驴属马科，"似马长耳"（《说文解字》），主要生活于我国北方。驴是从西域引进来的。段玉裁《说文解字注》载，司马迁认为驴、骡都来自于匈奴。驴是在战国后期引入中原，它的速度不如马，气力不如牛，在汉代时是皇家御花园的宠物。汉代贾谊的《吊屈原赋》、司马相如的《上林赋》中都提到了驴。驴在汉代作为稀有动物，博得了皇帝的青睐。《后汉书·五行志》中载汉灵帝用四匹白驴拉车在宫中玩乐，上行下效，朝野上下形成好驴的风气。范晔从玩物丧志的基调出发，用驴占马位来比喻贤愚倒置，而且借用了驴来源于西域的出身，谴责董卓为政时胡夷乱政的社会现象。魏晋南北朝时，由于驴的叫声受到魏晋名士的欣赏，所以在当时大大地风光了一把。

驴的外形与马相似，所以总是被拿来和马放在一起比较，成为马的对立面。贾谊的《吊屈原赋》"腾驾罢牛，骖蹇驴兮。骥垂两耳，服盐车兮"，让疲牛跛驴拉车驰骋而让骏马去拉盐，表达物不能尽其用而人不能尽其才的悲愤。后来的文人东方朔、王褒、扬雄等也有类似的表达。驴的这种劣势只是在与马相比较时才显现出来，并不是动物本身所具有的含义。

从南北朝时期开始，用驴来形容人具有了贬义色彩。刘宋时期东海王刘祎因为志性凡劣，人称"驴王"，北魏咸阳王元坦傲狠凶粗，也被称为"驴王"。清代黄遵宪《京乱补述》中有："驴王兼狗相，踊跃喜同袍"的句子。"驴王"一词成为顽劣王公的蔑称。唐代柳宗元的名篇《黔之驴》使驴又成了外强中干、无所实用的庞然大物的代称。"黔驴技穷"成为成语，流传开来。宋元以后，与"驴"相关的一系列词汇成了贬人、骂人的话。如"好心当成驴肝肺"，形容人脸长的称"驴脸"，性格执拗的称"驴脾气"，和尚被骂为"秃驴"、"蠢驴"、"笨驴"①。

"驴头"又称"驴马头"，是骂人话，元明水浒题材作品中常能见到。如元代无名氏《黄花峪》第四折："叵奈无徒歹禽兽，摘心肝扭下这驴头，与俺那梁山泊宋公明为案酒。"②《水浒传》第九十三回，当鲁智深等人打败钮文忠残部后，只有于玉麟、盛本死命撞出去了。鲁智深道："留下那两个驴头罢，等他去报信。"③《水浒传》第一百一十九回：阮小七指着王禀、赵谭大骂道："你这两个，直得甚鸟！若不是俺哥哥宋公明时，你这两个驴马头，早被方腊已都砍下了！"④这几个被称作"驴头"的人都是被擒拿的对象，是被人指着鼻子骂的，可见"驴头"已经成为一种固定的骂人话。在当代，"驴头"作为骂人话在方言中使用得尤其普遍。把武则天的后代描述成"驴头"，是直接骂人。

骡头太子有两层含义，一层是"杂种"；另一层是"断子绝孙"。骡子是一种很得力的役畜，有雌雄之分。骡子因为有驴的血统（驴是引进品种），所以并非本土动物，而是从西北少数民族地区引进的。早期的驴、骡同为西域贡品，成为当时的皇家玩物。与其他动物相比，骡子有两个显著的特点。第一，骡子是一种杂交动物。是马和驴两种不同的牲畜交配之后生下来的，分为两种。一种是母马和公驴交

---

① 参见滕先森《驴与中国传统文化》，《文史杂志》2001年，第5页。
② 张纯道选注：《无名氏杂剧选》，安徽文艺出版社1988年版，第308页。
③ （明）施耐庵、罗贯中：《水浒传》，林峻校点，上海古籍出版社2004年版，第819页。
④ 同上书，第1018页。

配，生下的叫马骡。另一种是母驴和公马交配，生下的叫驴骡。骡子可以说是遗传了马和驴的优点，具有马的奔跑能力和驴的负重耐力。但这种优点只能在生物界起作用，当进入到社会意识中，骡子的出身难以得到人类社会的认同。驴和马并非同一种动物，二者的结合违反常态，是杂交。杂交的后代，野合的出身，使骡子成了杂种。武则天与薛敖曹的关系，可以说是名不正言不顺。小说家们自然不可能放过这个丑化他俩后代的机会，竟然别出心裁地想出了骡头人身的形象，这是咒骂两人生的孩子是杂种。第二，骡子本身很难或者不能繁殖后代。马骡不能生育，驴骡偶尔能生育。公骡和大部分母骡是没有生殖能力的。因为马有 32 对染色体，而驴只有 31 对，二者亲缘关系较近，能够彼此结合并发育成完整的个体生命，但是它们的子代细胞中的染色体数目是 32 + 31，无论怎样结合总有一条染色体是单独的。63个染色体无法配对，使生殖细胞无法正常分裂，因而很难或者不能生育。古代称公马与母骡所生的后代为"駏"，公驴与母骡所生的后代为"驉"。武则天与薛敖曹的后代与骡子联系到了一起，就是说二人生下的是"杂种"，并且这个杂种没有后代，断子绝孙。这可以算是中国人骂人话中最难听、最狠毒的话了。

（二）驴（骡）头太子形象的民间来源

《说唐三传》描写武则天把驴头太子抛入金水河，恰逢西番莲花洞魔张祖师经过，把他救走。《反唐演义传》中载武则天生下骡头太子后，见他奇形怪状，便把他抛入金龙池，被江南六安山铁板真人救到山上。这两则记载有一个共同的情节——即新生儿被弃于水中。这与一个世界性的民间故事类型"弃儿"母题不谋而合。

中国古代有很多这个类型的故事。《诗经》等典籍载，周朝始祖后稷，生下来之后被三度抛弃，其中的一次便是"诞置之寒冰"，后来取名为弃，是为周弃。《左传》载，宋芮司徒生了一个女儿，因赤而有毛，故被弃之堤下，共姬之妾把她捡回来，取名为弃。《博物志》等记载，徐偃王因为是卵生，被母亲弃于水滨，后来被狗衔给了独孤母才把他孵了出来。东汉时期的胡广因生于五月初五被父母装进瓮中，投入河里。《西游记》杂剧中的玄奘，出生后被装进匣子里，放入江中，故号"江流儿"。《东周列国志》中的褒姒也有相似的命运。佛经中也有许多相类似的故事，此外，有些少数民族的神话中也有类似的情节，如满族的始祖神话中，天女佛库伦吞果而生下爱新觉罗·布库里雍顺，母亲把他放到小船中顺流而下。古印度史诗《摩诃婆罗多》中的英雄加尔那在襁褓中便被装入篮子投入河中。《旧约·出埃及记》记载，摩西出生后，因为当时的犹太人处于埃及人的统治之下，新出生的男婴都要被杀死，他的母亲为了躲避孩子被杀的命运，把他放在篮子里投入河中。这个婴儿被法老的女儿救起并命名为摩西，希伯来语的意思是"从水中拉上来"。把婴儿置于容器中随水漂流的类型故事数量庞大，在世界民间文学类型中被称之为"漂流儿"或"淌来儿"故事①。此类故事主要包括三个要素：被弃、弃于水中（边）、获救，驴头太子故事同时具备了这三个要素。

被弃。上古社会婴儿被抛弃的历史现象是婴儿被弃故事滋生的土壤。当时世界范围内普遍存在着杀婴、弃婴的习俗。这种习俗与古人的原始信仰及生活习惯等因素息息相关。关于这种习俗的说法有很多，其一是为了保证血统纯正，这种情况下大多是杀长子。因为新妇

---

① 参见萧兵《世界神话传说里的英雄弃子——比较文化学的一个实例分析》，《国外文学》1984 年第 3 期。

初来乍到，不能确定第一个孩子是不是别人的遗腹子，故杀之。其二是献新，即长子要作为牺牲献给君王。其三是人牲祭祀。新出生的孩子迫于"出生异常、生于禁忌日、女婴和其他被认为有妨于父母"等原因而被杀，这种行为过于残忍，故而出现了婴儿被抛弃的现象。①这种普遍的习俗为"弃婴"故事的产生提供了现实依据。此外，当时医疗水平低下，婴儿的成活率很低。很多婴儿因为生病，父母觉得救治无望便把孩子抛弃了。有些孩子能够奇迹般的活下来，为此类故事的产生提供了历史原型。在任何时代，长相异常都会引起人们的注意，总体上看有两种情况。一种被认为是"异相"，是大人物的标志；另一种则被认为是"怪相"，会妨碍父母、家庭甚至社会。驴头太子长着驴头驴样，明显是一个怪胎。武则天生下这样怪异的孩子，认为是不祥之兆，嫌他丢脸，所以把他抛弃了。

弃于水中（边）。这与先民的生活环境相关。人类早期都是傍水而居，这样才能保证生活用水的供给。没有生活能力的婴儿，能够战胜恶劣的条件长大成人，这是王者或英雄必备的成长历练，是成功的考验。这种对王者的考验过程是上古时期的一种普遍现象。从詹姆斯·弗雷泽的《金枝》中我们可以看到，与传统社会多享受权利的君王相比，早期的君王所承担的更多的是责任、义务和牺牲。他们必须经历无数艰难险阻的考验，才能有资格成为王。之后为了部落和氏族的生存而时刻备战，在必要的时候还要献出自己的生命。此类故事的主人公多是一个民族的始祖或英雄，他们往往在襁褓之中就被抛弃，甚至是一弃再弃，但却顽强地活了下来。后世的英雄故事继承了这一考验的传统，他们经历艰难困苦，千锤百炼，最终成就大业。这位太

---

①　李志刚：《中国上古时期的"生子不举"》，《古代文明》2011年第3期。

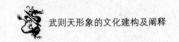

子被抛到"金龙池"和"金水河"的写法,是传统民间故事母题惯性思维作用的结果。

获救。弃婴被救,后来成长为一个显赫的人物。上古时期的弃婴,有的是死后被弃,有的是活着被弃,活着被抛弃的孩子就有存活的可能。如果遇到好心人,这个孩子活下来的概率就很大。婴儿遭弃后,往往会出现一些神奇的现象以表明这个孩子不同凡响,后来则会遇到动物或好心人的帮助等,使婴儿免遭伤害。早期的故事中,并不强调救人者,他们救护弃婴,只是解决简单的温饱问题,为孩子长大成人提供一个基本条件。婴儿获救的情节使故事中,主人公的出身及成长充满了灵异性及传奇色彩。如传说中的后稷曾经三度被抛弃,却都大难不死。这种"弃儿"故事,使主人公一出生就开始经历苦难,读者会不由自主地同情他,并为英雄的坚韧刚强而叫好。到了封建社会,这种现象又与天人感应及谶纬学说联系在一起,带有天命的意味。后期小说中的这类人物,大多数具有非凡的能力,他们不仅能够养活孩子,并且能够传授他们本领。《封神演义》中有许多类似的故事,驴头太子就是这一类型。他被师父救走养大,并传授本领。

"弃儿"型故事本来是歌颂正面人物的常用手法。驴头太子是一个反面人物,小说只是采用了相关的情节因素而放弃了母题原有的内涵。

(三) 驴(骡)头太子的佛经文献渊源

驴头太子形象来源于佛经中的驴唇仙人故事。唐代道世的《法苑珠林第四·星宿部第二》中摘录了这段佛经,可见关于驴唇仙人的故事在当时就引起了国人的注意。郭立诚在20世纪40年代时提出了驴头太子故事与佛经中这段故事的渊源关系①。北凉昙无谶所译《大方等大集经》中，记载了驴唇仙人的故事：

> 王有夫人多贪色欲。王既不幸无处遂心。曾于一时游戏园苑。独在林下止息自娱。见驴命群根相出现。欲心发动脱衣就之。驴见即交遂成胎藏。月满生子头耳口眼悉皆似驴。唯身类人而复粗涩。鬈毛被体与畜无殊。夫人见之心惊怖畏。即便委弃投于屏中。以福力故处空不坠。时有罗刹妇名曰驴神。见儿不污念言福子。遂于空中接取洗持。将往雪山乳哺畜养。犹如己子等无有异。及至长成教服仙药。与天童子日夜共游。复有大天亦来爱护此儿。饮食甘果药草身体转异。福德庄严大光照耀。如是天众同共称美。号为佉卢虱吒（隋言驴唇）大仙圣人。以是因缘彼雪山中并及余处。悉皆化生种种好华。种种好果。种种好药。种种好香。种种清流。种种和鸟。在所行住并皆丰盈。以此药果资益因缘。其余形容粗相悉转身体端正。唯唇似驴。是故名为驴唇仙人。②

国王三摩多潜心修行，冷落了这位王后，她便与驴生下了一个长着人的身体，头、耳、口、眼皆似驴的怪物。王后见状非常害怕，就把他抛弃了。这位太子被驴神救往雪山，抚养长大。太子也因为服食了仙药及奇花异果，容貌逐渐变回人形，只有嘴唇还保持原样，故称为驴唇仙人。驴头太子与驴唇仙人的故事有很多相似性，他们的母亲

---

① 参见郭立诚《小乘经典与中国小说戏曲》，张曼涛主编《现代佛教学术丛刊：佛教与中国文学》，台湾大乘文化出版社1978年版，第167—168页。
② ［日］高楠顺次郎等编：《大正新修大藏经》（第13册），台北新文丰出版公司1990年影印版，第274页。佛经中不只一处提到相关内容，异文较多，即使同一经中的说法也不完全相同，这里不详加辨析。

都是王后，两个太子生下来时都长着一个驴头，都因长相怪异而被母亲丢弃，又都被高人救到深山里修行。最关键的一点在于王后"多贪色欲"，这是佛经故事的起因，同时也是中国驴头太子故事的逻辑起点。传统文化为了丑化武则天的形象，在她的情感生活上大费周章，尤其是明清时期的艳情小说，把她描写成一个非常"好色"的女人。武则天与佛经故事中这位"王后"在身份地位上比较相似，武则天的"好色"与"多贪色欲"的王后在性格上又一致，这成为小说借鉴佛经故事的基础。

两则故事差异较大的有三点：

第一，怪胎的父亲不同。佛经故事中是"驴命群根"，说明怪胎的父亲是动物——驴。而中国故事则是由西方白叫驴投胎的人——薛敖曹。佛经故事中，这个怪胎后来成长为一个惠及万民的仙人。把他写成动物的后代，目的是为了突出仙人出身的不同凡响，与神话或史诗中"感孕"母题所起的作用类似。本土故事中，小说利用之前的文学作品中就已经存在的薛敖曹做文章。薛敖曹是明代小说《如意君传》虚构出的武则天的面首。《说唐三传》中载他是卷帘大使。武则天赐宴命妇时，追问各命妇与丈夫的生活情况。武则天从薛敖曹的妻子口中听说了薛敖曹，便把他招入宫中。《反唐演义传》把薛敖曹写成白叫驴投胎。于是，薛敖曹从一个人，变成了动物投胎。小说把人与驴合为一体，并通过转世投胎的情节使之成为人，这样的安排更适合历史演义小说的题材特点。

第二，二者容貌方面是否存在变化。前者通过服食仙药及奇花异果，他的容貌逐渐"端正"，接近于人。唯有嘴唇没有改变，这一点竟然成为他区别于凡人的标志，由此被称为"驴唇仙人"。而后者虽然也在高山上修行，容貌却没有发生改变，仍然是驴头，由此成为与正常人相区别的异类。这种写法把外貌与人物的正邪联系到了一起。

第三，二人的结局不同。佛经故事中的太子最后成为仙人，他通晓日月星宿变化之理，并且创造了一种字体，是古印度72种文字之一，与中国神话中创造文字的仓颉齐名，被称为驴唇仙人。而中国的驴头太子学成本领后下山助母，征战沙场，因为母亲是反面人物，最后身死人手，成为被人唾弃的妖魔。

同样是具有动物的外貌特征，一个成为仙人，另一个则成为妖魔，这是人们的成见导致的对同一现象完全相反的判断。"驴唇仙人"母亲的行为在中国文化传统中尤其是明清时期是被完全否定的，故她的后代很难得到人们的认可。另外，中国人的"神""仙"观念，是不允许仙人身上有污点的，所以这种形象只要进入到中国人的视野中，必然会被改造。

（四）驴（骡）头太子形象的狂欢色彩

驴（骡）头太子形象的塑造在一定程度上是民间狂欢心理的产物。说唐系列是历史演义小说，此类题材竟然出现了非人类的形象，这是对广场狂欢活动中特定人物的戏拟。苏联的文艺批评家巴赫金提出了"狂欢化"的诗学理论，人们对神圣的人或物及日常生活中的正常逻辑用戏耍、亵渎、嘲弄等方式来消解，以满足自身的狂欢心理。他认为狂欢式的民间诙谐文化主要有三种表现形式：一是仪式，狂欢节的节庆活动、广场表演等；二是诙谐的民间文艺作品；三是各种形式和体裁的广场语言，包括骂人话、指天赌咒、民间的褒贬词等。这三种形式本来不能混为一谈，但在没有狂欢节传统的中国，驴头太子形象却巧妙地整合了这三种因素，呈现出狂欢化的色彩。

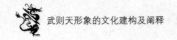

第一，狂欢仪式及怪诞的形象。

巴赫金认为"狂欢化"源于狂欢节。中国没有西方式的狂欢节，不能将这个理论绝对化，但却并不影响从这一角度观察文学现象。与"狂欢节"类似的节庆活动是世界范围内的普遍现象，尤其是在远古先民的生活中，占有非常重要的地位。无论是战争、祭祀还是庆祝活动，都是他们狂欢的理由。"狂欢化"的表现形式之一是仪式，驴头太子故事的内涵与这个仪式所要表现的内容非常相似。中世纪的狂欢节有一个特定的仪式，即国王的加冕和脱冕仪式。在这个仪式中，选定一个人来扮演国王，把他打扮成国王的样子，先给他戴上冠冕，之后把他从宝座上拉下来，把他打扮成小丑的模样，脱下冠冕。人们可以随意戏弄国王、嘲笑国王、甚至扒下皇袍上前殴打。"与官方节日相对立，狂欢节仿佛是庆贺暂时摆脱占统治地位的真理和现有的制度，庆贺暂时取消一切等级关系、特权、规范和禁令。"① 这个过程具有讽刺模拟的性质，人们在这个过程中象征性地改变自己的地位和命运，把高高在上的皇帝踩在脚下。不可一世的帝王在这个仪式中任人戏弄，这是对阶级制度的颠覆与嘲讽，是普通民众亵渎君主情绪的幻想性发泄。君主制度在中国根深蒂固，皇帝拥有绝对权威，普通民众对君主的不满情绪无处宣泄。武则天是皇帝序列中的一个例外，她以女性身份登上皇位，这是男权话语体制所不能容忍的。作为一个特殊的皇帝，武则天成为民众发泄对皇帝不满的一个载体。对武则天的丑化，恰如这样一个加冕和脱冕的仪式，通过这种方式，把皇帝拉下宝座。

怪诞的形象。巴赫金指出，在广场节庆活动中，小丑、傻瓜、巨

---

① ［俄］M. 巴赫金:《拉伯雷研究》，河北教育出版社 1998 年版，第 11 页。

人、侏儒、畸形人、各种各样的江湖艺人等怪诞的躯体形象，是必不可少的组成部分。巴赫金在分析拉伯雷《巨人传》时指出，作品中有许多怪诞的形象，如人兽结合的形象，包括猴身人头兽、女首鸟身怪等。在狂欢活动中，把自己打扮成神、图腾、动物的形象是非常普遍的。在活动中顶着鸟头、兽头载歌载舞的习俗，一直流传到今天，如东北的大秧歌及许多地方的傩戏中就有这种形象。"半人半兽的实质是'半兽'图腾，也即动物肢体图腾，它的起源与人以动物肢体图腾为饰有直接的关系。"① 驴头太子形象与这种装扮的相似性经过小说家的加工，成为先民遗风在文学中的再现。在狂欢节的活动中，把"崇高的、精神性的、理想的和抽象的东西"转移到肉体层次上，把崇高转移为卑微，把精神转移为物质，把理想转移成现实，把抽象转移成具体，在这种转移中获得贬低的效果。驴头太子是人与兽的组合，突兀的笔法造成了强烈的喜剧效果。人们用丑化武则天子孙的方式嘲讽、亵渎皇帝。驴头太子恰似舞台上的小丑，在庄严的历史殿堂上演了一出滑稽戏。

第二，驴（骡）头太子形象的开放性。

巴赫金的狂欢化理论一直在强调一个问题，即作品的未完成性。任何一部作品都是一种当下的存在，总是处于建构与发展当中，它指向尚待完成的区域，指向世界，指向未来，因而具有了开放性。在驴头太子故事中，主要表现在两个方面，一个是语言及怪诞形象的开放性，另一个是文本的开放性。

怪诞形象的开放性。驴头太子是一种来自民间的怪诞形象，是畸形和丑陋的，是一种开放性的、未完成的象征话语。这种开放性使这

---

① 屠武周：《再论半人半兽实质的起源》，《东南文化》1992 年第 2 期。

个形象处于一种不断成长的状态中，故而出现了骡头太子形象。"怪诞人体是形成中的人体。它永远都不会准备就绪、业已完成：它永远都处在建构中、形成中，并且总是在建构着和形成着别的人体。"① 从驴头太子到骡头太子，是怪诞形象开放性的体现。而这个形象转变的过程，也是与语言的开放性联系在一起的。

文本的开放性。巴赫金认为，作家创作了文本，但这个文本并不是一个完成的、封闭的。作者不是创造文本而是参与文本，文本总是处于变化、完善和超越之中。说唐系列小说有许多民间故事因素，关于驴头太子这一段，很有可能是"镶嵌"进小说中的。从篇幅来看，这一人物所占内容不多。《说唐三传》中驴头太子刚出场没多久就被砍死了，用了一回 2000 多字，约占全文的 1%。《反唐演义传》用了三回将近 8000 字，约占全文的 3%。驴头太子的这段描写可以独立成文，算是一段插曲，除了这几回外，驴头太子再也没有出现过，与其他人物也没有任何瓜葛。从驴头太子在小说中的地位来看，这个人物对于小说整体并不是必要的，有则锦上添花，删除也不会影响故事的完整性。古代小说中，多数角色都是前后呼应的，即使不用很多篇幅，也常采用"草蛇灰线，伏脉千里"之法而为之。说唐系列小说中的写法表明，这段内容应该不在整体构思范围之内。

历史演义小说与民间文化的紧密联系是与生俱来的。历史演义是据"史实敷衍成义"，指用通俗的语言，将战争兴废、朝代更替等重大历史题材，编织成完整的故事，并以此表明一定的道德观念、政治主张和美学理想。历史演义小说是建立在"说话"艺术中

---

① ［俄］M. 巴赫金：《拉伯雷研究》，河北教育出版社 1998 年版，第 367—368 页。

的"讲史"基础之上的。"说话"是一种开放性极强的语言艺术。说话者围绕着一个基本的框架讲述，在讲述的过程中不断地丰富内容，这是一个在实践过程中不断进行创作的过程。由于这种技艺本身就是扎根于民间，无论是"说话者"还是"听话者"，都是下层民众。在说（作者）和听者共存的空间中，人们"有可能达成一种文化上的默契，进而取得心理上的统一，不再以'道'为说与听之间的旨归，在一种群者狂欢的氛围中解脱开社会与个人之间的矛盾，真正融入这存在于民间书场中的世俗化欢乐中"。① 民间的语言习惯，思想意识，表达方式不可避免地会进入小说。也就是说，历史演义小说与"说话"（后来发展成"评书"）这种民间艺术的联系是与生俱来，先天存在的。

说唐系列小说中，为了使故事生动有趣，常常吸纳民间故事，这使历史演义小说从偏重纪实转向偏重文学。这段故事可能起于民间，说唐系列故事在不断发展过程中，说书人或者话本编撰者认为这段故事比较精彩，便从民间采集来直接纳入文中。相传武则天的出生地山西文水及四川广元（武则天的出生地有两种说法）都有关于驴头太子的民间传说，小说家借用民间故事进行再创作，这恰好是文本开放性的一种体现。

"狂欢化"精神的本质特征是消解权威，颠覆传统，瓦解中心力量。从民间的立场来看，其矛头所向应该是帝王将相、仁人君子。而小说则"反其道而用之"，把这种手法用在了一个反面形象的身上，通过一个插科打诨的人物形象嬉笑怒骂，嘲讽君主，表现出下层人们对正统秩序的反叛。

---

① 王立：《武侠文化通论续编》，人民出版社 2011 年版，第 160 页。

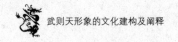

（五）驴（骡）头太子形象的文化成因

驴（骡）头太子形象的形成是多种文化因素共同作用的结果。

第一，图腾文化的泛化。

人身兽首的组合方式是图腾文化泛化的一种表现。原始社会生产力低下，生存是最大的问题。不同的生物都有自己赖以生存的本领，如鸟善飞，狮子善于奔跑，猴子善于爬树，虽然并不是出奇的本领，却让人类非常羡慕。人们渴望自己也能有这些本领，以便在生存竞争中获得更大的优势。"原始人并不认为自己处于自然等级中一个独一无二的特权地位上。所有生命形式都有亲族关系似乎是神话思维的一个普遍预设……人在这个社会中并没有被赋予突出的地位。他是这个社会的一个部分，但他在任何方面都不比其他成员更高。生命在其最低的形式和最高的形式中都具有同样的宗教尊严。人与动物、植物都处于同一层次上。"① 原始人认为人与动物之间存在一种神秘的力量使二者联系在一起，人与某种图腾动物有联系或者有亲族关系。

基于这种思维方式，上古时期，整个人类社会掀起了一个轰轰烈烈的造神运动。这些神的形象，总体上都与动物相关。其中人兽合体是一个重要的方式，即把人的器官和动物的器官组合在一起。闻一多先生认为原始人根据动物的形象来改造自己是"人的拟兽化"，人首蛇身的半人半兽形象就是在"人的拟兽化"过程中形成的②。这是世界范围内的普遍现象。法国鲁瓦·弗雷尔山遗址洞穴中的"兽主"像；埃及神话中的墓地之神；尼罗河神，等等，都是人身兽首。中国的伏羲、女娲是蛇身人首、炎帝神农氏是人身牛首、句芒是鸟身人

---

① ［英］卡西尔：《人论》，甘阳译，上海译文出版社 1985 年版，第 108—106 页。
② 闻一多：《伏羲考》，《闻一多全集》（神话编），湖北人民出版社 1993 年版，第 85 页。

面。《山海经》也有许多这种形象，如人与鱼、鸟、蛇、虎、猿、龙、猪的组合等。恩格斯认为，"人在自己的发展中得到其他实体的支持，但这些实体不是天使而是低级的实体，是动物，由此产生了动物崇拜"①。人与动物的结合大约有两种，一种是人首兽身，把人与自己部族的图腾形象结合在一起，这种组合同时具有了图腾的神性和人的灵性，成为沟通人神的媒介而具有了凌驾于凡人的力量。"《山海经》中半人半兽神 86 位，人面人首 64 位，占 74%，鸟头、龙头、兽头 5 位，只占 7%，这充分说明人是人兽组合体的主脑、灵魂。"② 另一种是兽首人身，是人与某些动物结合。与动物结合，往往便具有这种动物的一些特征、习性或特异功能。兽的功能与人的本领形成互补关系，人兽的合并使这些功能合一。

二者相较，兽首人身从外观上看，似乎更接近于人类。"形体和行动与人类大相径庭的人首兽身妖怪曾得势一时，但后来渐渐向更为人类化、更为现实化的兽首人身形发展了。"③ 原始社会由于缺乏对自然界的正确认识而创造出人兽同体的形象，实际上是把人神化的一种手段。随着人类文明的发展，科技的进步，人们能够理性的认识自然和自己，这种人兽结合的形象相对比较幼稚，便逐渐衰落。但在民间文学中，这种形象适应了普通百姓直观、简明、形象的思维方式，而具有了生命力。与人们认可度相对较高的动物结合，往往都是理想人物，传达的是正能量，突出的是"神性"。而与一些人们认可度相对较低的动物相结合，往往成为反面人物，这种形象同时具有了人与动物身上的缺点或负面因素，产生了怪异的倾向，强调的是"妖性"。

---

① 《马克思恩格斯全集》（第 27 卷），人民出版社 1965 年版，第 63 页。
② 李景江：《论半人半兽神的心理根源》，《民族文学研究》1987 年第 5 期。
③ ［日］中野美代子：《中国的妖怪》，何彬译，黄河文艺出版社 1989 年版，第 78 页。

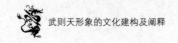

由于驴在传统文化中所承载的骂名，降低了这种人兽组合的级别，驴头太子便成了妖魔，有了贬义。

第二，文学传统的惯性作用。

以动物比附人形来褒贬人物的文学传统。《左传·文公元年》载，楚王想立长子商臣为太子，向令尹子上征求意见，子上认为商臣"蜂目而豺声"，生性残忍而加以否决。《史记·越王勾践世家》载范蠡在勾践灭吴之后欲隐居江湖，他劝文种功成身退。因为越王为人"长颈鸟喙"，可以与之共患难但不能与之同享乐。《史记·秦始皇本纪》载尉缭初得秦始皇的赏识时，他觉得秦始皇"蜂准、长目、挚鸟膺、豺声"，故一而再，再而三的逃亡，最后都被秦始皇追了回来。这些例子中的主人公都是正常人，只不过文学家把他们相貌的某一点夸大，与动物相比拟来贬低人。这种比附是史家的笔法，但到了小说家的笔下，尤其是接近神魔小说的作品中，直接就把人写成动物的样子了。选择哪一种动物，是与动物本身的特性相联系的。小说中用动物的特点来写人，别开生面。如《反唐演义传》中，薛刚命薛葵出战时，

> 薛葵得令，冲出营来，一见骡头太子，大笑道："原来是个母马生的个小骡精"。骡头太子闻言，气得两只怪眼突出，界内如风响一般，抡起铁棍便打。薛葵把大锤打中铁棍，那骡头太子震得两臂皆麻，虎口尽裂，只见两只长耳直竖，骡口张开，足有一尺阔，叫声"呵呀"便走。[1]

当樊梨花破了骡头太子的飞刀时，"骡头太子大惊，把手乱招。

---

[1] （清）如莲居士：《反唐演义传》，华夏出版社2013年版，第216页。

再也不能收回，急得两只骡耳直竖，回身举棍打来"①。用两只驴耳直竖，来表现驴头惊慌之后恼羞成怒的状态。用动物的特性来比拟人的特点，给读者留下丰富的想象空间，生动有趣，言约义丰。俄国学者普洛普指出："通过物品来描绘整个人体，都会显得滑稽。"② 用动物的特点描写人类，达到了诙谐幽默的效果。兽首与人身的结合，看起来就是一个怪物。武则天与薛敖曹都是人，却生出了一个怪物，这是小说家别有用心的创造。

第三，社会思潮的引领作用。

明清时期"心学"的崛起，为谐谑形象进入正统艺术殿堂解放了思想。程朱理学提倡通过格物致知的办法，克服世俗的欲望，超越现实世界，追求终极本源，执"道心"而近"天理"。当这种思想"成为政治权力控制下的意识形态话语时，'天理'之类的绝对真理就会以权力的话语和话语的权力，化为一种严厉的制度和训诫规则，成为对士人自由心灵的一种约束"③。这种思想便顺理成章地变成官方话语。以王阳明代为表的心学及后来的"泰州学派"，虽沿袭程朱一脉，但"都以对当时遵奉的历史传统与社会秩序的抨击和瓦解为目标，他们把俗人与圣人、日常生活与理想境界、世俗情欲与心灵本体彼此打通，肯定日常生活与世俗情欲的合理性，把心灵的自然状态当成了终极的理想状态，也把世俗民众本身当成圣贤，肯定人的存在价值和生活意义"④。这是对官方话语的公然颠覆，是对主流意识的消解。"泰州学派强调从'百姓日用'的尺度出发来衡量一切。他们把'百姓日

---

① 同上书，第218页。
② ［俄］普洛普：《滑稽与笑的问题》，杜书瀛、理然译，辽宁教育出版社1998年版，第57页。
③ 葛兆光：《中国思想史》（第2卷），复旦大学出版社2010年版，第303页。
④ ［俄］M. 巴赫金：《拉伯雷研究》，河北教育出版社1998年版，第317页。

用'解释为吃饭、穿衣等在内的日常生活需要，把它作为'圣人之道'的尺度。这种以人为本、以普通百姓生活为本的旨意，已经暗示了其理论的平民化色彩，把形而上之'道'拉回到地面，注重真正的民间生活，给明清叙事文学的狂欢化作了切实的理论铺垫。"① 这种自由的思想成为小说表现平凡生活和市民意识的思想支持和精神保证。

第四，民间文化发展的必然要求。

从社会经济状况来看，明代商品经济的繁荣使民间文化相对繁荣。巴赫金"狂欢化"理论把人类划分出两种世界，两种生活。第一种世界是官方的、等级森严的世界，人们生活一定的体制之下，服从权威、命令，按部就班。第二种则是脱离了体制的世界，人们从等级秩序中解放出来，过着自然本真的狂欢式生活，打倒权威，颠倒正常的逻辑，亵渎神灵。人们希望摆脱统治秩序的羁绊，他们不愿像正统士大夫一样从国家的立场、官方的角度看问题，而是立足于民间的、非官方的立场，置身于原有的生活体制之外。小说采用民间的叙事手法，使人们再次回到感性的世界，更贴近市民生活。

第五，文学宣泄作用的产物。

帝王与平民在地位上是两个极端。每一个平民的心中都会有一个"皇帝梦"，区别在于对这个梦想的执着程度。如果这个人本身具有一定的能力，又恰巧具备一定的社会条件，如遇到战乱等情况，有的人便会以实际行动去实现这个梦想，如刘邦、朱元璋等。但这种实现梦想的行为过于极端，如果不成功，结果必然会身死人手，如陈胜、吴广、黄巢、李自成等。由于科举制度为底层人们进入统治阶层提供了

---

① 刘云春：《明清小说叙事与狂欢化》，《海南大学学报》2006 年第 4 期。

可行的道路，故大多数人并不愿意采取极端手段去冒这个险。于是，这种想法便通过文学艺术的方式表现出来，调侃帝王、戏耍君主就成为这种想法的宣泄渠道。古代帝王很多，武则天因为是女性居于王位，触怒了男性权威，故普通民众挑战权威的想象变相地投射在了武则天的身上。

第六，伦理道德的规范作用。

武则天与薛敖曹的关系违反了伦理道德，他们的后代自然成为罪恶的化身。（骡头）太子的父亲是薛敖曹，其之所以长成这副怪模样，就是因为他的出身。郭英德指出"在中国人的传统观念中，人的容貌体态与人的性格心理之间，有着一种神秘的隐喻、象征关系。于是，在文学作品中，人物形象的容貌体态也往往被用来暗示人物的性格特征"。[①] 小说中（骡头）太子的长相暗示的不仅是人物的性格特征，而且包括他的出身定位。

小说家把武则天塑造成一个狠毒的女人，这一点从她对（骡头）太子的态度中可以看出来。《说唐三传》中，描写武则天见到儿子"见其人异样，驴头人身，道童打扮"，当听到驴头是来助阵的，"不觉心中大悦"。《反唐演义传》中当武则天得知一个长着骡头的人揭下招贤的皇榜，并自称是武则天与薛敖曹的儿子之时，武则天先是"羞惭满面"，当看见他"头面与骡头无二"时，便觉得"好生难看"，生出这样一个半人半妖的怪物儿子，连武则天自己都觉得羞愧。当得知骡头太子战败而死时，两部小说中的描写竟然非常相似。武则天听到儿子阵亡时，只关心战事，关心战争对自己命运的影响，没有丝毫悲伤，看不出半点亲情和母爱。小说家把武则天写得无情无义，连最

① 郭英德：《明清小说戏曲中的雷同人物形象》，《明清小说研究》1997 年第 4 期。

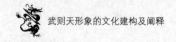

基本的母爱也不具备。

　　作者只借用了这一民间表现手法而抛弃了其精神内涵，这是历史演义小说自身的矛盾所决定的。历史演义小说在诞生之初是难登大雅之堂的，它不可能成为官方正统意识的载体，但为了谋求生存的空间，也不可能完全表现民间意识，而是官方话语与民间话语的结合体。正是这一矛盾导致了上述结果，也恰是这一矛盾，成为文学演进不可或缺的动力之一。

第六章　武则天形象的生成及移位

武则天形象是在历史中生成的，随着时间的流逝，经历了一个移位的过程，从历史移位到文学、文化领域中来。这在政治文化，宗教文化，神秘文化及性别文化领域中都有不同的表现。

第一节　政治文化中的生成及移位

武则天的文学、文化形象与历史形象相比差别很大，这是一个逐渐演变的漫长过程。在人物形象上，从女皇到篡权女主，从比较客观的评价转移到一味丑化。在体裁上，从原来单一的史料发展到诗歌、散文、小说、戏曲、图像等多种样式。在艺术手法上，采取张冠李戴，移花接木；无中生有，夸张虚构；主观臆断，削足适履等办法把武则天从历史领域移位出来。

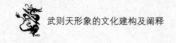

一 形象上：从女皇到篡权女主

在政治类故事中，史书中涉及武则天政绩的部分有的能够如实记录，但在移位的过程中，这些描写不断减少甚至淡出了人们的视野，出现了断裂的现象。武则天从一个有一定政绩的女皇，逐渐演变成一个万恶的僭越之人。

（一）从正面减少到反面增多

从史学到文学、文化，正面描写武则天政绩的相关内容逐渐减少，从反面描写武则天劣迹的内容不断增多。在贬低武则天的记录中，起初是从侧面描写，后来逐渐演变成公开指责。通常情况下，通过抬高与武则天处于对立面的人物，与武则天形成对比。他们的形象都被正面夸大，以此映衬武则天的低劣。在演变过程中，公开指责武则天的力度越来越大。开始是在一些小说中用较大篇幅直接描写武则天的罪恶，后来干脆以她为主人公，全面丑化，如《控鹤监秘记》《武则天外史》等。

文化典籍中经常把武则天与女娲并列。如《宜都内人传》中，宜都内人劝武则天时说："古有女娲，亦不正是天子，佐伏羲理九州耳。"把作为"三皇"之一的女娲踢出了天子的位置，把她定位成伏羲的助手。《白牡丹》中张半仙给刘瑾相面，说他将来会贵为天子，富有四海。刘瑾因为自己是个太监，半信半疑。于是张半仙便以女娲和武则天为例，说明女人尚且能称王称帝，何况刘瑾是男子呢。

这种女王神话的断裂并不是个别现象。"母系文化向父权文化的过渡，以母系文化的彻底失败而告终。我们在各民族的早期神话传说中，到处可以找到逐步失势的女神，却根本找不到一个处于统治地位的男神为女神所取代的例子。这种单向的深化趋势显然不能用偶然的和特殊的原因加以解释。正是这种无法遏止的性别分裂趋势，使得文化的骄子——文学，从诞生开始就陷入不可解脱的性别角色冲突之中。"① 武则天就是在这种性别角色的冲突中沉浮。上古帝王颛顼、黄帝等人的性别问题学界仍有争论，像西王母、女娲、嫦娥等能以女性身份保持到今天已属不易。武则天处在古代社会的鼎盛时代，历史面貌非常清晰，改造其性别的做法已经没有实现的可能。既然性别改变不了，那么就改变、歪曲、丑化她的行为。这是男权社会对女性执政者的霸权改造。

（二）从客观描述到主观臆断

综观此类故事，武则天从唐代功过兼有的君主形象到祸水荡妇，正面描写武则天的作品越来越少，甚至没有。很难找到一部以武则天为主人公又正面赞扬她的作品，武则天的形象每况愈下。唐代的故事中，武则天作为后世帝王的祖先，客观上受到礼遇。对武则天的评价比较客观。唐高宗李治患风疾，目不能视，难以理政。当时太子幼小，不能担此重任。大臣虽然有此能力，但李治担心大臣权重，君权旁落，所以不放心。在这种情况下，武则天挺身而出，成为李治的贤内助。武则天掌权期间，发展生产、完善科举制度、重视选拔人才。不能否认，武则天具有一定的政治才能和领导能力。但传统儒家文化反对女子干政，武则天不仅以后妃的身份干政，而且自立为帝，移名转姓，改朝换代，这是士大夫所不能容忍的。明清许多作品便基于这

---

① 周力、丁月玲、张容：《女性与文学艺术》，辽宁画报出版社2000年版，第23页。

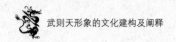

一立场，按照儒家道德的评价体系单方面改造、篡改武则天形象，带有明显的主观色彩。

（三）从单面叙述到多面展现

武则天形象在前期多是着力于表现一个方面，之后的作品便朝着同一方向趋之若鹜。而清代则比较复杂，一方面是极力丑化武则天，另一方面又把她塑造成一个理想明君，二者形成对峙态势。在政治类故事当中，武则天在很多情况下都是被贬低的对象，但在清代竟然出现了亮色，即支持女性参与社会事务的理想明君形象。一方面是古代社会末期，女性意识逐渐觉醒，虽然当时并不明显，但这种意识却成为文学创作的潜意识，产生了一系列这样的作品，如《镜花缘》《绿牡丹》《洛城殿无双艳福》等。另一方面，失意文人在现实生活中找不到政治出路，便把这种建功立业的理想投射到不受拘束的女性身上。而营造这种社会环境的最佳人选就是武则天。

二 体裁上：从单一史料到众体兼备

叙事是作者与读者之间心灵及情感的交流，作家希望通过启发、暗示等手段，引起读者的兴趣和共鸣，从而达到最佳的审美体验和道德伦理上的升华。虽然叙事题材相同，但不同文体的特点决定了在表达同一内容时，叙事方式及叙事功能呈现明显差异。人们对不同体裁所表达内容的真实性也有不同的看法，正史、野史、笔记、诗歌、小说、戏剧……真实性在降低，虚构性在增强，可信度在减弱。叙事体裁的分化成为武则天从历史走向文学，走向大众消费的表现形式之一。

关于武则天资料的体裁从唐代到清代经历了一个由单一到多样化

的过程。早期的武则天形象集中于正史及野史笔记中，后来逐渐扩大到小说、戏曲等体裁当中。唐代主要分布于《隋唐嘉话》《大唐新语》《朝野佥载》《纪闻》《酉阳杂俎》等作品中。这些故事大多是朝野见闻、奇闻逸事的片断性记录，接近历史史实。还有一部分作品带有传奇色彩，是后世小说的早期形态，如《异闻集》中的《韦安道》；《感定录》中的《袁天纲》《贞观秘记》；《纪闻》中的《裴伷先》；《集异记》中的《集翠裘》等。

　　宋代的史书把原本分散的、零星的武则天记载集中在一起，形成传记，勾勒出武则天的整体形象，故事变得更加系统。从宋代开始，武则天出现在类书中，如《太平御览》《太平广记》《册府元龟》《彤管懿范》《重广会史》等。类书中的武则天虽然是以类编排的前代故事，但在重写的过程中也会渗透一些当时人的意识观念。金元时期新出现的戏剧是武则天题材在体裁上扩展的一大步。这一时期出现了很多与武则天相关的戏曲，如《武则天》《狄梁公》《武则天肉醉王皇后》《风雪狄梁公》《狄梁公智斩武三思》《扯诏立中宗》《褚遂良执笏谏》《张昌宗双陆博貂裘》等。除诗文外，元代还出现了散曲，这也是一种新体裁。如薛昂夫的小令《中吕·朝天曲》之十六等令人耳目一新。可以说，武则天资料的体裁在宋元时期已经众体兼备，明、清两代没有出现新的体裁，而是对部分体裁有所侧重。

　　明代的武则天故事集中于小说和戏曲。小说如《如意君传》《隋唐两朝志传》《三遂平妖传》《浓情快史》《情史》《混唐后传》《禅真后史》等。戏曲类也比较多，如《词苑春秋》《反司记》《望云记》（程文修）、《狄梁公返周望云忠孝记》（金怀玉）、《节侠记》《上林春》等。

　　清代在明代的基础上更向前推进了一步。小说中相对展现得较多，如《西湖佳话》《载花船》《控鹤监秘记》《异说征西演义全传》《说唐三传》《隋唐演义》《反唐演义传》《镜花缘》《忠孝勇烈奇女传》《绿牡丹》《武则天外史》《武则天四大奇案》《唐宫春武则天》等。与前代相比，清代形成了系列小说，主要有说唐系列小说和公案系列小说。戏曲有《集翠裘》《鱼篮记》《万花台》《滕王阁》《武则天风流案卷》《洛城殿无双艳福》《天枢赋》等。

三　笔法上：从秉笔直书到编造虚构

从史书到文学，执笔者对武则天的态度从秉笔直书转变到编造虚构。中国史学非常发达，文人重史的观念根深蒂固。中国小说在某种程度上可以说是脱胎于史学。所以小说在诞生之初一直被视为"史学之末"，难登大雅之堂。相对而言，史书是客观的，小说是主观的。但实际上，史书根本做不到完全客观，历史记录永远摆脱不掉史学家的主观意识。史学家的笔难以抹杀主观的烙印，他们总是有意无意地给读者的潜意识提供价值判断的线索。

史书的记载无法做到完全客观。19 世纪，四位著名的历史学家都把历史修撰过程中的主观阐释看成必要的，并且把这种倾向都分成了四类。黑格尔分为普遍的、实用的、批判的和概念的；德罗伊森分成因果的、条件的、心理的和伦理的；尼采分成纪念的、古物收藏的、批判的和超历史的；克罗奇分成浪漫主义的、唯心主义的、实证主义的和批判的。其中三个人都归纳出了一个相同的类别，即"批判的"，而德罗伊森所说的"伦理的"在某种程度上与"批判的"具有相似的意义。海登·怀特在《后现代历史叙事学》中把历史修撰的阐释划分为三种：美学的、认识论的和伦理学的。他们在这一点上达成了共识，即认定历史修撰者在书写历史时都由一种批判的意识为导引，他们假定自己就是历史行为者，揣摩其动机、心理，用自己的想象填补史实上的空白，这就不可避免地使历史记录偏离了历史史实。①

关于武则天的历史记录也存在这种现象。虽然中国的史学家一直把再现历史的"实录"精神作为写作目标，但历史只能不断接近却永远无法复原。两唐书、《资治通鉴》的作者在撰写之前，对武则天已经有了一个先在的印象，这种印象成为一种预设，成为一种伦理的批判意识，在这种意识的指导之下把相关材料组织进来。小说家正是把历史学家记录中的史实信息及对此信息阐释所表现出来的对读者的伦理性暗示，抽绎出来，虚构演绎，撰成小说。武则天的故事多是以史为据，加工点染而成的，其方法大约有以下几种。

（一）张冠李戴，移花接木

说唐系列小说的主人公大多数都是历史上确有其人，即使是虚构的人物，相关的历史背景、事件等也多是依照史实。明清时期是这种文学体裁的繁荣期。虚构成分的增加，使作者对历史也持模糊的态度。在创作过程中，只要情节需要，就扯出某段历史，有时甚至歪曲历史。如《反唐演义传》中把武则天的小儿子李旦说成是王皇后被打入冷宫之后生下的。《说唐三传》第四十三回，写唐太宗驾崩，李治新立，称唐高宗皇帝，立王氏为正宫，立李显为东宫。当时武则天还没有进宫，她的长子李弘尚且没有着落，何况三儿子李显呢？小说家根据行文需要随意安排情节人物，忽略真实的历史面貌。

武则天系列故事中常会写一个关于梨花的情节。时值九月，梨花突然开放，武则天非常高兴，拿出一枝给众朝臣看，大家都认为是则

---

① 参见［美］海登·怀特《后现代历史叙事学》，陈永国、张万娟译，中国社会科学出版社 2003 年版，第 65 页。

天仁及草木,以至于梨开二度。但唯独狄仁杰一人认为这是违时而开,群臣都应该反省而不应该相贺。明代金怀玉所撰《狄梁公返周望云忠孝记》第二十九出《九月梨花》中就叙述了这段故事。狄仁杰的行为没有激怒武则天,反而得到了她的赞赏。清代张澜《万花台》第三出《幸台》中,武则天与众人在万花台赏花,看到枯梨重放,武则天令狄仁杰谕百官上表贺梨花二度盛开,狄仁杰道"今当草木落,而此卉更发者,实谓阴阳不和,咎在臣等,岂宜贺"①。武则天脱口赞道"卿真宰相也"。借用大家对九月梨花开的态度来突出狄仁杰不从众谄媚,刚正的人格。历史上的确有这么一段故事,但故事的主人公并不是狄仁杰,而是杜景俭。

> 武则天尝以季秋内出梨花一枝示宰臣曰:"是何祥也?"诸宰臣曰:"陛下德及草木,故能秋木再花,虽周文德及行苇,无以过也。"景俭独曰:"谨按《洪范五行传》:'阴阳不相夺伦,渎之即为灾。'又《春秋》云:'冬无愆阳,夏无伏阴,春无凄风,秋无苦雨。'今已秋矣,草木黄落,而忽生此花,渎阴阳也。臣虑陛下布教施令,有亏礼典。又臣等忝为宰臣,助天理物,理而不和,臣之罪也。"于是再拜谢罪,则天曰:"卿真宰相也!"②

戏曲为了塑造狄仁杰的形象,把别人的故事嫁接到了他身上,使这一形象更加光辉。

(二) 无中生有,夸张虚构

明清小说中虚构出武则天与侄子武承嗣、武三思乱伦的故事。武

---

① (清)张澜:《万花台》,古本戏曲丛刊编委会《古本戏曲丛刊》(五集),上海古籍出版社 1986 年影印本。
② (后晋)刘昫等撰:《旧唐书》,中华书局 1975 年版,第 2912 页。

则天的父亲武士彟的原配妻子是相里氏，生了武元庆和武元爽两个儿子。相里氏死后，由唐高祖李渊做媒，娶了隋朝宗室杨达之女杨氏。杨氏生了三个女儿，二女儿即武则天。武士彟死后，武士彟兄子武惟良、武怀运及元庆、元爽兄弟等对杨氏母女并不太好。武则天初当皇后时，面临的内外压力比较大，为了赢得口碑，不能大力提拔有时甚至抑制外戚。武元庆开始为宗正少卿，武元爽为少府少监，武惟良为卫尉少卿。后来贬武元庆为龙州刺史，武元爽为濠州刺史，武惟良为始州刺史。武元庆至龙州病卒，武元爽自濠州又流配振州而死。高宗死后，武则天大权在握，需要有人支持，便开始提拔娘家人，于是武元爽的儿子武承嗣，武元庆的儿子武三思都被委以重任。武则天14岁入宫，入宫之前的生活史书中很难找到。但鉴于杨氏母女与武元庆、武元爽的关系，武则天与武承嗣、武三思应该没多少往来。但关于武则天的小说却虚构出武则天与武承嗣及武三思的情事来。《武则天外史》中说武承嗣的祖父是武士彟的兄弟，因为武士彟无子，便把承嗣过继过来。当时武承嗣14岁，取号三思。这里不仅把武承嗣的出身改了，还把武承嗣、武三思合并成一个人。《唐宫春武则天》中关于武承嗣的内容也与此相似。两部小说都把武则天在娘家时的生活写成姑侄淫乱，这都是子虚乌有的事情。

（三）主观臆断，削足适履

虽然史家在修史时尽力做到客观，但主观因素却难以排除。有的修史者有意曲改历史，如据《北史·魏收传》载，魏收在奉命著《魏书》时声称："何物小子，敢共魏收作色，举之则使上天，按之则使入地。"按照自己的好恶，把喜欢的人写得上与天齐，把不喜欢的人打入地狱。当然像魏收这种史家并不多，但著史的确受到人主观情绪的影响是不容置疑的。史家尚且如此，又何况小说家。《武则天外史》中写武则天被王皇后接入宫中，生下了皇子李显，就是后来的中宗。这是为了情节的需要，砍掉了李弘和李贤两个人物。《说唐三传》（九十回）写了薛家三代薛仁贵、薛丁山、薛刚为李唐尽忠报国的故事。薛氏一门是小说的主人公，武则天只是一个配角，是与薛刚的"忠"相对立的"奸"的代表。武则天的故事纷繁复杂，在此小说中如果铺写开来会觉得过于枝蔓，脱离中心，故而作者采取了简化的办法，对武则天的描写都采用了三言两语、高度概括的写法，如武则天的出场："次日天子入寺观行香见武氏，收纳宫内，荒淫无度。不久废了王皇后，立武氏为正宫，名唤则天。为尼之时，丑声闻外。今为皇后，一发无忌。天子十日不坐朝，文武撞钟击鼓，天子正与皇后欢乐。听得升殿，丞相魏旭上朝奏道：'万岁征西回宫，耽于酒色。倘外夷晓得，为祸不小。'"① 既没有介绍武则天的出身，也没有介绍她的家庭，只是用几句话点出武则天迷惑高宗，混乱朝纲，被立为皇后。武则天半生的经历被高度概括出来。第七十一回，"再表高宗李治天子宠幸武后，朝中大臣进谏，天子不准。武后知帝昏懦，易于煽惑，且垂帘于政，言听计从。遂肆意荒淫，与僧怀义、张保、张昌宗等污浊后宫，丑声闻外。"② 作者急于引出徐敬业被贬，过早地牵出了薛怀义、张保、张昌宗，而忽略了当时高宗还健在的事实。以前的作品写武则天的面首都是在高宗驾崩之后，而这儿却变成武则天作为有夫之妇，大唐国母与人私通，更强调了武则天的反面形象。武则天的故事在清代常常被文人撰写，这些小说的读者对武则天的事迹多少都会了解一些，作者只要简单提一下，其余部分则留给读

① （清）无名氏：《说唐三传》，华夏出版社 2013 年版，第 255 页。
② 同上书，第 262 页。

者自己去填补空白。小说家采用这些方法，把武则天从历史领域移位到了文学领域。

第二节　宗教文化中的生成及移位

宗教文化领域与武则天关系比较大的是佛教。早期的作品是根据武则天的真实做法撰写的，后期则是完全出于文人的臆想。在人物形象上，武则天从一个转世的女佛转变成忏悔的女鬼；在叙事空间上，从单一空间到三界轮回；在结构内容上，从原本分散零星的情节单元到系统完整的故事结构。

一　人物形象上：从转世女佛到忏悔女尼

唐代的武则天是以历史为基础撰写的。武则天为了自己能够当女皇，在佛教中寻找理论依据。弥勒佛转世、转轮王降生、净光天女与日月光天子降临人间，这些都为女性执政创造了理论条件。武则天声称自己是这些人转世，是佛和菩萨，使自己被神秘的光环笼罩着，庄严而神圣。明代《平妖传》中，武则天成了滞留冥界的女鬼，难以超生。活着被张柬之等迫使退位，死了在冥间还要被他追杀，就连投胎转世为王则之后，也难逃他的毒手，最后死于张柬之托生的文彦博的手中。无论武则天跑到哪里，都甩不掉张柬之这个克星。《鱼篮记》中，武则天的晚年成了一个诚心皈依佛门的忏悔者，她对自己的行为非常后悔。内心的忏悔无法减轻这种罪恶感，还要亲自在公众面前认罪。仅仅思想上的自省远远不够，武则天还出家为尼，与青灯古佛为伴。这个形象的转变是文学家丑化武则天的需要。武则天原来的面目已经不重要，重要的是士大夫需要她成为这种形象。

二 叙事空间上：从单一空间到三界轮回

早期的武则天故事大多是在同一空间展开的，佛教内容介入之后，拓展了写作的时间长度与空间跨度，增加了作品的情节容量和作者写作的自由度与变化的维度。小说的创作者大多希望能用有限的篇幅表达无限的内容，所以，拓展写作的时间和空间成为一种客观要求。在小说中，"转世"情节往往与道家的"谪仙"形式杂糅在一起。"谪仙"故事涉及两个空间，天上和人间，由上而下形成一种纵向轨迹；"转世"涉及的是"前世""今世"和"来世"，形成一个圆形的轨迹。无论是哪一种，都在现实的基础上增加了另外的时空，扩大了写作范围。

前世描写。《镜花缘》中百花仙子在仙界与众仙的生活是脱离于人间的仙境生活，无论是给王母娘娘祝寿还是与麻姑对弈，都是与世隔绝的，这是一个写作维度。众花仙由于违时开花，触犯天条被谪人间之后成为凡人，她们的生活、经历都是在人间发生的事情，形成另一个写作维度。这种多维度、全方位的展示使小说更加丰富，增强了可读性。

来世描写。早期的小说大多数都描写武则天生前的故事，至于死后，即使有所涉及，也比较简略。韦安道与后土夫人的故事中，转世情节增加了作品的虚幻性和神秘性，丰富了故事的内容。《平妖传》主要叙述了武则天在冥界的遭遇。写武则天的乾陵被黄巢盗掘，连穿戴都被拿走，可见其境遇之悲惨。小说通过描写武则天一听到张柬之之名就仓皇出逃的慌张样子来表现武则天在冥界的无奈。这些都是在佛教冥界理论观念下想象出来的，他界的描写有利于全方位塑造武则天的形象。

三 结构内容上：从断线珍珠到伏脉千里

早期的记载篇幅比较短，多是独立的小故事，像断线的珍珠，散落各处。但后来出现长篇作品，就必须在结构上多费心思。佛教投胎转世的理念为小说结构方面提供了合适的线索和叙事框架。刘勇强先生对此论述得比较透彻，"经过历代小说家的努力，因果报应作为情节布局中的惯例因素，与小说反映的现实及小说家的艺术技巧联系在一起，形成了一种叙事策略。当作为道德观的因果报应思想与作为叙事结构与情节的因果关系达到了契合，作品内在的逻辑性也就得到了突出。一篇作品展示的情节，往往就是一个有因有果的道德实践过程。各环节的前因后果环环相扣，不但昭示着某种道德观念，也显示着结构的谨严有序"①。

闭合结构，体系严整。从整体来看，转世情节使小说形成一种封闭结构，首尾相映，具有一种回环往复的整体美。小说的开头是转世之前的画面，所呈现的是他境的生活，当主人公投身于人间，成为故事中的角色，真正人间的故事才开始。在这个框架之中，不同的情节单元被连接起来。小说的主体是托生转世的角色在人间经历了一系列悲欢离合的故事，转世的框架开篇明示此作品的非凡性，中间则是历尽千辛万苦，结局是经过点化而回归。如《镜花缘》的开头是三月三日，众仙为王母娘娘庆祝生日，群仙咸集。嫦娥提议让百花盛开来博王母一笑，但百花仙子因为此要求有违时令

---

① 刘勇强：《论古代小说因果报应观念的艺术化过程与形态》，《文学遗产》2007 年第 1 期。

而拒绝，由此两人产生口角，百花仙子赌誓，埋下了被贬的伏笔。当心月狐下凡时，嫦娥的叮嘱变成后来武则天下令百花齐放的先在原因。第八十八回嫦娥和风姨化身为白衣、青衣两位女子到酒宴上挑衅，要与唐闺臣比试才学。唐闺臣作了《天女散花赋》处处嘲弄风月，惹得两女大怒，魁星出面调停也于事无补，后来由麻姑变成道姑从中周旋，才化解了这场风波。小说最后用多年得道的仙猿明确了众才女的结局，与开头转世前的故事首尾呼应。全篇由前六回仙界的口角开始，以第八十八回双方恩怨的化解作结，形成一个圆融的结构空间。百花仙子的贬谪为众女子参加科考做了顺理成章的铺垫。

理顺逻辑关系。转世情节透露出武则天出身不凡，正是这种亦神亦仙的出身，为后文理顺逻辑关系起到了巨大的作用。在正常的思维当中，事物的发展本身具有客观性，时间与空间的安排是不可逆转的，原因和结果具有一定的逻辑，稳定地排列在时空体系中。但因行文需要，一些小说在情节的关键处采取了超现实的写法，转世框架为这些情节提供了合理的解释。如众花仙托生的才女与徐敬业、骆宾王等人的后代一起起兵反周，攻打长安城外武家军的酒、色、财、气四关。其中，"青钱阵"久攻不下。"青钱阵"以金钱为诱惑，凡人进此阵内，就会被其蛊惑，如果把持不定，就会心荡神迷，利欲熏心，困于其中而无法脱身。很多破阵者被困阵中，举步维艰。原与群芳有约的青女儿、玉女儿、红孩儿、金童儿和百果仙姑及时赶来相助，帮助花仙们脱离险境。百果仙姑带了一个花篮，里面有半篮破阵要用的核桃，并嘱咐分发给进阵的3000精兵每人10枚，当薛选把核桃分给20万兵丁每人20个之后，发现篮子里还有半篮。这个神奇的小篮子所装的核桃在破阵时起到了至关重要的作用。众仙相救之前，攻打

"青钱阵"已经到了山穷水尽的地步，这时作者采用超现实主义的写法，让百花仙子下凡前与之有约的几个神仙来相助，从而解决了这一难题。如果没有转世故事在前，这种写法就会造成逻辑上的混乱，影响小说的质量。

隔年下种，预示情节。长篇小说中，因果报应故事拉长了时空距离，形成预示情节发展的作用。如《镜花缘》第七回的回目"小才女月下论文科，老书生梦中闻善果"，直接点出"善果"。唐敖落第情绪低落，闲步到"梦神观"，老者指点唐敖求道的路径时说，

> 现闻百花获愆，俱降红尘，将来虽可团聚一方，内有名花十二，不幸飘零外洋。倘处士悯其凋零、不辞劳瘁，遍历海外，或在名山，或在异域，将各花力加培植，俾归福地，与群芳同得返本还原，不至沦落海外，冥冥之中，岂无功德？再能众善奉行，始终不懈，一经步入小蓬莱，自能名登宝箓，位列仙班。①

老者指点唐敖把飘零于外的十二名花聚集起来，就是一大功德，之后众善奉行，就会在小蓬莱名列仙班。老者的指点令唐敖游历海外，收集名花，使百花仙子在人间的聚会成为可能。

《镜花缘》中泣红亭的白玉碑，列了由花仙下凡托生的一百名才女的名字。这与《水浒传》中的石碣，《红楼梦》中警幻仙子的册子相似，都有预示情节发展的作用。《镜花缘》全书共一百回，第四十八回恰处中间位置，此回由女魁星所书的白玉碑上用蝌蚪文写了由花仙托生的一百名才女的名字，这为后文百名才女从四面八方汇集到一起提供了充分的理由。且从这儿开始把作品分为两部分，前半部分是

---

① （清）李汝珍：《镜花缘》（上），张友鹤校注，人民文学出版社 1955 年版，第 39—40 页。

唐敖、林之洋、多九公一行人在海外游历的故事，他们见识了各种奇闻怪事，并在沿途中聚集了由花仙转世托生的才女。后半部分是众才女齐聚京城，应试女科，金榜题名，并与徐敬业、骆宾王等人的后代起兵反周归唐的故事。这个关节点起了草蛇灰线，伏脉千里的作用，推动了情节的发展。

因果关系在此前的小说中也常出现，但大多数是现世现报，看起来是直接的因果关系。早期的小说如《韦安道》篇幅不长，小说家不需要费力气就能将故事叙述完整，投胎转世情节虽然出现，但对小说结构上所起的作用不大。后期小说大部分都是长篇章回小说，结构上必须有迹可寻，才不至于因为松散而不可卒读。投胎转世情节一般位于开头，写武则天前生的故事，之后再写她投身于人间做帝王，之后又回归，使小说形成一个圆融的整体。这种写法，一方面增加了情节的曲折性，另一方面在小说整体结构上起了很大的作用。

第三节　神秘文化中的生成及移位

神秘文化中的武则天是一个特殊的类型。这些内容有两种倾向，一种以颂扬武则天为主，另一种则是以贬低武则天为主。这类故事中人物形象从普通凡人到灵异神人；感情色彩上从一味贬低到真心褒扬；结构内容上从只言片语到连缀全篇。

一　人物形象上：从普通凡人到灵异神人

武则天是一个真实的历史人物，是一个凡人。但因为她是一个女皇帝，所以文学作品中的武则天有时呈现出传奇色彩。在民间口头传说中，这种传奇色彩变得玄之又玄，武则天从一个普通的凡人，变成了非常灵异的神人。

在官方文字记载中，武则天的形象从唐代到清代，由中性走向反面，呈现每况愈下的趋势，甚至被丑化。官方话语故意掩盖或忽略历史真实，以男性的霸权过滤、改造、虚构了一个践踏儒家道德意识、违反男性统治秩序、挑战主流文化的，集万恶于一身的反面典型。在这种情况下，武则天的历史面貌并不重要，重要的是传统文化需要她成为什么样子，她就会被打扮成什么样子，永远无法脱离正统意识的框架。"礼失而求诸野"（《论语·宪问》），在被禁锢的上层文化之外，武则天的另一面却在民间光芒四射。在民间口头传说中，武则天形象由中性走向正面，呈现逐渐提升的趋势，甚至被神化。生前武则天是一个勤政爱民，关心民生的好皇帝，死后她是惩恶扬善，济危扶困的女神。

唐代的相术及预言类故事是为武则天登基制造舆论，把武则天塑造得生来就与普通人不一样，命中注定要当皇帝。她的命运在出生时就已经由天注定，充满了神秘色彩。相术认为人的穷通祸福在相貌上能够表现出来，志怪小说如《搜神记》《神仙传》《异苑》《独异志》《定命录》《广异记》《玄怪录》《续玄怪录》《稽神录》《墉城集仙录》等都载有这类故事。儒家正统思想对此持保守态度，两唐书武则天的本传中并无相面的情节。为了表现武则天掌权是天命所在，分别安排了鬼魂及神灵来衬托她。在鬼魂类故事中，武则天不仅能在人间号令天下，指点江山，甚至连阴间的鬼魂都来向女皇求助。鬼魂求助，抬高了武则天作为帝王的地位，其统治的威力从阳间拓展到阴间，从泽被苍生延伸到泽被阴阳。上苑催花故事中，武则天才能与谋略兼备，面临大臣设定的圈套，她思维敏锐，一眼就看穿了他们的心思，沉着应对，有条不紊。恩威并施，令朝臣不得不臣服。她还得到上天的帮助，百花仙子、万花台花神等，违背时令，来帮助这个人间的帝王，更加显示出武则天的不同凡响。与星相学、星命术、星神说相关的故事中，武则天并不是一个普通人，她的命运与天星或星神紧密联系在一起。或者说，她根本就不是凡人，而是星宿下凡。武则天的权力已经不仅限于帝王的生杀大权，还扩展到具有非凡的能力，神奇的本领，超越了世俗的限制。这些非凡的本领在民间口头传说中，被渲染得更加神奇。

武则天有先知先觉的神奇能力。她有先见之明，她说过的话几乎全都应验，成为预言。如《三石六斗菜籽官》中，武则天与唐高宗选定在梁山修建陵墓，当地的黄门学士认为修陵会破坏风水，他们以后就没有官做了，于是以各种理由向武则天表示反对。武则天并不生气，还笑着说，皇帝的金身玉体能够镇得住，梁县以后至少也要出三石六斗菜籽官。后来梁县果然出了许多小官，而没有大官。故事中武则天的话成为预言。武则天作古之后的事情，是不能由她来控制的。但后来历朝梁县没再出现大官，却小官不断，正应验了武则天的话。武则天的话已经不仅仅是皇帝的金口玉言，更是神仙的天机妙语。

武则天死后有超越阴阳的能力。她扶贫济困，惩恶扬善。《乾陵的石头》中，很多穷苦人为了解燃眉之急，到乾陵烧香焚纸，虔心跪拜，经常能找到足够应急的金银。大家都说是"姑婆"显灵，救活了很多穷苦的百姓，但那些鱼肉百姓的官吏和为非作歹的地痞却从来都是一无所获。对于那些善良勤劳之人，她经常给予帮助。如《姑婆显灵》中，有一个佃户周二为人忠厚善良，与世无争。有一次在乾陵前的石狮子附近睡着了。只见一个老妇人请他到自己的家里去睡觉，以免着凉。周二看到老妇虽然住所富丽堂皇却自己纺纱，勤劳度日。周二走时，老妇让他选一样东西带走，周二拒绝。老妇便让他饮一杯酒，周二睡醒，发现自己手中握着一个金杯。故事中她虽然应有尽有，却仍然靠自己双手劳动，这是百姓心目中理想的帝王形象。对于那些为非作歹之人，她严惩不贷。《乾陵钥匙的传说》中武则天严惩了心术不正，一心要打开乾陵地宫的喇嘛。《翼马的传说》中武则天在死后也不忘给百姓做事。有一次，江淮一带受了严重的水灾，州官石不足私吞了朝廷救灾的银两，武则天当众揭发了他的罪行，并把他五花大绑拴在马尾巴上，带回乾陵当马童，让他永生永世牵马拽蹬。《盗墓贼》中忘恩负义的赌棍赵胡来被夹死在永泰公主墓的一个盗墓口上。死后的武则天令坏人闻风丧胆。

武则天有非凡的自我保护能力。她虽然已经过世，但她的陵寝、名讳等不容侵犯，所有冒犯武则天的人，都会受到警示或惩罚。如《"分土箭"与"黄巢沟"》中的黄巢、《盗墓贼》中的赵胡来、《刘知府改题》中的刘知府，他们或心生歹意、盗墓掘坟，或轻视武则天、出言不逊，最终都受到惩罚。冒犯了武则天还可能生病。如《狗娃治风疹》中的周氏三兄弟，他们的名字分别为周武、周则和周天。三兄弟只有老三有一个独子叫狗娃，爱如珍宝。狗娃生了风疹，总也治不好，就找算卦先生给看看。算卦先生说是因为三兄弟的名字犯了女皇的讳，让他们去求武则天显灵。武则天让狗娃绕陵四门转一圈，病就好了。后来当地人只要得了风疹，都去绕陵一圈就好了。即使是死后的武则天，余威仍在，令人不敢冒犯。

武则天的非凡能力与生俱来。武则天为帝是天命所归，她的非凡能力是上天赐予的。武则天上应天命，是金凤凰的化身。《乾陵选址》

载，武则天与高宗让袁天纲和李淳风花三年时间为他俩选择陵址，二人分别从北门和南门出城，但却不约而同地都选在了奉天县（乾县）的梁山上。袁天纲在选好的地点埋了一枚铜钱，李淳风则钉了根铁钉。李治和武则天亲自去查看，两位先生却指着同一地点，说是自己选定的，弄得大家疑惑不解。刨开后才发现李淳风的钉子恰好钉在袁天纲埋的铜钱眼里。陵址选好要动土时，来了一个喇嘛，说奉天县的五峰山是金凤凰的居所，是真正的风水宝地，袁天纲、李淳风二人舍五峰山而选梁山是合谋欺君。袁、李二人则说五峰山上虽有金凤栖居，但真正的凤巢是梁山，只要梁山一动工，凤凰就会还巢。于是高宗和武则天决定两边同时动工，两边挖的过程中都碰到一块青石板，在五峰山上触及青石板时，一只金光闪闪的凤凰飞出来，落到了梁山山巅。所以梁山乾陵即凤凰穴。武则天以女人之身，居大宝20余年，与这只金凤凰有很大的关系。《翼马的传说》中，武则天是玉皇大帝的孙女儿下凡，玉皇大帝和王母娘娘为了让她能够自由出入天上人间，专门赐给她一对翼马。

与神秘文化相关的故事及民间口头传说，把武则天从一个普通凡人，塑造成一个人人爱戴的女神。这种形象符合百姓的审美心理，普通民众把所有美好的愿望和理想寄托在武则天身上，武则天必须有非凡的本领才能够使这种愿望的实现成为可能。

二 感情色彩上：从一味贬低到真心褒扬

从政治文化、宗教文化及感情生活的角度来看，武则天的形象大体上都是向反面演变，变得越来越差，越来越不堪。而与神秘文化相关的记载中，武则天的形象才呈现出亮色。严格说来，神秘文化属于民间文化范畴，主要流传于民间。与官方文化对武则天的评价相反，在民间文化中，武则天并不是一个文人士大夫唾骂的"牝鸡""荡妇"，而是一个"明君"，甚至是"女神"。这些文字所记载的神秘文化故事经过了文人的改造，虽然有正面描写武则天的意图，但有时却被正统观念所压制，正反相间，褒贬兼有，比较复杂。民间口头传说故事中的武则天形象则完全是正面的。

普通民众的口头传说是人们感情的自然流露，具有原发性。这些故事质朴纯真，清新隽永，没有经过统治者的焚毁，文人士大夫的改编，主流意识的雕琢，可以说是原生态（虽然文字记录者可能有不同程度的润色，但基本上能够保持故事的本来面貌）。普通大众是物质财富的生产者，是精神文化的创造者，同时也是历史的体验者和社会生活的亲历者，他们所创造的口头文学能够表达最底层劳动人民的遭遇情绪、思想观念和人生理想。这种审美趣味远离主流社会，脱离了正统观念，超越了阶级立场，解除了思想的束缚，具有正统文学所缺失的优越性。这些故事记录了普通民众的喜怒哀乐和热切的愿望。比如《桃花姑娘》的故事中寄予了人们希望有人能像救世主一样为民申冤的理想。《寡妇改嫁》中，寄予了人们希望君主能够铲强扶弱的愿望①。这是一个寡妇申冤的故事，坏人受到了惩罚，好人有好报。结尾有情人终成眷属，武则天派人主持了罗梅香和陈俊英的婚事。武则天作为一国之君日理万机，为民申冤是情理之中，还能想到为二人主持婚礼则不太现实。民间故事的这种结局是人们美好愿望的体现。民众愿意把这种美好的理想，救人于水火的愿望附会在武则天身上，这

---

① 寡妇罗梅香被小叔子张宝蛋欺负，梅香不肯嫁给宝蛋，令宝蛋怀恨在心。贵公子哥儿杨公子看中了梅香，买通了宝蛋当内应。一天梅香在河边洗衣服，杨公子赶来调戏，书生陈俊英挺身相救，被杨公子的手下打了个半死。杨公子不死心，让张宝蛋毒死了他的父亲，陷害梅香。梅香到衙门告状，反而被收了贿赂的县官陷害。梅香最后亲自到京城找武则天告御状，武则天查清真相，把张宝蛋和杨公子斩首，县令免官。并下诏不得歧视寡妇，年四十以下寡妇劝其改嫁，四十以上者听便。

是武则天在人们心目中的正面形象使然。这些故事中很少能看到对武则天的评价之辞，但却能鲜明地表现出人们的爱憎情感，这与书面文学差异较大。文人写的故事，在形象描述之后多附有议论性的语言。而民间故事都是描述性的，在形象描写中表现情感和褒贬倾向。民间文学的特点之一是传承性。武则天故事在民间传承了1000多年，说明武则天在人们心目中的地位非同一般。

从统治与被统治的关系来看，由于立场不同，对武则天的态度也不同。那些被统治者所扼杀的，被正统观念所排斥的，被文人士大夫所贬低的内容，正是普通民众所喜爱、所欣赏的，所以这些故事在民间具有旺盛的生命力。从正统观念角度，因为女人当了皇帝，而且改朝换姓，这是统治者最忌讳也是最害怕的事情，所以他们抨击起武则天来不遗余力。而普通民众并不关心这个，皇帝姓李还是姓武并不重要，是不是正统也没有关系，对百姓来说这是细节，是小事，他们关心的是这个皇帝能给他们带来什么。只要能吃饱穿暖，安居乐业，他们乐意接受一位女皇帝。

从男性与女性的关系来看，由于阶层不同，表现也不同。在上层统治阶级文化中，男、女社会性别区分比较明显，也比较严格。大多数女性被关在家里养尊处优，男权文化处于一统天下的状态。而在民间文化中，虽然存在男尊女卑的观念，但迫于解决温饱问题等现实需要，女性需要走出家庭，到田间劳作或者以其他方式创造物质财富。所以性别压制不那么严重，相对比较宽松，这为此类故事的出现提供了必要的环境。武则天掌权期间，有些措施客观上对女性地位的提高有利，但官方文字记载中却缺少这样的故事。比如武则天提出父在母逝时，为母服丧的时间由一年改在三年。武则天之前，母死父已逝时为母服丧三年，父死母在时为父服丧三年，但母死父在时为母服丧一年，武则天在上元元年（674）提出的"建言十二事"中，第九项主张"父在为母服齐衰三年"，自此改变了这一服丧礼制。这些措施在客观上改善了女性的生活质量，提高了女性地位，这是掌握话语霸权的男性所不愿意看到的。所以在文字记载中，武则天的这些行为是被遮蔽的。但在民间传说中，深受其惠的女性真心诚意地表达对女皇的感谢。如在《五妪颂女皇》中，狄仁杰在体察民情时，夜宿客栈，听到五位老妪讲述自己的身世，并要求狄仁杰把她们精心制作的绣有五颗红心，装满红枣的红布口袋，献给女皇。并祝女皇健康长寿，江山永固。五妪的所作所为，表达了百姓真心祝福女皇，从心眼里感谢女皇的真挚情感。

三　结构内容上：从只言片语到连缀全篇

相术、预言、鬼神类故事在正史及野史笔记中所占篇幅较少，多是只言片语，但在长篇小说的结构上却起了重要作用。

相术、预言应验的模式，形成一种封闭的故事结构，使小说叙事脉络比较清晰。也就是说，命相应验情节提供了一个框架，叙事者在讲述的过程中既有一个恒定的叙事线索，同时又有一定的自由拓展空间。但无论怎么写，都离不开这个主体线索，不会偏离中心。命相说具有一定的指向性，起到引起事由、设置悬念、铺展情节、塑造人物的作用。这并不是新出现的写法，之前的古代小说中就存在，但一般都是短篇，属于片断性描写。命相情节进入到长篇小说，一方面有利于小说家讲述故事，既可以充分发挥自己的创造力，又能把握全局，统率全篇；另一方面，相术和预言本身具有神秘色彩，无论对下层民众还是士大夫，都具有一定的吸引力。下层人相信命相学说，因为这可以满足他们发迹变泰，改变现有平凡命运的幻想。士大夫相信命相学说，因为他们宦海沉浮，深感人生无常。袁天纲给武则天相面的故事，本来是小说《感定录》中的内容，但却被本着"黜虚妄"原则的史书《旧唐书》和《新唐书》采用，充分说明了命相情节强大的吸引力。

星象描写与人的命运形成天上与人间双线并行的两条线索，二者相互映衬，互为表里，推动故事情节发展。这类故事在一开始就会点明人物与星象的对应关系。传统文化赋予各种星星以不同的含义，只要说出是什么星，读者就会依据星星所代表的意义产生一定的心理期待。如紫薇星代表帝王，文曲星代表状元等。《木兰奇女传》中说妖星现于紫薇垣中，把武则天说成是妖星犯主，一开始就给武则天定了一个反面人物的基调。星象暗示着人物的鼎盛时期，同时也预示着人物的结局。如《镜花缘》中武则天的命运随着心月狐的明暗而起落。小说中武则天的悲剧结局是一开始就奠定的，透露出一种悲天悯人的情怀。

第四节　性别文化中的生成及移位

传统文化中，女性形象从整体上大致可以分为两类。一类是符合伦理道德的正面女性形象，如贤妻、良母、烈女等。她们是皇权政治所推崇的典范，是男权社会所欣赏的楷模。另一类则是突破了伦理纲常要求的反面女性形象，如恶母、淫妇、祸水等。她们是正统秩序的叛逆者，如果听任这些叛逆者的故事传播，势必会影响男性的统治地位。而且还会形成一种鼓励机制，对后世女性造成影响，流毒天下。性别文化视野中的武则天在艺术形象上，从一个女皇被改编成了一个

"魔鬼"；在叙事立场上，从传承到断层。

一　艺术形象上：从女皇到魔鬼

正史及野史笔记对武则天情感生活的描写比较客观，正面描写武则天与李世民、李治、面首情感生活的并不多。明清小说尤其是艳情小说中，武则天的情感生活被大肆渲染，武则天被描写成一个脱离了情感的动物，甚至魔鬼。

（一）面首数量扩大化

面首问题一直是武则天故事中人们津津乐道的话题。历史上有确切记载的面首一共有4位：薛怀义、沈南璆、张昌宗、张易之。薛怀义乃千金公主所献，沈南璆是宫廷御医，张昌宗是太平公主推荐的，张易之是张昌宗引荐的。其他的如两唐书所载，武则天选美少年为"奉宸供奉"，这些人只能说是在奉宸府这个机构里供职，其中是否有人成为面首不得而知。这4个有名有姓的人物一直是后人言说的起点。唐宋时期，史家与小说家基本上是围绕这些人做文章的。

从明代开始，掀起了一股从私生活方面丑化武则天的高潮。在小说家的笔下，武则天面首的队伍日趋庞大。《如意君传》中塑造了一个新人物薛敖曹，开创了虚构面首的先河。《浓情快史》中增加了3个淫乱的对象：武三思、张玉、张采。武三思是武则天同父异母的哥哥武元庆之子，与武则天是姑侄关系。小说家为了丑化武则天，连她的侄子都划入了面首的行列。张玉、张采二人是虚构出来的地痞无赖，他们设计把武媚娘引向了"万人妻"之路。小说把武则天晚年的面首张昌宗，改成武媚娘在娘家时的相好。《说唐三传》中，武则天见张保生得美貌，便奏知皇帝，名义上将张保承继为子，实际上是面首。《忠孝勇烈奇女传》中除了张昌宗之外，又把朝中大臣许敬宗也纳了进来，把朝中之臣变成了后宫之宠。①《绿牡丹》中除薛敖曹外，增加了张天左、张天右两人。武则天虽然有面首，也时常在后宫与他们玩乐，但史书上并没有记载武则天模仿传统后宫建制封男后、男妃之事。但小说中却把这事写得有板有眼。《反唐演义传》中薛敖曹成了皇后，当骡头太子认亲时，武则天让他进宫拜见"父后"。《武则天外史》中写武则天立薛怀义为正宫，夺太平公主之宠张昌宗、张易之立为西宫。

对面首来讲，狄仁杰就是他们的克星。清代《武则天四大奇案》中，把武则天的面首彻底清算了一遍。

第一个是张昌宗。张昌宗的家奴周卜成与曾有才倚仗张家势力分别成了河南府河清县的县令和地方恶霸。二人侵占民产，抢男霸女，狼狈为奸。狄仁杰把二人依法论罪并游街示众。张昌宗入府衙求情，狄仁杰故意假装不认识，把他重打了40大棍。第二个是薛怀义。薛怀义为白马寺住持，平日召集一帮游民剃度为僧，胡作非为。他与兴隆庵尼姑王道婆等通奸，并合伙抢骗王毓书的媳妇。狄仁杰把薛敖曹绳之以法，斩监候。第三个是薛敖曹。薛敖曹出宫探望狱中的薛怀义，未曾想与狄仁杰撞个正着，被他逮入衙内，翻出旧账，打了100大板，收监。邢房书办贺三太与薛敖曹有旧怨，趁

---

① 许敬宗（592—672）少负才名，隋朝大业年间举秀才，父亲许善心被宇文化及杀害后，他参加了李密的瓦岗军。李密兵败，许敬宗降唐，被唐太宗命为文学馆学士。公元643年，因完成武德、贞观两朝《实录》，封高阳县男，权检校黄门侍郎。公元645年，太宗征高丽时，许敬宗于马前起草诏书得到太宗赞赏，从此专掌诰令。唐高宗时被弹劾贬官。公元652年（永徽三年），入为卫尉卿，加弘文馆学士，兼修国史。奉敕主编《文馆词林》一千卷。永徽六年（655），唐高宗李治欲立武则天为后，遭到以长孙无忌为首的众大臣反对。当时武则天在后宫能够专宠，但是在朝中却没有势力。正当武则天愁眉不展之时，具有政治敏锐性的许敬宗第一个跳出来支持武则天，之后朝中有人纷纷站在了武氏一边。由此许敬宗成了武则天在朝中第一个可以依靠的大臣（《旧唐书·许敬宗李义府传》）。

机把他阉割了。第四个是武承嗣。第五十三回中，狄仁杰借武承嗣在朝堂之上大放厥词之际，掌掴武承嗣。并告赢御状，武承嗣被记大过，非诏不许入朝。在第六十三回，狄仁杰揭发武承嗣、许敬宗等人陷害庐陵王的阴谋，武承嗣畏罪自杀。第五个是许敬宗。狄仁杰告御状，使许敬宗被撤职，后来又揭发他陷害庐陵王的罪行。最后许敬宗被斩首示众。

张昌宗、薛怀义、薛敖曹都是武则天的面首，武承嗣、许敬宗在部分小说中也被划入面首之列，这些人下场不一。张昌宗是在神龙政变时被诛杀的，薛怀义是在武则天的授意下被私下处决的；薛敖曹是虚构的人物，在《如意君传》中他是隐居山林。这些人虽然声名狼藉，但在他们活着的时候却是威风八面，尊荣无比。而小说中却让他们在武则天的眼皮底下被庭审杖责，百般凌辱。尤其是薛敖曹竟然被变成了阉人，对一个面首来说，无疑比要了他的命还难堪。小说中铁面无私的狄公，对这些人痛下杀手，把这些人在观众面前一一撕裂，满足了读者"恶人自有恶报"的阅读期待。

（二）人物感情细腻化

史书描写武则天与面首的故事时，很少有人关注武则天对他们是否有情，似乎武则天只是把面首当成娱乐的工具。但明清小说注意到了这点，描写了武则天的情感波动。如在《如意君传》中，当武则天得知二张与其他美人一起玩乐时，非常痛心。作者描写了很多细节，第一，武则天平等地对待薛敖曹，而非居高临下。她认为薛敖曹是真心对她，所以她也用真心回报。她不让薛敖曹称她为陛下，不要以君臣之礼相待，而是要以夫妇之情相处。第二，武则天为薛敖曹的将来着想，宁可放弃眼前的幸福，让他出宫。第三，武则天以夫妇之礼待薛敖曹，并非只限于言语。当薛敖曹出宫时，武则天恋恋不舍，两人把酒话别。甚至在"白肉中烧香疤"以志之。此种行为恰似民间一多情女子，哪有半点帝王之尊。《集翠裘》第一折《佞臣输裘》中，描写了武则天和二张的一段对话。二张担心年华逝去会失宠，"自古道以色事他人，能得几时好，臣等恐色衰爱弛，不免前鱼之泣耳"[1]。而武则天对两人也很心疼，安慰二人一番，"呼我娘娘罢，依易之是五娘，依昌宗是六娘，以后统叫娘娘吧"[2]。武则天放下帝王身份，让这两个人称自己为五娘、六娘，是自视为妻子。在《武则天四大奇案》中，当武则天听说薛怀义在外面有别的女人，不是勃然大怒，反而是躬身自省。觉得是自己冷落了薛怀义，才造成这样的结果。小说中的武则天终于有了普通人的七情六欲。

（三）思想性格复杂化

史书中的面首，多是类型化的表现，但在文学作品中，面首的性格复杂化。他们身上也偶尔表现出正义，这是男权心理支配下的转变。薛怀义、二张等人入宫屈节做面首，强烈地刺激了男性的自尊心，这些人的行径被写入史书，变得众所周知而无法更改。文人只好在小说中寻找机会来挽回男性尊严。小说中的面首只是因为一时糊涂，他们并不是心甘情愿地做面首。如《如意君传》中描写薛敖曹虽身为面首，但"身在周营心在唐"，潜伏在武则天身边的目的是为了反周归唐，当他最后达到目的时，功成身退，俨然是一个忠义之士。历史中的张昌宗可以说对武则天死心塌地，但小说中却让他弃周投唐，背叛武则天。《说唐三传》中，武则天封驴头太子为兵马大元帅，

---

① （清）裘琏：《集翠裘》，郑振铎《清人杂剧》（初集），1931 年影印本。
② 同上。

张昌宗为军师。当张昌宗看到驴头太子到了阵前并不是开关迎敌，而是饮酒狎妓时，

> 军师张昌宗对高力士说："朝廷用酒色之徒为将，国家休矣。武后春秋甚高，其情不忘。不如弃了周朝去投南唐，此事如何？"高力士说："老爷言之有理。"当夜主仆二人逃出临潼，竟往南唐。①

张昌宗可以说是武则天面首中的中坚人物，对武则天应该是忠心耿耿，从无二意，但这里让武则天最信任的面首张昌宗也背叛她，投奔南唐，目的是要突出武则天不得人心，众叛亲离。

小说中还描写了一位不肯做面首而持节身死的人物。《金台全传》中讲了一个罗纹鸟来历的故事：

> 列位，未知罗纹鸟到底出在那里？乃是唐朝武则天娘娘手内有个陕西秀才，名唤罗均，生得风流美貌，年少青春。其年，长安赴试得中状元。武则天娘娘十分得意，将他召进宫中，欲图欢乐。状元抵死不从，反加痛骂。娘娘大怒，将他斩为肉酱，抛入长江，血肉相凝，变成此鸟。善会人言，周身毛片分为五色，犹如罗纹一般，故而叫作罗纹鸟。夜则栖身林下，日则四野觅食。武娘娘手内到今的，是不死之禽。石头陀输与金台，金台送与周小二，周小二养在家中。未知如何了局，在后再表。②

这段描写颇有传奇色彩。这个陕西秀才罗均虽不是面首，却被武

---

① （清）无名氏：《说唐三传》，华夏出版社2013年版，第322页。
② 佚名：《金台全传》，侯忠义等主编《中国古代珍稀本小说续》，春风文艺出版社1997年版，第190—191页。

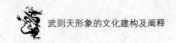

则天逼迫致死。与面首形成了鲜明的对比。一方面突出武则天的荒淫，另一方面以此表现文人士大夫的气节。《金台全传》是光绪年间的作品，当时西方列强入侵中国，而中国则软弱受辱，士大夫或许以此表现"士可杀不可辱"的气节。

二 叙事立场上：从传承到断层

武则天的故事从整体上看，可以分为文字记载与口头传说两大层面。两种方式持完全相反的态度，官方极力贬低而民间则极力褒扬。民间故事中武则天被塑造成救苦救难的女神。这个形象是摆脱了主流意识的民间普通百姓真实情感的抒发。武则天的所作所为，赢得了百姓的爱戴。她的缺点在民间被掩盖，优点被放大。口传故事对官方记载进行了分类改造。对于正面描写武则天的题材，继承下来并向前推进；涉及反面的题材，进行加工改造；对于反面题材如面首故事，则完全抛弃，使其在民间传说中出现了断层，凭空消失。

（一）正面题材，向前推进

民间故事中，对于官方记载的表现武则天正面形象的题材，增加了一些新内容，使武则天的形象更加高大。民间故事中看不到武则天与面首的故事，大部分情况下，武则天多是与唐高宗一起出现。如《泔河御石榴》中武则天与唐高宗一起谒昭陵；《乾陵选址》中二人一起考察陵址；《翼马的传说》中二人骑着翼马共同察访民情。在这些故事里，武则天是一个光芒四射的明君。

（二）涉及反面，加工改造

对于涉及武则天反面形象的题材作品，民间故事进行了一系列的改造。如武则天与王皇后和萧淑妃之间的故事。同一题材却表现出完全相反的褒贬倾向。

文字记载的《广异记·王万彻》中载，当王、萧二人死后，宫里据说常常闹鬼，很多人神秘死亡，一个月之内就已经达到数百人。武则天便招来巫师王万彻，让他在宫中设坛作法找原因。王万彻声称，高宗李治觉得武则天衮冕临朝的时间太长，以至于神灵都不高兴了，才导致了这个结果。王万彻代表武则天与李治对话，责备他不应该涂炭生灵。李治告诉他这是王皇后诉冤得申的原因，不仅这些人，将来还会有人对武则天不利。"此王后诉冤得申耳"一个"冤"字把王皇后置于受害者的地位，把武则天放在对立的立场上，武则天就是害人的罪魁。宫人莫名其妙地死亡只是前奏，最终目的是武则天。故事对武则天的描写仅有三处。第一处是宫里闹鬼，武则天束手无策，只能向"役鬼者王万彻"救助。第二处是当王万彻说是高宗的原因时，"可奈何"三个字流露出武则天慌张、无助的样子。第三处是当得知是王皇后申冤时，"太后默然改容，乃命撤席"。"改容"是说明武则天害怕了，因为身边还有其他人，不能不有所顾忌，所以只能"默然"。"撤席"表明武则天心情极差。这三处描写说明武则天自己做了亏心事，对于王皇后的申冤只能默然接受。结尾说武则天被迫退位，"以幽崩"，流露出罪有应得的意味。

民间传说中有一个关于《讨鬼檄》的故事，说的也是这个内容，但却表现出完全相反的倾向。此则故事中，武则天得知宫中闹鬼，立刻召集后宫所有的人训话。首先，表明王萧二人是获罪而死，死后仍顽固不化，并不足惧。而且处死王皇后、萧淑妃的人是武则天本人，这二人如果报仇应该找她，不会连累其他人。接着写了一篇《讨鬼檄》。从此，宫中再也不闹鬼了。其次，全力承担杀死二人的罪名，不连累他人。这既是对宫人说的，同时也是对王、萧二鬼说的。起草《讨鬼檄》，正气凛然地指责王、萧二人的罪过，使大家心中释然。最后一句是警告，以鬼为祟的后果非常严重。

同一事件，却塑造了完全相反的人物形象。官方记载描述了一个做了亏心事，战战兢兢、小心翼翼的形象。民间故事中的武则天行事果断、敢做敢当，正气凛然，令人肃然起敬。造成这种差异的根本原因在于立场不同。官方的记载需要垂鉴于来世，要有资于教化，要为维护正统服务，所以对武则天持贬抑态度。在文字记载的历史中把她变成一个"恶"的标本，起到杀一儆百的作用。在男权主宰的社会，女性当上了皇帝，必然要经历更多的苦难和坎坷，这种不屈不挠的精神，反而让老百姓觉得更加亲近。武则天当皇帝的过程是弱者与强者的斗争，最后取得胜利，这与老百姓同官府、恶霸之间的斗争有异曲同工之妙。所以，在老百姓的心目中，武则天在某种程度上是一个英雄，一个令人崇拜的女英雄，甚至是一个令人顶礼膜拜的女神。

（三）反面题材，全部抛弃

官方与民间两个系统中的故事都涉及政治、经济、文化等方面，官方的文字记载几乎都能在民间口头传说中找到相应的内容。但关于武则天的情感生活中涉及面首的故事却很难找到。这部分故事有损于武则天的形象，所以在民间文化中被抛弃。立场的不同造成民间话语的缺失。

一方面，官方"文以载道"思想的影响。古代特别注重文学的教育功能，以此作为推行道德教化的工具。早期儒家便有"兴、观、群、怨"的说法，推行诗教。南朝刘勰提出"道沿圣以垂文，圣因文以明道"（《文心雕龙·原道》）的观点。唐代的韩愈、柳宗元主张

"文以明道"，北宋周敦颐在总结前人的基础上提出"文以载道"（《通书·文辞》）。"文"是媒介，是手段，"道"是目的，"文"是为"道"服务的。这成为中国古代文学的使命。官方文学严格贯彻这一原则，所以在关于武则天的记载中，把武则天作为反面形象来塑造。

另一方面，民间文化的原发性特点。民间口头传说具有原发性的特点。它来自民间，是人们有感而发，源自内心的创作。平民百姓的思想意识中没有过多的枷锁和顾虑，一般不具有功利目的。民间文学还有口头性的特点，这使官方的审查制度无的放矢，故受官方主流意识的影响比较小。武则天的私生活，没有损害到老百姓的利益，顶多也就是茶余饭后的谈资，无关痛痒。"武则天的恋情并不值得调侃、戏谑和批判，当地人认为这不仅是对女皇的亵渎，也是对武则天故里民众的侮辱。村民早已把武则天作为一个神灵来看待，关于对武则天的负面评价，往往进行有意无意'封杀'。这些流行于当地的传说，已经被当地人从他们自身的价值观出发进行了适度的筛选梳理。这样一个小团体里的民众，当地人的浓重的价值观隐含其中。就像一个自然个体一样，总想把最美好的一面展现给外界，虽然有瑕疵，也尽量会想方设法地掩盖，其动机是纯洁无瑕的。是信奉武则天的民众所持的一种严肃而恭敬的信仰之反映。同时也旁证了：传说就是为了信奉而存在，并由历代的信徒保存传诵到了今天。"①

---

① 任义国：《庙会消亡境遇中的民间传说——以山西文水县武则天民间传说为例》，《沧桑》2009 年第 5 期。

第七章　武则天形象的审美文化
功能及演进的动力

经过历史的沉淀，传统文化中的武则天被符号化。经历了从政治符号、消费符号到文化符号的演变。武则天形象在形成健康的民族心理方面起了巨大的作用，包括教化育人功能、心理宣泄功能及心理补偿功能等。武则天的人个魅力、两性的博弈、王权政治、伦理道德思想等是武则天形象经久不衰的动力。

第一节　武则天形象的符号化

当一个题材不断地被重写、改编，便会被赋予或强加一种精神内涵，成为一个经典的意象符号和集体记忆。法国社会学家哈布瓦赫认为，集体记忆是"一个特定社会群体之成员共享往事的过程和结果"[1]。

---

[1] ［法］莫里斯·哈布瓦赫：《论集体记忆》，毕然、郭金华译，上海人民出版社2002年版，第335页。

武则天作为女皇、红颜祸水、女神等不同身份，经过上千年的历史积淀，成为一种符号，包括政治符号、消费符号、文化符号。

一 政治符号

"牝鸡司晨"的政治符号。作为执政者，武则天与政治关系最为紧密。传统观念中，女性处于缺席状态，与政治绝缘。武则天的上位，名不正、言不顺。为了将这一插足于政治的女性排除出这一领域，人们不遗余力的贬低她，将其政治行为中闪光的一面排挤出去，阴暗面无限放大。唐代以后，如果有女性染指政治，便常常用武则天来影射，女性与政治的关联，大多都被装进了这一形象中，使之成为"女性干政"的代名词。

二 消费符号

香艳狐媚的消费符号。明清时期的艳情小说从正统立场出发，丑化武则天，斥之为红颜祸水、狐媚惑人，使武则天成为一种大众消费符号。明清艳情小说这些作品借用原有的叙事内容进行了"别有用心"的改编，抽空了武则天形象本身所具有的政治、道德内涵，将政治主题偷换成"堕落"故事，变成纯粹的两性游戏。武则天从高蹈的帝王女皇沦落为妓女荡妇。这种转换后的主题在某种程度上具有趋同性，大多数都指向了情欲。小说中所展示的武则天是一个被看者、被凝视者，处在被人观赏，被人评价的位置上。安·卡柏兰认为男性的凝视并不单是将女性性欲化或对象化，"它还可以被设计为消灭女性的威胁，其中一种方式便是将女性物化……把作为对象的女性美化为观赏的实物"①。

---

① 荒林主编：《中国女性主义》，广西师范大学出版社 2005 年版，第 204 页。

男性不愿意被观看、被窥视，但掌握话语权的他们却可以根据男性的口味和欲望，把武则天塑造成一个被窥视的对象。武则天在男权语境的压迫下失了声。在具体描写中，小说把武则天与活生生的人对立起来，剥夺了附着于其上的思想道德意识，过分夸饰情欲的非理性力量，使武则天成了一个被沉默化了的"他者"，在话语场中成为一个无意义的空洞能指。

三　文化符号

挑战男权的文化符号。古代性别歧视观念泛化到政治、伦理等领域，导致武则天被丑化。武则天有一定的政治才能，但这是男人的专属领域，不允许女人越界侵犯。武则天形象总体上经历了从政治主题到情欲主题的转换，这是男性把政治失败转移到两性的战场上来。武则天的话语早已经被男性霸权的口水所淹没，她被物化成为具有虐他性质的个人意志的伸张。被正统观念改造过的武则天形象具有隐形的说服机制，如春秋笔法，虽不能言却高下毕现。这样描绘的目的，就是为了维护几千年来男尊女卑的等级秩序，巩固男性对女性的统治。武则天形象成为男女政治博弈的风向标。

第二节　武则天形象的审美文化功能

武则天题材一再引起人们的重视，其原因之一是这个人物具有多种审美文化功能。"仁者见之谓之仁，智者见之谓之智"，不同的人都能移情于这个形象上，找出自己的审美需要。

一 教化育人功能

教化育人是中国史学、文学等从诞生之初就具有的天然功能。无论是官方主持编撰的，还是文人士大夫自由撰写的作品，都自觉贯彻了这一宗旨。

（一）统治者的提倡

为了确保江山永固，统治者按照自己的要求使文化典籍成为主流意识的载体。古代社会的"大一统"不仅表现在疆域上，同时也表现在思想上。秦始皇焚书坑儒，结束了百家争鸣的局面；汉代的"罢黜百家，独尊儒术"，确立了儒学的正统地位；唐初官方组织编纂《五经正义》等，结束了汉代以来的今、古文之争、"郑学"与"王学"之争、南学与北学之辨，巩固了儒学壁垒；宋代官方组织编纂大型类书；明代尊崇程朱理学；清代编撰的《四库全书》《古今图书集成》等，这些措施都起到了统一思想，巩固统治的作用。统治者利用权力将其个人喜好与道德教化的目的强加给人们。使孝子贤孙，忠臣义士的题材久传不衰。

（二）士大夫的推动

以文字为载体的作品，其作者多是文人士大夫，他们都是由古代教育制度，正统典籍文化教育熏陶出来的，其编撰创作的主导思想也是为政治统治服务的。所以这些作品都是正统观念的载体。唐代韩愈、柳宗元提倡"文以明道"，白居易主张"文章合为时而著，歌诗合为事而作"，宋代理学家提倡"文以载道"，都提出文学对现实的干预作用。

（三）官方思想的钳制

古代社会严格的思想钳制及文字审查制度，使文人必须按照正统观念行事。思想上的反叛是不被允许的。李贽因为思想激进叛逆、具有反传统的色彩而被统治阶级视为"异端"和"洪水猛兽"。清代的"文字狱"更令文人心惊胆寒。在传统道德的框架内塑造形象进行说教，是武则天题材所承担的重要功能。武则天的所作所为令所有站在正统立场的人产生排斥心理。他们不希望武则天事件在历史上重演，就把武则天当成一个反面教材，故意颠倒是非，从行为上、思想上全方位否定武则天。给她安排了难以善终的结局，并把人世间所能想到的悲惨事情都安排到她的身上，包括孤苦死去，死后又被人抬出来枭首，坟墓被人盗挖等。以此告诫人们，如果像她那样做，下场就是这么悲惨。小说家期望能够通过操纵武则天的形象潜移默化地支配读者，达到惩恶扬善的目的。武则天成了不同群体维护自身利益的工具，成了政治教化的牺牲品。

二 情绪宣泄功能

虚构的武则天作品成为人们攻击性本能的宣泄渠道。弗洛伊德认为人天生具有生本能和死本能。死本能会产生破坏性和攻击性。攻击性能量必须用某种方式才能宣泄出来，否则郁积于体内便会生病。所以需要有途径帮助人们控制这种本能并将其升华，转化成为可以接受的不造成伤害的行为。武则天成为艳情小说的主角，与心理学上的"偷窥"现象密不可分，偷窥分为两种。

一种是个人偷窥行为。好奇心是人们求知欲、探求欲的动力，是人人都具有的欲望。当这种欲望过于强烈地集中于探求别人的隐私，就会发展成偷窥。按照弗洛伊德的观点，人类的窥探欲求来自童年时期对自身来源的好奇心。儿童通过窥探父母隐私寻找自己的来源，如果在童年时期这种好奇心完全被破解，以后对别人的隐私便会淡然处之。而那些好奇心没被满足的孩子，成年后就有可能热衷于窥探别人的隐私，进而发展成为心理变态。窥探隐私很容易引起别人的反感，甚至惹祸上身。根据马斯洛的理论，安全需要是人类生存最基本的需要。每个人都有不愿意公开的隐私。心理学认为，人们在打听别人的隐私时，在潜意识里是为了保护自己的隐私安全。一方面，在自己隐私受到威胁时用以威胁他人，另一方面是用别人的经验教训来提醒自己。窥探别人的隐私，能够满足自身炫耀的欲望，显示自己知道得比别人多，以证明自己的能力。

　　另一种是集体偷窥行为。"集体偷窥行为"是指将个人偷窥或部分人的偷窥公开化、大众化，追逐那些可以激起和满足人们欲望的东西，这是一种社会现象。两性生活应该是私人化的东西，但当被写入小说，就变成了一种公共欣赏的对象。艳情小说是这种"集体偷窥行为"的表现形式之一。心理学研究表明，人们在窥视他人隐私时，会下意识地把现实中被压抑的不满、欲望、愤怒等情感投射到被窥视的对象上。借助别人的遭遇，发泄自己的本能欲望和攻击性，以弥补心灵的创伤，达到报复性的满足。人类潜意识中普遍存在对异性的窥视心理，尤其是公众人物。宫闱秘事是名人与性事的双重结合，所以一直是人们的兴趣所在。士大夫阶层的窥视满足了他们重振纲目的欲望，普通大众的窥视满足了他们塑造自我，增强自信的欲望。文学作品是作家的白日梦，起到了疏导人的情绪，转移注意力，缓解人压力的作用。作者及读者会在这种创作及阅读中发泄和转移自己的不满情绪，从而达到身心平衡。基于弗洛伊德"两种愿望"（野心欲和性欲）的说法，这种宣泄疏导功能也分为两种。

（一）与野心欲相对应的政治情绪的宣泄

男性用情感的满足补偿政治失意，用虚构的情节臆想男性的胜利。首先，对女性执政者的愤慨。武则天掌握了最高权力，她的行为触怒了男性心灵深处的自尊。她完全置男权于不顾，把男人的尊严踩在脚下，登上皇位。这成为史实，无法改变，但男性潜意识中恨不得饥食其肉，渴饮其血，这种攻击性的恨意在现实中找不到出口，只好利用文字来泄愤。其次，对仕宦人生的失望。失意文人建功立业的政治理想遭受挫折，个人的政治抱负无法施展，对统治者会产生一定的看法。这种不满通过文学发泄到了武则天的身上。武则天所背负的"罪名"很多，加入此项罪名，并不会引起当世统治者的关注，相对而言比较安全。最后，对现实的不满。当政治抱负难以实现，当人生理想已经破灭，会产生一种普遍的对现实社会不满的情绪，这也可以通过文学手段宣泄出来。

（二）与性欲相对应的情感的宣泄

人生的失败在很多情况下会转移到性上寻求发泄。凯特·米利特认为，"这不过是贪欲冲动由一个对象向另一个对象的转移。通过将女人视为商品，他也就有机会体会'成功'的欢乐。如果不能赚钱，他至少可以赚女人——如果赚钱还需要用借来的钱做本钱，那就做一笔大大的无本生意吧"[1]。也就是说，男人在事业失败时可能会把这种注意力转移到性上，通过征服女人来维护男性尊严。女性的赞赏和肯

---

[1]　[美]凯特·米利特（Kate Millett）：《性的政治》，钟良明译，社会科学文献出版社1999年版，第462页。

定，实质上是他们的自我肯定，自我欣赏。他们在这里重新找回自信，找回人生价值。艳情小说在很大的程度上还满足了公众的狂欢心理，给公众提供了一个感情释放的平台。公众需要"狂欢"，人们需要在特定时期用一些超常态的方式来发泄自己的压力，求得一种暂时的平等感，获得颠覆传统所带来的喜悦。

三　心理补偿功能

武则天的故事为失意文人提供了心理补偿。人生不可避免地会遇到缺憾和失意，由于客观条件的限制，这种状况在现实中难以改变，如果不及时化解，就会导致心理失衡，令人痛苦万状、精神萎靡、一蹶不振。必须寻找其他方式，象征性地满足这些心理欲望，进行心理补偿，才能获得满足。文学就是这种心理调节的方式之一。朱光潜认为："凡是文艺都是一种'弥补'，实际生活上有缺陷，于是在想象中求弥补。"① 弗洛伊德把这种补偿分为两类：

> 幸福的人从来不去幻想，幻想是从那些愿望未得到满足的人心中生出来的。换言之，未满足的愿望是造成幻想的推动力，每一个独立的幻想，都意味着某个愿望的实现。或意味着对某种令人不满意的现实的改进。这些作为推动力的愿望各各不一，随着幻想者的性别、性格和环境的不同而不同。但它们明显地分为两大类，一种是促使梦幻者做升官梦的野心欲，另一种是性欲。②

弗洛伊德把这种幻想分为两大类，野心欲和性欲。在古代社会，

---

① 朱光潜：《变态心理学派别》，安徽教育出版社1997年版，第51页。
② ［奥］弗洛伊德：《诗人与白日梦》，《性爱与文明》，滕守尧译，安徽文艺出版社1987年版，第169页。

野心欲可以包括建功立业、施展政治抱负等，这两种愿望经常合二为一。在人类社会中，人们都想掩饰这种愿望，以便使自己在社会中找到合适的位置。与这两种愿望相应，武则天的情感故事从这两方面成为失意文人的心灵补偿。

（一）与野心欲相应的政治理想的补偿

妖魔化武则天是男性失意政治人生的补偿。在政治上武则天是一个十足的成功者，但大多数男性在政治上难以达到武则天的高度。从心理学角度来看，男性的这种巨大的落差可以通过虚拟的性关系获得弥补。"出人头地的其他途径也都似乎全都向他关了门，公共生活中的权力已经成泡影，剩下的只有性的权利"①。从科举制度诞生以后，文人终生埋头于书海，期望能够"朝为田舍郎，暮登天子堂"。但能够金榜高中的毕竟是少数，大多数人都在这考试的队伍中成为登榜者的陪衬。付出毕生精力的结果却是仕进无路，报国无门。文人梦想能够有慧眼识人的明君为他们提供入仕的门径，能够把自己这颗沧海遗珠发掘出来。武则天不拘一格的用人方式为文人入仕提供了幻想。如《镜花缘》中武则天就是一个理想明君的形象，众才女的身上寄托了文人的梦想。

（二）与性欲相应的情感缺失的补偿

现实生活中的失意文人，没有仕途作为人生的支柱，有的又没有富裕的物质生活作为物质基础，再加上古代社会包办婚姻及女性被禁锢的思想，使失意文人的情感生活难以得到满足。文学中的女性提供

---

① ［美］凯特·米利特（Kate Millett）：《性的政治》，钟良明译，社会科学文献出版社1999年版，第877页。

了意淫的对象，使他们的情感得到补偿。艳情小说把武则天摆在公众面前，使她成了公共性对象（Public Sex Objects）。文学作品中的武则天是一个千娇百媚，风情万种的女人，艳情小说为这些看客提供了一个与这样铁腕女性发生情感故事的机会。征服一个事业上如此成功的女人，说明自己比她更胜一筹，虚拟地满足了自己的政治抱负。而这样成功女性的赞赏和肯定，实质上是男性的自我肯定与自我欣赏。他们在这里重新找回自信，找回人生价值。男性通过艳情小说借助女皇的身份抬高自己的地位，满足其虚荣心和征服的欲望，获得精神上的慰藉，达到身心平衡。

第三节 武则天形象演进的动力

武则天形象经久不衰，与其个人魅力、男女两性的博弈、王权政治及思想道德观念是分不开的。

一 武则天的个人魅力

（一）历史人物，史传传统

武则天是一个历史人物，受到人们的重视。中国人重视历史，历史上的武则天为小说创作提供了素材。中国人对史学的重视在世界上可谓是独一无二的。对于读者而言，这种对帝王将相的描写虽然不如史书正统，但比起那些以名不见经传的小人物为主人公的故事要显得有价值得多。小说等叙事文学不仅体裁源于史学，内容有很多也脱胎于史书。武则天是一个实实在在的历史人物，作为一个历史存在，她的生平事迹，人际交往等各个方面都是后人生发的起点。

小说家"补史之阙"的意识。古代小说具有强烈的补史的观念，尤其在涉及历史人物时，小说家往往以史家自居。他们把记录历史人物的故事，当作撰史的一种方式。所以小说又被称为"史遗"或"野史"，如李肇把自己的作品命名为"国史补"，就是为了"虑史氏或缺则补之意"。小说家希望自己的作品能够做到"补史之缺、参史之错、详史之略、续史之无"。他们把自己的地位与撰史者的地位放在同一个平台上，是对自我工作的一种肯定。即使是杜撰的小说，很多作者也会在结尾加上一句，说明这个故事是从某某人那儿听来的，以加深可信度。

(二) 帝王身份，关注焦点

帝王将相，本身就是人们关注的焦点。中国早期的典籍主要是以帝王将相为主角，小说和戏剧诞生之后，早期的主角也都是这些人物。一方面由于他们处于一国权力的焦点而具有超凡的影响力。另一方面，话语权掌握在帝王将相手中，关注自身所熟悉的题材，不自觉地把自己当作主人公，是所有创作者的共性。此外，对于士大夫而言，文学是一个非常重要的工具。树立帝王将相的正面形象是统治阶级维护统治秩序的需要。文人士大夫通过文艺作品一方面起到宣传统治者文治武功的作用，另一方面达到教育笼络广大民众的目的。明代早期的禁令可以说是这种状况的反证。朱元璋执政时先后多次发布了禁止扮演帝王将相的政令，明成祖朱棣也发布了很多同类命令，如：

> 永乐九年（1411）辛卯七月初一日，朝廷出榜禁词曲："今后人民，倡优装扮杂剧，除依律神仙道扮、义夫节妇、孝子顺孙、劝人为善及欢乐太平者不禁外，但有亵渎帝王圣贤之词曲、

驾头杂剧，非律所该载者，敢有收藏、传诵、印卖，一时拿送法司究治。奉旨，但这等词曲，出榜后，限他五日都要干净，将赴官烧毁了，敢有收藏的，全家杀了。"①

武则天是帝王序列中的一环，而且是非常有特色的一个，能够唤起人们的期待视野。

中国文学比较偏爱传统题材，常常对同一人物的同一故事进行多次演绎，如孟姜女的故事，王昭君的故事等。虽然是旧有题材的重新撰写，但却有着极强的生命力。郭英德先生认为"在文学艺术创作中，复制（Reproduction）实际上是一种行之有效的修辞方式。经由成批复制所产生的众多的'摹本'，固然消解了经由独创所产生的独一无二的'原本'的艺术魅力，但却同时也强化了'原本'所具有的审美感染力。由某类作品或某类人物形象所产生的特殊的审美感染力，由于被不同的作品重复再现，为人们反复欣赏、往往形成大众普遍的审美心理定式，反过来推动作家继续创作类似的作品或类似的人物形象。如此循环往复，构成了审美过程中一种屡见不鲜的现象"②。艳情小说虽然写的是新内容，但人物却是大家所熟知的。"一部文学作品，即便它以崭新面目出现，也不可能在信息真空中以绝对新的姿态展示自身。但它却可以通过预告、公开的或隐蔽的信号，熟悉的特点或隐蔽的暗示，预先为读者提示一种特殊的接受。它唤醒以往阅读的记忆，将读者带入一种特定的情感态度中，随之开始唤起'中间与终结'的期待，于是这种期待便在阅读过程中根据这类文本的流派和

① 程华平：《明清传奇编年史稿》，齐鲁书社 2008 年版，第 4 页。明初多次发布相关禁令，具体参见此书。
② 郭英德：《论元明清小说戏曲中的雷同人物形象》，《明清小说研究》1997 年第 4 期。

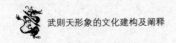

风格的特殊规则被完整地保持下去，或被改变、重新定向，或讽刺性地获得实现。"① 正是这种阅读记忆，惯性作用，使武则天形象保持了持久的魅力。

（三）名人效应，招徕读者

名人效应是指借用名人的影响力，达到引人注目，带动人群，扩大事态，加强效果的作用。名人效应的基础是民众对名人的认知及慕名心理。名人的高知名度可以最直接地引起人们的高度关注，尤其是负面消息。观众或读者通过对名人负面消息的了解，对名人语言行为的否定，消解名人高高在上的形象，拉近与名人的距离，达到对自我的肯定。所以名人的情事、艳事、桃色新闻无论在哪个时代，都很吸引人。武则天完全可以称之为名人，以她为题材的小说，可以借助武则天的知名度和影响力，吸引大众。而武则天的负面故事，无疑具有轰动效应。

古代文学中，普遍存在艳情化帝王的倾向。对于成功的帝王，红袖添香使金戈铁马变得更加荡气回肠。"英雄"必须有"美女"的映衬，有"阴柔"的对比，才更能显示出"阳刚"，形象才会变得更高大。对于昏庸的帝王，美女祸国是他们的罪行之一。无论是哪一种，风流韵事都会引起人们的兴趣，往往成为文人热衷的题材，如汉武帝、隋炀帝、唐明皇、宋徽宗等。武则天正、反面两种形象的塑造与人们的这种心态密不可分。

---

① ［德］H. R. 姚斯、［美］R. C. 霍拉勃：《接受美学与接受理论》，周宁、金元浦译，辽宁人民出版社 1987 年版，第 29 页。

二　男女两性的博弈①

武则天形象的演变在某种程度上是社会性别哲学泛化到政治学、伦理学领域的结果。男性掌握着对整个世界的控制权和主导权，只有男性才是救世主，才是人类的主宰，这种权利和地位不容许任何异性来侵犯。在传统观念中，女性应该守在家中，相夫教子，以夫贵为妻荣，不允许活跃在社会的舞台上。这种定位是人类社会后天形成的，是男权社会刻意塑造的。恰如西蒙·波伏娃所说："女人不是天生的，而是后天变成的。"当一个女性在社会活动中扮演了重要的角色，便会引起人们的关注。尤其武则天拥有了最高权力，成为一国之君，便不可能淡出人们的视野。武则天形象的演变的一个重要动因便是两种性别的角逐。

男性心理的作用。弗洛伊德提出了"自恋"的概念，弗洛姆在《人之心》中指出个体自恋在某些情况下会转变为群体自恋。男性作家在某些时候，会把个人的思想通过文学等途径转变成集体意识。"从任何想要维持生存的有组织群体的立场来看，把其成员的自恋动力变为群体自恋的动力是非常重要的。群体的幸存在某种程度上要依赖于这样的事实，即其成员要认识到群体生存的自恋，比他们个体的生存的自恋同等重要或还要重要得多，进而认为自己的群体与其他的群体比较，要更坚信正义和更有优越性。如果没有对于群体的自恋的专注，那么推动这个群体活动所必需的动力甚至为其作出巨大的牺牲，就要大大地减少。"② 也就是说把男性个体自恋情绪上升到整个男

① 参见韩林《武则天形象的嬗变及其性别文化意蕴》，《东北师大学报》2014 年第 5 期。

② ［美］埃利希·弗洛姆：《人之心：爱欲的破坏性倾向》，都本伟、赵桂琴译，辽宁大学出版社 1988 年版，第 64 页。

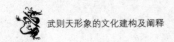

性集体的自恋是男性在社会中的生存方式。这种自恋导致男性产生强烈的性别优越感，并以各种各样的方式不断地建构、完善，这一过程同时伴随着对女性的贬低。这种思维使武则天的故事中处处显示出男权文化的烙印。

性别歧视观念。男权文化贬低武则天的方式之一便是把她与性联系在一起。贝蒂·弗里丹在《女性的奥秘》一书中指出，女性的性行为与智商成反比，也就是说，性行为能力越高，智商越低。无限夸大武则天情爱生活的艳情故事，客观上产生了贬低她智商的效果。在传统文化中，性对男女有着截然相反的意义。男人与性联系在一起，表现出的是男人的魅力和气概，是彰显自我，肯定自我的方式之一。当年迈回首时可以说是年少轻狂，后来折节向贤，浪子回头。而女性如果与性联系在一起，就变得万劫不复，臭名昭著。所以败坏女性名声的最佳武器就是在两性关系上做文章。淫女荡妇形象的塑造是为了从道德、人伦的角度败坏武则天的个人形象，从而达到丑化其政治面目的目的。

掌控女性的愿望。古代男性把女人财产化，可以公开以身份、地位、权利等条件按照一定的顺序，分配女性的数量及美貌程度。男性的魅力与女性的爱慕、数量及美貌成正比。张维娟在《元杂剧作家的女性意识》中提到"在公平竞争成为可能的前提下，'美色'的归属问题实际上在某种程度上体现了一个男性的发展空间与存在价值，这是属于自我实现层面的高级精神追求"。① 尤其是失意文人，秉烛夜读，红袖添香，是引以为豪的事情，也是炫耀的资本。他们幻想各种各样的美女主动献身，包括现实生活中的美女，不食人间烟火的神

---

① 张维娟：《元杂剧作家的女性意识》，中华书局2007年版，第261—262页。

女，下凡入尘的仙女，娇媚惑人的狐女等，于此，又增加了一个特殊
的人物——女皇。以女皇为意淫的对象，皇帝与女性的双重身份，使
文人不仅感觉到个人魅力的胜利，同时也是政治幻想的胜利。这种创
作心态代表了一大批士大夫对武则天所抱有的心理，是男性对脱离掌
控女性的幻想性报复，采用具有"天谴"意味的灾难对武则天施以毁
灭性的打击。

三　王权政治的影响

武则天政治形象的消解与王权政治观念密不可分。男人和女人的
政治博弈，推动了武则天形象的每况愈下。男女两性平分秋色，这是
生物界自然形成的规律。女子参政是社会政治建设的重要内容，是社
会进步的标志之一。在古代中国，女性只要与政治相联系，便很容易
被定位成"女子干政"。女子干政，即女性干涉政治。古代社会把女
性的生活只限于家庭，与政治无缘，只有宫廷中的女性由于家国同构
的原因在特殊的历史时期有机会参与政治，故女子干政通常指后宫干
政。一个"干"字表明这并非女子的本分，而是僭越之举，否定了女
性所有政治行为的合法性。

王权的强化过程同时也是男权强化的过程，与排斥女性参政的过
程是一致的。王权体制越完备，对女性的限制就越严苛。以这种体制
为背景的武则天形象就会随着这个强化过程日益被丑化。

第一，传统观念排斥女性参政。《尚书·牧誓》载，"牝鸡无晨。
牝鸡之晨，惟家之索"，纣王的"惟妇言是用"是他被讨伐的罪状之
一。孔安国传云："雌代雄鸣则家尽，妇夺夫政则国亡。"点出了后宫
干政的严重后果。《荀子·强国篇》中也反对后宫干政。受皇权支配
的文人士大夫站在正统立场，对武则天产生排斥情绪，有意无意地淡

化武则天作为女皇的正面形象。在书籍的编撰过程中，逐渐把女皇政绩这一块完全抛弃，这与女娲神话断裂的文化传统相关。"而到了宋代理学家那里，干脆就赤裸裸地指出，作为女人，女娲和武则天一样，根本就不应该出头露面，过问政治……女娲女皇之治的神话没有在后代的文学殿堂中获得像造人和补天神话那样繁荣的生机，其根本原因在于女皇问题涉及中国封建社会的最为重要的王权观念问题。"①女娲作为女皇身份的断裂，是人为造成的，是士人按照自己的文化需求对上古神话及历史典籍加以改造的结果。武则天与女娲一样，都因为涉及王权问题而具有同样的文化命运。

第二，不平等的性别观把女性驱逐出政治领域。从性别观上看，不仅儒家思想反对女性掌权，世界上许多其他国家也有这种思想倾向。苏格兰的改革者约翰·诺克斯特将女性统治看成是"荒谬的"，这源于亚里士多德的整个女性性别都是荒谬的观点。他还声称女性统治者的臣民因其君主的性别而反叛是不需要其他理由的。从神话当中也可以看到这种观念。夏娃和潘多拉的形象就是神话给女性的定位——"祸水"。中国古代非常歧视女性，男尊女卑的观念使人们用有色眼镜来看待女性执政。虽然这些女性有的非常有政治头脑，见识气度卓尔不群，如北魏冯太后等，但这不足以改变男性对王权独霸的欲望。不管女性是直接还是间接地参与政治，都被贬为"祸水"。也就是说，无论武则天做得多好都不会得到肯定，逃不脱"祸水"的命运。

第三，王位继承制度不允许女性执政。世界上进入封建时代的国家，大多数都是男性执政，并建立了严格的制度，排斥女性参政。欧

---

① 宁稼雨：《女娲神话的文学移位》，《文学遗产》2009 年第 3 期。

洲在罗马帝国解体后逐渐形成长子继承制，法国的萨利法典规定女性继承或通过女性家系的继承为非法。虽然如此，女子参与政治仍是世界范围内的普遍现象。中国的王位继承制度在远古时期是禅让制。从夏代禹传位于启开始，中国的王位继承制度演变成了世袭制。世袭制度是指某种专权如王位、爵位、封邑、财产等在同一个血缘家庭中一代一代地传给子孙的制度。在夏启当政的时代，基本上进入了父系氏族社会，男性继承成为一种习俗，但女性也可以有继承权。也就是说这时世袭制并没有从制度上完全确立。西周实行王位世袭制，确立了男性本位的宗法制度。宗法制是由原始社会末期的父系家长制演变而来的，是以嫡长子继承制为基本特点的权力分配制度。"立嫡以长不以贤，立子以贵不以长"（《春秋公羊传·隐公元年》），从制度上排斥了女性的继承权。此后的王位继承就只限于男性。如果没有嫡出男性，宁可在宗室近支中寻找男性继承人，也不肯给嫡出女性任何机会。

第四，历代统治者都采取各种具体措施压制外戚，严防女子干政。武则天之前，这类措施就已经存在。古代社会皇权内部所面临的威胁主要来自三方面：一种是藩王，一种是宦官，还有一种就是外戚。只要皇权处于弱势，这三方面势力便会蠢蠢欲动。其中，外戚是指帝王的妻族、母族等因婚姻而与皇帝形成的亲戚关系。外戚势力往往是后宫干政的附属品。女性参政必然要有人支持，最值得信赖的便是父兄及整个娘家。外戚势力大多是"一人得道，鸡犬升天"，如果原本是靠着家族势力入主后宫的，势力便更加强大。外戚在皇权强大时，常常能成为皇帝不可多得的左右手，如李世民时的长孙家族。但当外戚势力盛于皇权时，就面临着改姓的威胁，甚至有改朝换代的危险。

　　男权社会越是排斥女性参政，女性参与政治的欲望便越强烈，所以当条件成熟时，有些女性便会脱颖而出，在男权松动的夹缝中寻求政治生存。武则天改朝换代，但皇位继承人的问题，身后祭祀等这些前所未有的问题难倒了这个叱咤风云的女人，最后不得不传位于李氏子孙，袝庙归陵。在男性君主专制体制下，少数女性的抗争难以奏效，女性执政永远没有合法地位，她们只是在男性统治出现危机时的替代品。当这种危机过后，她们必须交出权力，退居原位。她们的使命是必须守候在替补的位置上待命，呼之则来，挥之即去。女性执政是男权的至高无上与男性皇位继承人执政能力暂缺之间妥协的产物，是特殊时期出现的特殊现象。

　　政治主导艺术。艺术与政治本来没有从属关系，但在皇权体制下，政治通过多种方式干预影响艺术，使其沦为政治的附庸。只有在主流意识影响不大的领域，在不影响政治的前提下，艺术才能发挥自己的独立性，求得生存发展的空间。正如宗白华所言"艺术不仅满足美的要求，而且满足思想的要求，要能从艺术中认识社会生活、社会阶级斗争和社会发展规律！把统治阶级的政治含义表现美，即把器具装饰起来以达到政治的目的"。① 虽然时过境迁，但这种作用却一直存在。

四　伦理道德的作用

　　武则天对伦理道德的触犯成为文人士大夫发挥说教功能的素材。武则天对社会伦理及家族伦理都进行了颠覆。从社会伦理角度看，武则天打破了女性的社会定位，登基为帝。从家庭伦理的角度来看，武

---

　　① 宗白华：《中国美学史论集》，安徽教育出版社 2006 年版，第 18 页。

则天以庶母的身份与嫡子乱伦，以母亲的身份杀子扼女，以妻子的身份拥有情人。在传统士大夫的眼中，这是道德败坏的典型。"在以伦理原则为绝对价值尺度的政治评价体系中，一切美好的都是具有德性的，也就是说，一切美好的都必须是符合宗法关系的政治要求的，即所谓政治标准第一。一切与美学感受有关的事物，都必须符合这个要求，否则便是丑的，便是不能容忍的。"① 武则天的做法不符合宗法关系，便是丑的，不能被容忍的。于是把所有的脏水都泼向武则天成了士大夫的一致行为。

这种一边倒的现象与恶魔效应不无关系。恶魔效应（Demon Effect）是晕轮效应（The Halo Effect）的负面作用。晕轮效应，又称"光环效应""光晕现象"和"成见效应"，是美国心理学家桑戴克于20世纪20年代提出来的，属于心理学范畴。晕轮效应指人们在认知过程中，抓住了一个方面，不自觉地将它夸大，如日、月的光辉向四周晕染、弥漫，从而掩盖了其他方面，导致以偏概全的现象。表现在人身上，常常因为第一印象、先在的意识或个人好恶，对某人产生某种看法，之后从这个看法出发，推导出认知对象的其他品质或特点。分为"积极肯定的晕轮"和"消极否定的晕轮"，后者则被称为恶魔效应。恶魔效应是晕轮效应的一种认知偏向。是菲利普·金巴杜在《恶魔效应：由善及恶之全解》中提出来的，也是心理学范畴。这与《论语·颜渊》中所说的"爱之欲其生，恶之欲其死"及俗语"厌恶和尚，恨及袈裟"是同样的道理。

男权文化为女性设定了一系列的规章制度，一直都小心翼翼地戒备着，一旦有女人偏离了他们所设定好的轨道，就会利用话语霸权摧

---

① 金太军、王庆五：《中国传统政治文化新论》，社会科学文献出版社2006年版，第7页。

毁她。按照这种逻辑，女性只有两种："天使"和"魔鬼"。如果一个女人做不了"天使"，那么她就必须被变成"魔鬼"，没有中间状态。所有站在官方正统立场上的人们为了防止武则天事件在历史上重演，把她塑造成一个反面典型。文人士大夫阶层为了达到教育女性的目的，也需要一个靶子。武则天集二者需要于一身，成为最合适的批判对象，集体打压的重点。男性给她扣上"魔鬼""荡妇"的帽子，扬鞭掘尸，让女人引以为戒。恶魔效应是一种偏执行为，使人们凭借主观印象做事而忽略客观因素。他们不去探讨武则天本来的真实面貌，而是紧抓武则天的负面记录，把这些污点大肆渲染，并把对这种行为的厌恶、鄙视与痛恨衍生到其他一切方面，降低了对武则天的整体评价，甚至全面否定、彻底妖魔化。

伦理道德具有普遍的约束力。"道德评价立足于历史学产生的原初目的，即历史文本具有道德说教的价值。这种评价以劝说为主，历史学家设想读者具有或能够具有与他相同的价值观。其表现大多是在历史文本中树立道德楷模，或对违背德行的行为进行批评。这样，读者在得知历史上的某个人物或事件在历史中产生的道德效应之后，较容易接受被给予的价值判断，从而树立自己的道德标准。"[1] 不仅是历史文本，其他文本也具有相似的功能。这些文本具有隐形的说服机制，能够利用人物形象、故事情节和叙述语言等，以客观的方式对读者产生潜移默化的影响。虚构的艺术作品具有指涉对象的不确定性，不会因为触及现实惹祸上身，又可以避免单纯说教的枯燥，更具有感染性和说服力。

武则天在中国古代文化中可以说是男女政治博弈的风向标。在历

---

① 陈新：《西方历史叙述学》，社会科学文献出版社 2005 年版，第 195 页。

史发展的进程中，女性不可能轻易退出历史舞台，男性总要压制女性，女性则一有机会便见缝插针。许多染指政治的女性都把武则天当作楷模，有的公开以武则天自况，有的虽然不敢明说，但内心却把武则天当作榜样。如宋代掌权的几个太后，清代的慈禧等。武则天的地位随着社会上女性地位的沉浮而起落。当女性想涉足政治，尤其是问鼎最高权力时，武则天题材便成为一种舆论先导，迎来春天。

附录　武则天相关资料提要

　　由于武则天故事分布比较广，材料相对零散，某些内容的多次重写造成的内容交叉、版本混乱等问题，如果不系统地整理一下，很容易出现纰漏。故本章对武则天的材料进行简要的整理，期望能够明了地展现武则天题材的文本概况，便于梳理故事演变的线索，为进一步研究奠定基础。以下材料按照朝代的顺序排列，在朝代之下按照历史典籍、野史笔记、小说戏曲、诗文等分类。每部作品简要介绍体裁、作者、著录情况及与武则天相关的内容等。①

---

　　① 本章的撰写参考了大批的目录学著作如晁瑮的《宝文堂书目》、高儒的《百川书志》、赵琦美的《脉望馆书目》、钱曾的《也是园书目》、董康的《曲海总目提要》、傅惜华的《元代杂剧全目》《明代杂剧全目》《明代传奇全目》《清代杂剧全目》、庄一拂的《古典戏曲存目汇考》、郭英德的《明清传奇叙录》、李修生的《古本戏曲剧目提要》、王森然的《中国剧目辞典》、罗锦堂的《中国戏曲总目汇编》、张棣华的《善本剧曲经眼录》、邵曾祺的《元明北杂剧总目考略》、梁淑安和姚柯夫的《中国近代传奇杂剧经眼录》、陶君起的《京剧剧目初探》、吴平和回达强的《历代戏曲目录丛刊》、昝红宇和张仲伟的《清代八旗子弟书总目提要》、黄仕忠、李芳和关瑾华的《新编子弟书总目》、宁稼雨的《中国文言小说总目提要》、袁行霈和侯忠义的《中国文言小说书目》、程毅中的《古小说简目》、李剑国的《唐五代志怪传奇叙录》、孙楷第的《中国通俗小说书目》、萧相恺和欧阳健的《中国通俗小说总目提要》、大塚秀高的《增补中国通俗小说书目》、陈桂声的《话本叙录》、刘世德的《中国古代小说百科全书》、刘叶秋和朱一玄的《中国古典小说大辞典》、石昌渝的《中国古代小说总目》、朱一玄、宁稼雨、陈桂声的《中国古代小说总目提要》等，具体条目不一一注明。

一　唐五代时期武则天相关资料提要

（一）历史典籍类

《则天实录》（《圣母神皇实录》《则天大圣皇后实录》）

编年体实录。前后三次修撰。第一次，《圣母神皇实录》，宗秦客等撰，18 卷。据宗秦客于天授元年（690）被贬而死来推断，应成书于武则天称帝之前。第二次，《则天大圣皇后实录》，魏元忠、武三思、祝钦明、徐彦伯、柳冲、韦承庆、崔融、岑羲、徐坚等撰，30（20）卷。约成书于中宗神龙二年（706）。第三次，刘知几、吴兢删定，约成书于开元四年（716）。《旧唐书·经籍志》著录《圣母神皇实录》18 卷，宗秦客撰。《新唐书·艺文志》中著录《则天皇后实录》20 卷（魏元忠、武三思、祝钦明、徐彦伯、柳冲、韦承庆、崔融、岑羲、徐坚撰，刘知几、吴兢删正）。《宋史·艺文志》录为《唐武后实录》20 卷。前两次分别成书于武则天和中宗当政时期，又分别由宗秦客（武则天从姊之子）和武三思（武则天异母兄武元庆之子）两位武家人领衔修撰，有美化武则天倾向，故不传。第三次由两位史家刘知几、吴兢主持修撰，比较客观。但囿于正统观念的影响，数次修撰均不传。全书按照时间顺序，记录武则天朝的政治、经济、军事、文化等方面的政务大事，并依次插入重要朝臣亡殁情况。

《旧唐书》（《唐书》）

纪传体断代史。五代后晋刘昫等撰。《崇文总目》《郡斋读书志》《直斋书录解题》《新唐书·艺文志》《宋史·艺文志》皆有著录，称为《唐书》。为了与《新唐书》相区别，明代《文渊阁书目》等录为

《旧唐书》。是现存最早的系统记录唐代历史的官修史书。其中涉及武则天篇幅较多的有：

《高宗》卷四、卷五，本纪第四、第五，记载唐高宗李治于永徽六年废王皇后为庶人，立武昭仪为皇后。褚遂良等因谏阻遭贬，李义府等因拥立升迁等。

《则天皇后》卷六，本纪第六，记录了武则天从14岁入宫起，一直到入葬乾陵的经历，概括了武则天一生的事迹。

《中宗、睿宗》卷七，本纪第七，记载中宗与睿宗的生平。其中包括中宗继承皇位，被贬为庐陵王，复称帝；睿宗继承皇位、被废又继位的历史。这两个人的经历都涉及关于武则天的内容。

《后妃传》卷七十六，列传第一，记录了从高祖太穆皇后窦氏一直到玄宗的杨贵妃13人的生平事迹。其中高宗废后王氏与良娣萧氏的列传中提到王皇后把武则天从感业寺接入宫中，后来王皇后、萧淑妃二人受到武则天迫害的故事，成为后世文学艺术作品的重要题材。

（二）小说笔记类

《朝野佥载》

笔记小说集。唐张鷟撰。据《新唐书·艺文志》《宋史·艺文志》的著录，原书为20卷，《宋史·艺文志》另收3卷补遗本，《郡斋读书志》又说补遗为35门，这3卷是否是张鷟所作存疑，《四库提要》怀疑它是后人附益。另外，《直斋书录解题》和《徐氏红雨楼书目》作1卷，大约元明以后，原书20卷包括补遗3卷都已不传。北京图书馆今藏五卷残本。因属于时人记时事，故保存了大量第一手资料，为《资治通鉴》等书所引用。玄宗开元以后之事，当为后人增入。书中记载了隋至唐开元间朝野佚闻，内容广泛，武后朝占了很大篇幅，涉及武则天的相对较多，但不集中，散于各处。如：

卷一中有关于武则天怒诛阎知微及武则天谣谚的故事等。

《隋唐嘉话》（《国朝传记》《传记》《国史异纂》《小说》）

笔记小说集。唐刘悚撰。《旧唐书·经籍志》没有著录。《新唐书·艺文志》小说家类著录《传记》3 卷。《宋史·艺文志》小说类收《传记》3 卷，《隋唐嘉（原作佳）话》1 卷。传记类作《国史异纂》3 卷，又《国朝传记》3 卷。南宋陈振孙《直斋书录解题》小说家类著录《隋唐嘉话》1 卷。《资治通鉴考异》录为《小说》。《宝文堂书目》子杂类有著录。《徐氏红雨楼书目》小说类著录为 3 卷，《四库全书》未收。今本《隋唐嘉话》大致可以认为是刘悚《国朝传记》和《小说》的异名。《隋唐嘉话》记载南北朝至唐开元年间历史人物的言行事迹，对于隋末及武周时期的政治颇有微词。两唐书和《资治通鉴》里的部分史料取材于此。书中涉及武则天的相对较多，但不集中，散于各处。如：

卷中有褚遂良谏阻立武则天为皇后；武则天因徐敬业谋反而掘其祖坟，雾三日不散。

卷下有科举糊名、匦院设司皆缘于武则天；苏良嗣掌批薛怀义，武后不但不责罚苏良嗣反而劝薛怀义避之；武后诛阎知微族；王瀇鬼魂求武后护墓；宋之问夺袍故事等。

《大唐新语》

笔记小说集。唐刘肃撰。《新唐书·艺文志》杂史类著录 13 卷，《宋史·艺文志》别史类作《唐新语》，明人刻本改题《大唐世说新语》或《唐世说新语》，《四库全书》据《新唐书》复归原名，列入小说家杂事类。此书记录从唐初到大历年间唐代人物言谈行为，旧闻佚事，多取材于《朝野金载》《隋唐嘉话》，仿《世说新语》体例，分为匡赞、规谏、极谏等 30 个门类，13 卷，书后《总论》表明意图，以前事为鉴。武后朝人物占有很大比例。

涉及武则天的相对较多，但不集中，散于各处。

《纪闻》

笔记小说集。唐牛肃撰，崔造注。《新唐书·艺文志》《崇文总目》《宋史·艺文志》都著录 10 卷，《宋史·艺文志》注明是"崔造注"。牛肃卒于代宗朝，崔造卒于贞元三年，故《纪闻》应成于贞元之前，原书已佚。《太平广记》引文 100 余条，现存的钞本 10 卷是从《太平广记》中辑出的。书名取自《史记·封禅书》"其详不可得而纪闻云"。内容广泛，涉及志怪志人，记佛教怪异事较多，时间止于肃宗朝。涉及武则天较多的有：

《周贤者》故事叙述了周贤者对宰相裴炎在唐高宗及武则天朝命运的预言得到应验，以显示道家的法力。

《仪光禅师》记录了唐宗室琅琊王之子仪光禅师逃脱武后追捕以后遁入空门，抵制女色诱惑，修成正果的故事。

《洪昉禅师》载，普通人以洪昉为妖而武则天不以为然，召之，悉心供养以求教。

《裴仙先》记裴炎的侄子裴仙先遭到武则天迫害，历经磨难，复唐以后官复原职的故事。此故事被明人收入《古今说海》中，题名为《裴仙先别传》，不著撰人。

《牛腾》记裴炎的外甥牛腾在异人的帮助下逃过武则天酷吏迫害的故事。

《苏无名》记苏无名在天后严逼情况下，智捕盗贼的故事。

《徐敬业》载，徐敬业兵败后，官兵擒得其替身献给武则天。而徐敬业则隐遁为僧，修成正果。

《酉阳杂俎》

笔记小说集。唐段成式撰。前集 20 卷，续集 10 卷。《新唐书·艺文志》小说家类、《通志·艺文略》小说类著录 30 卷。《郡斋读书志》著录 20 卷，《续酉阳杂俎》10 卷。酉阳，即小酉山，在今湖南沅陵，相传山下的石穴中藏书千卷。秦时有人避乱于此学习。梁元帝赋有"访酉阳之逸典"之语。段成式自序中自称家藏秘籍可与酉阳逸典相比，又因书中内容驳杂，故名。涉及武则天较多的有：

卷一《忠志》载，武则天初生时，雌雉皆雊。右手中指有黑毫，左旋如黑子，引之尺余。

武则天读骆宾王为徐敬业所作檄文时的表现。

卷三《贝编》载，武则天时任用酷吏，人人自危，大臣上朝时每日都与家人生作死别。博陵王崔玄暐的母亲请僧人万回帮其子禳灾，躲避酷吏陷害的故事。

睿宗生于含凉殿时，武则天于殿内造玉佛像。

续集卷四《贬误》载，武则天时有人献三足乌以为祥瑞，有人说其中一足是假的。武则天言载入史册即可，不必察其真伪。

《芝田录》

笔记小说集。唐丁用晦撰。《新唐书·艺文志》《崇文总目》等小说家类著录 1 卷。《类说》与《郡斋读书志》所言卷数有出入。《类说》《太平广记》《绀珠集》《说郛》《海录碎事》《锦绣万花谷》等均有引文。原书已佚。书中现存佚文多与政治教化相关。涉及武则

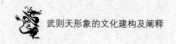

天较多的是：

《高宗针百会》载，高宗苦于风疾，御医秦鸣鹤欲为高宗在头部施针放血治疗，被武则天怒斥。高宗坚持让秦鸣鹤施针，果有缓解。武则天亲负赏物并拜谢。

《集异记》（《古异记》《集异录》）

笔记小说集。唐薛用弱撰。《新唐书·艺文志》小说家类著录3卷，《郡斋读书志》衢本著录两卷、袁本作3卷，《崇文总目》录为3卷，《宋史·艺文志》录为1卷，并指出又名《古异记》，《四库全书总目提要》录为1卷，今本为两卷16篇。该书收集隋唐间见闻成篇，颇有文采，四库馆臣誉之为"小说家之表表者"。书中主要记录隋唐时期的奇闻逸事，受《世说新语》影响，多记当时名人佚事。① 涉及武则天较多的有：

《集翠裘》载，武则天命狄仁杰与张昌宗赌双陆，狄仁杰获胜，赢得张昌宗的集翠裘，出门后付之于马奴，以嘲讽张昌宗。

《叶法善》载，武则天曾经召见叶法善，叶法善维护李唐宗室而不诌媚武则天。

《异闻集》（《异闻集传》）

传奇小说选集。唐陈翰编辑。原著已佚。《崇文总目》和《新唐书·艺文志》小说家类著录十卷。《遂初唐书目》作《异闻集传》。《郡斋读书志》《直斋书录解题》都有著录。据《郡斋读书志》载其内容多记唐朝奇闻逸事。《直斋书录解题》推断第七卷王魁故事当为后人窜入。学者从《绀珠集》《类说》《太平广记》等书中辑出佚文

---

① 参见宁稼雨《中国文言小说部目提要》，齐鲁书社1996年版，第90页。

40 余篇，其中《枕中记》《任氏传》《李娃传》《霍小玉传》《南柯太守传》等都是传世名篇。此书被广泛引用，也混入了后人的作品，详情有待考证。涉及武则天的有：

《韦安道》（《后土夫人传》），唐佚名撰。宋叶梦得《避暑录话》卷三、《艺苑雌黄》都提到唐人作《后土夫人传》。《绿窗新话》卷上《韦生遇后土夫人》《太平广记》卷二百九十九《韦安道》都是这则故事的演绎。明人收入《虞初志》中，改成《韦安道传》，题为唐张泌撰。《百川书志》传记类、《宝文堂书目》子杂类据《虞初志》题著录。书生韦安道与后土夫人结合，韦安道的父母上奏武则天，武则天派人前来除妖，最后由韦安道出面逼她返回仙界。后土夫人安排好韦安道的后半生并授意武则天照顾他。武则天是大罗天女，为当时的人间主。此故事影响深远。

《感定录》（《感定命录》）

笔记小说集。五代佚名撰。《通志·艺文略》传记冥异类录为一卷，名为《感定命录》，未题撰人。《崇文总目》《宋史·艺文志》小说类著录 1 卷。有人怀疑与钟辂《前定录》同为一书。原书已佚，详细情况尚无定论。《太平广记》《新编分门古今类事》引有佚文，共23 条。本书记载隋至唐末间各种命定之事，据现存佚文来看，多是为人们已熟知的历史事件寻找前兆依据。

《袁天纲》（《太平广记》卷七十六）载，武则天还在襁褓中时，袁天纲就预言其以后将成为天下主。

《贞观秘记》（《太平广记》卷第二百一十五）载，贞观中《秘记》载唐三代以后将有女主王天下，唐太宗访之于李淳风，李淳风证实并谏阻唐太宗诛除疑似者。

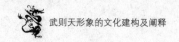

（三）诗文类

《黄台瓜辞》

五言古诗。唐李贤作。李贤，字明允，高宗李治的第六子，武则天的二儿子，在李弘去世后被封为太子。后来以谋反罪被贬为庶人。武则天掌权，派丘神勣去监视他，丘神勣却逼他自杀。中宗神龙二年（706），迎回其灵柩陪葬乾陵。睿宗景云二年（711），恢复其皇太子地位，谥章怀太子。《旧唐书》《全唐诗》都记录了这首诗。全诗为：

"种瓜黄台下，瓜熟子离离。一摘使瓜好，再摘令瓜稀，三摘犹尚可，四摘抱蔓归。"劝诫武则天不要为了政权泯灭亲情。

《感遇》

五言古诗。唐陈子昂作。共38首。陈子昂（约661—702），字伯玉。梓州射洪（今四川射洪）人。因曾任右拾遗，故称陈拾遗。高宗崩时，他上书请在洛阳建高宗陵。武则天亲自召见，拜麟台正字。他以记室身份随武攸宜征伐契丹，但并没得到重用，武则天当政时他提出了很多建议，多不被采纳。圣历初辞官归家。父殁后，县令段简将其罗织入狱，死于狱中，时年43。两《唐书》皆有传。存诗100多首，有《陈子昂集》。《感遇》共38首，部分诗歌涉及对武则天执政的评价及对当时政策的一些看法：

第四：讽刺武则天为了权利泯灭亲情。

第九：揭露武则天以图谶祥瑞造舆论的虚妄。

第十七：指责武则天佞佛劳民伤财。

第二十九：反对武则天的军事扩张政策。

《赠秘书监江夏李公邕》

五言古诗。唐杜甫作。《八哀诗》之一。《八哀诗》共 8 首，是杜甫伤悼王思礼、李光弼、严武、李琎、李邕、苏源明、郑虔、张九龄 8 人的诗作。其中《赠秘书监江夏李公邕》是为哀悼李邕所作。李邕（678—747）是唐代著名的书法家，被誉为"书中仙手"。他曾任北海太守，人称李北海。武则天执政时，御史中丞宋璟弹劾张昌宗、张易之兄弟等人，引起了武则天的不悦。当时李邕虽官小位卑，却敢挺身而出，直言抗诤，缓解了当时的紧张气氛，使武则天认可了宋璟和李邕之言。诗中提及这件事：

"往者武后朝，引用多宠嬖。否臧太常议，面折二张势……"

《观狄梁公传》

五言律诗。张祜（约 782—852），字承吉，邢台清河人，唐代著名诗人。张祜出生于名门望族，家世显赫，又负才名，人称张公子，被誉为"海内名士"。他以诗句"故国三千里，深宫二十年"得名，杜牧作诗赞他"谁人得似张公子，千首诗轻万户侯。"张祜耿介孤傲，自负清高，名声很大但仕途坎坷。《全唐诗》收录他的诗歌 349 首。他的诗众体兼备，在中晚唐诗坛上独树一帜。此诗歌颂狄仁杰，涉及武则天的内容：

"失运庐陵厄，乘时武后尊。五丁扶造化，一柱正乾坤。上保储皇位，深然国老勋。圣朝虽百代，长合问王孙。"

《复留侯从效问南汉刘岩改名龑字音义》

五言古诗。后梁詹敦仁作。詹敦仁（914—?）字君泽。安溪首任县令，追封靖惠侯。这首诗是詹敦仁答刘从效所作。他认为刘岩造"龑"字为自己名字的做法与武则天造字"曌"类似，是以毒蛟之

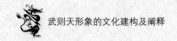

姿，觊觎帝王之位，属于僭越。

"大唐有天下，武后拥神器。私制迄无取，古音实相类……唐祚值倾危，刘龑怀僭伪。吁嗟毒蛟辈，睥睨飞龙位。龑岩虽同音，形体殊乖致。"

《代李敬业讨武氏檄》（《讨武曌檄》）

文言文。唐骆宾王撰。骆宾王（约627—684），字观光，婺州义乌人（今浙江义乌）人。唐初诗人，与王勃、杨炯、卢照邻合称"初唐四杰"。曾被诬下狱，赦免后出任临海县丞，故又称骆临海。光宅元年（684），武则天称帝，徐敬业起兵，骆宾王起草了这篇檄文。他的诗文现存100余篇。明胡应麟命名为《临海集》。清陈熙晋的笺注最为完备。全文历数武则天的罪状，不仅受到时人关注，且令武则天大加赞赏。

《则天大圣皇后哀册文》

唐国子司业崔融撰。哀册亦作"哀策"，是古代的一种文体。古代帝王、后妃死后，为其写的祭文，刻于玉、石、竹、木等碑上，内容多是歌功颂德。在入葬时所举行的"遣奠"仪式上，由太史令朗读后，埋入陵中。崔融此文先说明武则天死时的时间、地点、殡葬等情况。然后简要概括武则天的生平。

《宜都内人传》

文言文。唐李商隐撰。李商隐字义山，号玉溪生、樊南生（樊南子）。晚唐著名诗人。诗歌、骈文俱佳，与杜牧合称"小李杜"，与温庭筠合称为"温李"，与当时的段成式、温庭筠（三人在家族中排行都是第十六）并称为"三十六体"。有《樊南甲集》《樊南乙集》，《玉溪生诗》等。《宜都内人传》中以宜都内人与武则天对话的形式，借宜都内人之口劝诫武则天屏去男妾。

（四）图像及其他

《唐后从行图》

绘画。唐代张萱绘。绢本，设色，立轴，纵 180 厘米，宽 100 厘米（据朱绍良文）。张萱是京兆（今陕西省西安市）人，生卒年不详。唐玄宗时期可能担任过宫廷画师，擅画贵族仕女、宫苑鞍马。《宣和画谱》著录他的画有《明皇纳凉图》《整妆图》《卫夫人像》等 47 件。其真迹全佚。现存传为宋徽宗赵佶摹本《虢国夫人游春图》，藏于辽宁省博物馆藏，宋摹本《捣练图》，藏于美国波士顿美术馆。

《唐后从行图》原画不传，除《宣和画谱》外，《式古堂书画汇考》《大观录》《绘画备考》《墨缘汇观》《诸家藏画簿》等皆有记载。故宫博物院藏有近人俞明于 1919 年的摹本。北宋摹本《唐后行从图》曾是近代著名收藏家张珩的头号藏品。2013 年 6 月 19 日，此画在法国以 475 万欧元的价格成交，现藏于收藏家陆忠古手中。学者根据张萱的生平及画面表现内容推断此"唐后"当为武则天。

《写武后真》

绘画。唐代杨庭光绘。《宣和画谱》收录。《宣和画谱》卷二载"善写释氏像与经变相，旁工杂画、山水等，皆极其妙。时谓颇有吴生体，但行笔差细，以此不同。要之行笔细，则所以劣于吴生也"。当时御府所藏其画 14 幅。其中有一幅为《写武后真》，应该是武则天画像。

《写武后真》

绘画。唐代周昉绘。周昉擅长画人物，尤其是贵妇，体态丰腴，被誉为古今之冠。唐贞元年间,有新罗人在江淮一带高价求其画。他的宗教画曾成为长期流行的标准,被称为"周家样"。代表作有《簪花仕女图》卷、《挥扇仕女图》卷等。《宣和画谱》载,周昉生平所绘甚多,散佚也多。当时御府藏有其画 72 幅,其中 1 幅为《写武后真》,应该是武则天的写真。

《摘瓜图》

绘画。唐代李昭道绘。唐朝宗室,彭国公李思训之子,长平王李叔良曾孙。甘肃天水人。曾为太原府仓曹、直集贤院,官至太子中舍人。擅长青绿山水,世称小李将军。兼善鸟兽、楼台、人物,并创海景。代表作《春山行旅图》轴,《明皇幸蜀图》卷,现藏台北"故宫博物院"。《宣和画谱》载当时御府所藏其画 6 幅。"武则天时,残虐宗支,为宗子者亦皆惴恐,不获安处。故雍王贤作《黄台瓜辞》以自况,冀其感悟,而昭道有《摘瓜图》著戒,不为无补尔。"

此画据武则天次子李贤《黄台瓜辞》而画。

武则天除罪金简

器物。唐代武则天的金器。约公元 700 年左右。现藏于河南博物院。发现时间为 1982 年 5 月,地点是登封县嵩山峻极峰北侧。规格:长 36.5 厘米,宽 8 厘米,厚度不足 0.1 厘米,重约 233.5 克,黄金纯度在 96% 以上。正面镌刻双钩楷书铭文"上言:大周国主武曌好乐真道,长生神仙,谨诣中岳嵩高山门,投金简一通,乞三官九府,除武曌罪名。太岁庚子七月庚子七月甲寅,小使臣胡超稽首再拜谨奏"。这是武则天在久视元年(700)命太监胡超投在嵩山,以赎罪消灾。这是中国目前发现的唯一金简。

二　宋元时期武则天相关资料提要

（一）历史典籍类

《新唐书》

纪传体断代史。北宋欧阳修、宋祁等撰，225 卷。约于北宋仁宗庆历四年（1044）到嘉祐五年（1060）完成，前后约 17 年。《宋史·艺文志》录为 255 卷《目录》1 卷。其中涉及武则天篇幅较多的有：

《高宗皇帝》卷三，本纪第三，记载唐高宗李治于永徽六年废王皇后为庶人，立宸妃武氏为皇后。同年杀王庶人。

《则天顺圣武皇后·中宗皇帝》卷四，本纪第四，是武则天与中宗的合传。记载武则天的一生事迹，侧重于作为帝王的政治统治方面。

《睿宗皇帝·玄宗皇帝》卷五，本纪第五，武则天复立中宗为皇太子，封皇嗣为相王，授太子右卫率。

《后妃上》卷七十六，列传第一，记录了从太穆窦皇后到元献杨皇后杨贵妃等 13 人的生平事迹。其中，高宗则天顺圣皇后武氏记载了武则天从才人到皇后至称帝的事迹。

《资治通鉴·唐纪》

编年体通史。北宋司马光撰。294 卷。从北宋英宗治平三年（1066），到神宗元丰七年（1084），共 19 年。宋神宗希望能够"鉴于往事，有资于治道"，赐此名。书中记录了从周威烈王二十三年（前403）到后周显德六年（959），包括 16 个朝代 1362 年的历史。按朝代分为 16 纪，其中《唐纪》最多，共有 81 卷。

《唐纪·太宗文武大圣大广孝皇帝》载，武则天 14 岁，因"美容止"被太宗征入宫中。

《唐纪·高宗天皇大圣大弘孝皇帝》载，武则天与高宗结识，从才人、昭仪到皇后的人生。

《唐纪·则天顺圣皇后》载，从李显即位开始到武则天徒居上阳宫，系统地记录了武则天独掌大权的历史。

《唐纪·中宗大和大圣大昭孝皇帝》载，神龙政变，武则天崩于上阳宫，葬于乾陵。

其他部分如《唐纪·睿宗玄真大圣大兴孝皇帝》《唐纪·玄宗至道大圣大明孝皇帝》等卷中也不同程度地涉及武则天。

《唐会要》

会要类断代史。北宋王溥撰。记述唐代典章制度、历史地理、风俗民情沿革变迁的史书。最早是由唐代苏冕编成《唐会要》40卷，记录了从高祖至德宗共9朝历史。杨绍续修到唐武宗时代，为《续唐会要》40卷。王溥搜集自宣宗至唐末之史事，于建隆二年（961）撰成《新编唐会要》100卷。现在通行的即王溥《新编唐会要》，简称《唐会要》，它是我国历史上第一部会要体专著。

《唐会要》卷三《天后武氏》简略概括武则天的一生。在许多其他章节中都涉及武则天，材料相对零散。

（二）类书类

《太平御览》（《太平总类》）

百科全书性质类书。北宋李昉、李穆、徐铉等奉敕编纂。《直斋书录解题》作《太平总类》，《四库全书总目》载，初名为《太平编类》。从太平兴国二年（977）至太平兴国八年（984），历时6年。共55部550门1000卷。采以群书类集之，故初名为《太平总类》。书成之后，太宗日览三卷，一岁而读周，故诏改为《太平御览》。涉及武则天内容较多的有：

皇王部（41 卷 17 类，附 7 类）、皇亲部（20 卷 46 类，附 13 类）、百卉部（7 卷 107 类）。

《太平广记》

小说类类书。宋代李昉等奉敕编撰。《宋史·艺文志》中著录。全书共 500 卷，目录 10 卷。开始编撰于太平兴国二年（977），次年完成，仅用两年时间。因为是太平兴国年间与《太平御览》同时编纂，故名《太平广记》。内容取材于汉代至宋初的野史小说及佛藏、道藏等，是一部宋前小说总集。该书按主题分 92 大类，下面又分 150 多个小类。引文注明出处，故保存了大量小说。多篇涉及武则天，因唐代资料中已述，故此处不再罗列。

《册府元龟》（《历代君臣事迹》）

政事历史类类书。宋王钦若、杨亿等奉敕编撰。1000 卷。从景德二年（1005）到大中祥符六年（1013），历时 8 年。此书时限为“历代”，范围为“君臣事迹”，其他则不在其列，故初名《历代君臣事迹》，书成进呈，诏题《册府元龟》。“册府”是书册的府库，“元龟”是大龟。古人认为龟可以预知未来，凡可资借鉴之事，称之为“龟鉴”。该书援据经史，不录杂说野闻。现在通行的为 1960 年中华书局影印崇祯本，并用残宋本补其漏条。涉及武则天内容较多的有：

帝王部（181 卷 128 门）、闰位部（37 卷 78 门）、储宫部（6 卷 17 门）。

《彤管懿范》

后妃事迹类类书。宋王钦若等人撰。被称之为女《册府元龟》，共 6 部，140 门。《玉海》载：大中祥符元年（1008）“诏妇人事，别为一书……八年闰六月庚辰，枢密使王钦若上奉诏编修后妃事迹 77 卷。赐名《彤管懿范》。大约如《册府元龟》，凡六部、百四十门。诏钦若撰序。九月丙寅钦若上之。"《崇文总目》类书类记为 70 卷，《续资治通鉴长编》卷八十五作 70 卷。据胡道静先生所说，应是 70 卷。该书体例应如《册府元龟》，只是记妇人之事。其中应有关于武则天的内容，可惜原书已失传，难窥其貌。

《重广会史》

历史政事类类书。在国内失传已久，《郡斋读书志》《直斋书录解题》都未见著录。《宋史·艺文志》子类中，类书类著录为 100 卷，未著撰者。北宋刊孤本由朝鲜流入日本，藏于前田侯爵家。1928 年经日本育德财团用珂罗版影印，线装 20 册，并附《景宋本〈重文会史〉、解题》1 小册。据胡道静先生推测，该书约成书于宋嘉祐五年到建中靖国元年 42 年间。是一部综合《十七史》历史政事的书。全书 100 卷，每卷多者 10 门，少者 2 门，共 553 门。门目为主题性质。有可能涉及武则天的有：

【卷第五】君臣相遇第一、君臣相须第二、君不疑臣第三、君疑于臣第四、君戒于臣第五、臣戒于君第六。

（三）笔记小说类

《唐语林》

笔记小说集。宋代王谠撰。《郡斋读书志》小说类著录，10 卷，不题撰人。《直斋书录解题》作 8 卷，并云《中兴馆阁书目》为 11 卷。《宝文堂书目》子杂类有著录。《徐氏红雨楼书目》小说类录为 8 卷。南宋时本书已有 8 卷、10 卷、11 卷三种版本。今人或以为这是由于书成之后没有定本，遂以各种卷秩的抄本流传（周勋初校证本前言)。《唐语林》原书在明初散佚。现存最早刊本为明嘉靖二年（1523）齐之鸾刻本。今通行八卷本，前四卷为齐本，后四卷为四库馆臣从《永乐大典》中所辑。全书仿《世说新语》体例，按内容分门编排，将《世说新语》原有的 35 门（今 36 门）扩大为 52 门。书中采录唐人笔记小说 50 余种，涉及政治史实、传说佚事，名物制度等，具有重要的史料价值。

多处涉及武则天，但材料比较零散，分布多处。

《吉凶影响录》

志怪小说集。宋岑象求撰。《郡斋读书志》小说类题为《吉凶影响》，10 卷。《宋史·艺文志》作 8 卷。原书已佚。此书部分故事采自前人的著作，部分是作者耳目所得，多是奇事怪闻、善恶凶应之事，对前代历史也常有抨击讽喻之意。

《武后狱》描写黄靖国死后入冥间，见到武则天时期的酷吏受到惩罚的故事，寄托了作者对武则天酷吏政治的批判。

《梁公九谏》

宋代话本。作者佚名。共 1 卷 9 段。原名《梁公九谏词》，疑为狄仁杰九谏图之讲解词，类似变文。据鲁迅（《中国小说史略》第十二篇）、孙楷第（《中国通俗小说书目》卷一宋元部）；胡士莹（《话本小说概论》第七章第二节）等人的考证，是宋代作品。程毅中称"其创制或在宋代之前"。宋元以来没发现此书刊本，也未见书目著录，清初钱曾《读书敏求记》及《述古堂书目》中始见著录。清嘉庆十一年（1806）始有黄丕烈所刊《士礼居丛书》本传世，尚有覆"士礼居"钞本。内容多采自文史记载，以对话的形式出现，文字古朴，俚俗相间。叙述唐相狄仁杰九次劝谏武则天的故事。

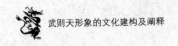

（四）戏曲类

《武则天》

金院本。作者佚名。元陶宗仪《南村辍耕录》著录。元关汉卿有《武则天肉醉王皇后》，可能为同一题材。剧本已佚。

武则天登上皇后宝座之后，把王皇后和萧淑妃囚于别室。一日，高宗闲步至此，伤之并欲有所为。武则天闻之大怒，杖二人各百，又令断二人手足并置于酒瓮中，令骨醉，数日不死又矫诏杀之。萧淑妃临死时发愿来世要阿武为鼠，自己为猫，生生扼其喉。故宫中不养猫。

《狄梁公》

传奇。作者佚名。《传奇汇考标目》别本佚名作者中列有《狄梁公》一本，是为旧传奇。剧本佚。剧情不详。元关汉卿有《风雪狄梁公》杂剧一目。

此剧应该涉及武则天。

《武则天肉醉王皇后》（《王皇后》）

杂剧。元关汉卿作。《录鬼簿》（曹本）著录，天一本略作《肉醉（原为"生"字误）王皇后》《太和正音谱》《元曲选目》并作简名。剧本已佚。

内容似出自《唐书·后妃列传》，与金院本《武则天》相似。

《风雪狄梁公》（《狄梁公》）

杂剧。元关汉卿著。《录鬼簿》著录。《太和正音谱》《元曲选目》并录简名。剧本已佚。剧情不详。

内容似出自《唐书·狄仁杰传》，应该会涉及武则天。

《狄梁公智斩武三思》（《武三思》）

杂剧。元于伯渊著。《录鬼簿》著录，天一本作《狄梁公智斩武三思》，《太和正音谱》《元曲选目》并录简名。剧本已佚。内容或出于《唐书》。

武则天在位时武三思谋为太子，为狄所阻，不得。武则天死后，武三思得幸于中宗，出入宫禁与韦后通，又谋废节愍太子，太子与李多祚等拥兵捕斩之。当时距狄仁杰过世已经三年，此剧题材采自传说附会。

《扯诏立中宗》（《立中宗》《褚遂良扯诏立东宫》）

杂剧。元姚守中著。《太和正音谱》《元曲选目》皆著录。剧本已佚。内容似出自《大唐新语》卷一。公元684年中宗李显被废，武则天掌权。如果是立中宗应该是此后的事。而褚遂良于显庆三年（658）被贬死，其间相差几十年，不可能有扯诏立中宗之事。曹本作《褚遂良扯诏立东宫》，东宫不一定是中宗。据《唐书·褚遂良传》推断，有可能是谏阻立魏王李泰之事，但此事并没有扯诏的记载。明诸圣邻《大唐秦王词话》第五十八回有褚遂良救李世民之事，也无扯诏情节。故剧本具体内容难以确定。元赵善庆有《褚遂良执笏谏》杂剧，不知与此是否是同一题材。

此剧有可能涉及武则天。

《褚遂良执笏谏》（《执笏谏》）

杂剧。元赵善庆作。《太和正音谱》《元曲选目》并作简名。天一本作《褚遂良掷笏谏》，剧本佚。两《唐书》载褚遂良谏阻皇帝事较多，如谏阻唐太宗立魏王李泰为太子，谏阻唐高宗立武则天为皇后。小说中还有谏阻唐高祖欲加害李世民（听信李建成等人的谗言）事。

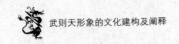

这三件事中以谏阻立武则天为后之事可能性比较大，此事《隋唐嘉话》中也有记载。

《张昌宗双陆博貂裘》

杂剧。作者佚名。《传奇汇考标目》别本著录。疑为杂剧，剧本已佚。从题目看应该是狄仁杰与张昌宗玩双陆，赌赢武则天所赏貂裘之事。

（五）诗文等类

《过狄仁杰墓》

七言律诗。杨果（1195—1269）字正卿，号西庵，祈州蒲阴（今河北安国县）人。杨果幼失怙恃，成年后以教书为生，金哀宗正大元年（1224）进士及第。受到李蹊的赏识，举荐为官。以干练廉洁著称，政绩卓著，官至参知政事。卒谥文献。工文章，长于词曲，明朱权《太和正音谱》评其曲"如花柳芳妍"，著有《西庵集》。他由金入元，诗文追怀故国、反映社会现实，体现了金元之际文人出仕新朝的复杂心态。

全诗为"牝鸡声里紫宸寒，神器都归窃弄间。一语唤回鹦鹉梦，九霄夺得凤雏还。荒坟寂寞临官道，清节孤高重泰山。为问模棱苏相国，当时相见果何颜"。

《余将南归燕赵诸公子携妓把酒钱别醉中作把酒》

古诗。汪元量作。汪元量（1241—1317），南宋末诗人、词人、宫廷琴师。宋末以善琴供奉宫掖。恭宗德祐二年（1276）临安沦陷，赵宋降元，元世祖诏三宫北上入燕。汪元量以宫廷琴师身份随行，目睹了皇室降元的悲惨一幕，多次拜访狱中的文天祥。汪元量以琴技名扬大都并得到元帝的礼遇，但当宋王室帝后各有所归之后，他上书请求南归，获准。《余将南归燕赵诸公子携妓把酒钱别醉中作把酒》中把武则天与吕后并列，认为她俩分别是汉、唐两朝"乱"之始。

"君把酒，听我歌。美人美人美如此，倾城倾国良有以。周惑褒姒烽火起，纣惑妲己贤人死。君把酒，听我歌。汉家之乱吕太后，唐家之乱武则天。魏公铜台化焦土，隋炀月殿成飞烟。"

《历代传授歌》

七言歌行。陈普（1244—1328）字尚德，号惧斋，世称石堂先生。南宋著名教育家、理学家。他所铸的刻漏壶是世界上最早的钟表雏形。咸淳七年（1271），蒙古大军南下，陈普隐居于石堂山，以宋遗民自居，誓不仕元。元朝建立后，曾三次征召，均辞而不赴。一生穷经著述，广兴教育。陈普一生著作甚丰，但大多散佚。现存《石堂先生遗集》22 卷，《石堂先生遗稿》1 卷等。陈普为了便于学生记诵作《历代传授歌》：

"……李唐继之纂洪图，高祖太宗成功易。武后易唐而为周，仁杰一言回睿意。"

《读唐武后塑纪》

七言绝句。元代王恽作。王恽（1227—1304），字仲谋，号秋涧，卫州路汲县（今河南卫辉市）人。曾任中书省详定官、翰林修撰同知制诰、兼国史院编修官、监察御使、承直郎、朝列大夫、翰林学士、嘉议大夫等职。死后追封太原郡公，谥文定。一生刚直不阿，是元世祖忽必烈、裕宗皇太子真金和成宗皇帝铁木真三代的谏臣。元朝著名学者、诗人、政治家。书法、诗文声播艺林。著有《相鉴》50 卷，《汲郡志》15 卷，《秋涧先生大全集》100 卷。《读

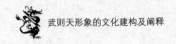

唐武后墨纪》：

"秋日花开未足灾，有爪无可摘黄台。琐间伴着青娥笑，争指朝堂鬼扑来。"

《戏狄怀英》

七言绝句。元代陆文圭作。陆文圭（约 1256—1340），文学家，字子方，江阴人。南宋咸淳年间考中乡试，南宋亡国之后，隐居城东，人称"墙东先生"。元代延祐年间恢复科举，他被强令参加，再中乡举。朝廷多次征召，皆不应。作有《墙东类稿》20 卷，现存永乐大典本。全诗为"花样精神月样妆，妖魂不以近忠良。如何凰阁平章老，欲事宫中妖媚娘。"

《约略杂诗》

五言古诗。元刘将孙作。刘将孙（1257—?），字尚友，庐陵（今江西吉安）人，诗人刘辰翁之子。约元成宗大德前后在世。宋末进士，曾为延平（今福建南平）教官、临汀书院山长。诗词俱佳，文名远播。著有《养吾斋集》32 卷。集中的《约略杂诗》提到唐太宗因为武则天屈杀李君羡、武则天与二张、《黄台瓜辞》等与武则天相关之事。

"……英明有时昏，衽席养戈戕。但疑女君羡，皇识武媚娘。古今有大笑，枯杨晚华出。嫦娥齿发落，未肯沮择匹。堕身奉君爱，身亦竟狼藉。彼淫固自取，渠命岂不惜。莲花张六郎，老武八十一。语言谁不美，肝肺鲜如流。贯高对滕公，令伯念母刘。千年真寥寥，情语罕其俦。灵武黄爪辞，蓬莱家事谋……"

《武后》

七言绝句。元杨维桢作。杨维桢（1296—1370），字廉夫，号铁崖、铁笛道人、铁心道人、铁冠道人、铁龙道人、梅花道人等，晚年自号老铁、抱遗老人、东维子。元末明初著名文学家、书画家。会稽（浙江诸暨）枫桥全堂人。与陆居仁、钱惟善合称为"元末三高士"。泰定四年进士。历天台县尹、杭州四务提举、建德路总管推官，元末农民起义爆发，避居富春江一带，张士诚屡召不赴，隐居江湖。有《东维子文集》《铁崖先生古乐府》。其《武后》诗云：

"忠良斩刈若刍荛，乳虎苍鹰积满朝。可是唐臣无杜伯，危心只忌六宫猫。"

《中吕·朝天曲》

散曲。元薛昂夫作。约 1000 字。薛昂夫（1267—1359）原名薛超兀儿，薛超吾，回鹘（即今维吾尔族）人。汉姓为马，故亦称马昂夫。从他曾执弟子礼于刘辰翁（1234—1297），可推知他生年约在元初至元年间。曾为江西省令史，金典瑞院事、太平路总管、衢州路总管等职。薛昂夫的书法，散曲、诗文都比较有名。散曲作品存小令 60余首，套数 3 首。诗集已佚。作品见于《元诗选》《阳春白雪》《太平乐府》等集中。其中，涉及武则天的是：

【中吕·朝天曲】"则天，改元，雌鸟长朝殿。昌宗出入二十年，怀义阴功健。四海淫风，满朝窑变，《关雎》无此篇。弄权，妒贤，却听梁公劝。"

三　明代武则天相关资料提要

（一）小说类

《如意君传》（《阃娱情传》《阃娱情奇传》《则天皇后如意君传》）

文言中篇小说。明"吴门徐昌龄"撰。卷首有甲戌"华阳散人"序，刊刻于明代中期。现存版本都是日文版。一为日本人刊清閟阁本；二为日本圣华房刊木活字本；三为袖珍排印本，与《大东闺语》合为一册，原为高罗佩所藏，现存荷兰莱敦大学研究院。明嘉靖时黄训的《读书一得》中有《读〈如意君传〉》，据文辞及引用情况推断其创作年代应不晚于 1514 年。《金瓶梅词话》欣欣子序中曾提及本书。故事内容主要来自于《朝野佥载》等唐代笔记、《太平广记》等。是现存的明朝第一部艳情小说，明清两代淫秽小说的始作俑者，受到排斥，多次被列为禁书。

小说不足万字，以编年体手法，描写武则天与其面首薛怀义、沈南璆、张易之、张昌宗尤其是晚年与薛敖曹的生活。武则天对薛敖曹十分满意，封他为如意君，并改元如意。薛敖曹忠于唐室，劝武则天归政于李显，后不知所踪。薛敖曹是虚构的人物，小说以三分之二的篇幅渲染其淫乱行为。

《隋唐两朝志传》（《隋唐志传通俗演义》《隋唐志传》）

章回小说。明罗贯中作。12 卷 122 回。有明万历四十七年己未（1619）刊本。时间跨度从开皇元年（581）隋杨坚受禅位始到唐僖宗五年（877），共 290 余年。主要叙述了隋文帝、隋炀帝、唐太宗、武则天、唐玄宗一直到唐僖宗等人的故事。前面 90 回写隋末天下大乱，李唐始建的历史。后 30 多回，概述了贞观以后 200 多年历史，虎头蛇尾。《隋唐演义》《大唐秦王词话》等后世说唐系列小说多取材于此。

从第九十回到第九十八回概述了武则天一生的事迹，包括胡僧预言武则天将会主宰天下、李淳风的预言、太宗冤杀李君羡、侍奉太宗时与太子私通、二度入宫、宠信二张等。

《三遂平妖传》（《北宋三遂平妖传》《荡平奇妖传》《新平妖传》）

章回小说。明罗贯中作。版本分两种，一为 4 卷 20 回本，二为不分卷 40 回本。晁氏《宝文堂书目》著录。有明万历间刊本，4 卷 20 回；明天许斋批点本，40 回；明崇祯间金阊（今江苏苏州）嘉会堂陈氏刊本，40 回。此书是中国小说史上第一部长篇神魔小说。由罗贯中根据历史记载及民间传说、小说、话本等进行整理编纂而成。冯梦龙购得罗贯中的 20 回本，又吸收民间的妖异故事，编成《新平妖传》。北京大学出版社于 1983 年出版排印本。书名中的"三遂"缘于帮助平定叛乱的三个人的名字，分别为诸葛遂智、马遂、李遂。

小说中心内容是宋代的王则起义，写武则天转生为王则，张昌宗转生为胡永儿，两人又结为夫妻一起揭竿称王称后，朝廷派由张柬之托生的文彦博平定叛乱。

《浓情快史》

章回小说。明餐花主人作。30 回。现存版本一为啸花轩刊本题"嘉禾餐花主人编次"，"西湖鹏鹓居士校阅"；二为日本《舶载书目》著录有思堂刊本；三为醉月轩刊本。北京大学图书馆藏有思堂刊本，无序跋、正文半叶 12 行，每行 20 字。此书常被列入禁毁书目，但屡禁不止。题材源自《隋唐志传通俗演义》等，后半部写宫闱秘事，采自《如意君传》等。

该书是以武则天为主人公的小说，写荆州武行之的小姜张氏梦见玉面狐狸而怀孕，生女媚娘。媚娘入宫前与武三思、张玉、张采等人淫乱，入宫后先后被唐太宗、唐高宗宠幸。高宗死后与薛怀义、张昌宗等人淫乱。最后狄仁杰重定乾坤。

《情史》（《情史类略》《情天宝鉴》）

文言小说集。明代冯梦龙编辑。24 卷。《千顷堂书目》子部小说类著录。时间跨度从周朝写到明朝，选录历代典籍中社会各类人物的爱情故事及传说约 857 则，分为情贞、情缘、情私、情侠、情豪、情爱、情痴、情感、情幻、情化、情媒、情憾、情仇、情芽、情极、情秽、情累、情疑、情鬼、情妖、情外、情通、情迹 24 类，每类 1 卷。每则故事多以主人公的名字或姓氏、职业为题，简要地介绍人物的籍贯、性格、叙述爱情婚姻生活、情爱纠葛和爱情遭遇，也有的写鬼神之间的爱情故事或人与神鬼的恋情。

卷十七情秽类唐《高宗武后》记录了武则天的情感故事，包括与薛怀义、沈南璆、张昌宗、张易之等人的后宫生活。

《混唐后传》（《绣像薛家将平西演传》《绣像混唐平西传》《混唐平西传》《大唐后传》）

章回小说。明钟惺著。共 37 回，题"竟陵钟惺伯敬编次"，"温陵李贽卓吾参订"。现存版本一为芥子园刊本，封面题《绣像薛家将平西演传》，目录页题《绣像混唐平西传》。首有题名为钟惺的序。二为文德堂刊本，题《绣像混唐平西演义》。藏于大连图书馆，春风文艺出版社 1982 年出版整理本。删削 6 回，仅 31 回。小说采用正史、秘闻、鬼神等连缀众说部而成，从唐太宗叙至肃宗年间。前十三回描写武则天故事、薛家将征西，第十四、十五回描写中宗朝事，第三十六、三十七回描写肃宗朝，主体部分叙唐明皇故事。

武则天故事从太宗选秀开始，写媚娘入宫，深得宠幸。太宗卧病，李治入侍，二人有私。媚娘因姓"武"应图谶，太宗令出为尼。在寺中与尼姑怀清一起与冯小宝淫乱。李治继位，到感业寺行香，令武则天蓄发，接回宫中。改冯小宝为怀义封为白马寺住持。高宗被武则天所迷，废王皇后立武则天为皇后。中宗继位，见武则天淫乱谏阻之，被废为庐陵王。怀清造反，称文佳皇帝陈硕真。武则天派怀义招降。则天称帝，纳狄仁杰言召回庐陵王。张柬之等诛二张，中宗复位。武则天老死上阳宫。涉及武则天较多的章节有：

第二回　唐俭奉诏选秀女　西辽遣使下战书

第七回　仁贵保驾回长安　媚娘披缁入尼寺

第八回　冯小宝行淫禅寺　武媚娘蓄发还宫

第九回　昌宗受荐幸太后　怀义建节抚硕贞

第十回　安金藏剖腹鸣冤　骆宾王草檄讨罪

第十一回　改国号女主称□□尊违君召怀僧丧身

第十二回　释情痴夫妇感恩　伸义讨兄弟被戮

第十三回　结彩楼嫔御评诗　游灯市帝后行乐

《禅真后史》

明代章回小说。方汝浩作。明峥霄馆刊本题为"清溪道人编次"，"冲和居士评校"。10 集 10 卷 60 回。首崇祯己巳（1629）翠娱阁主人（陆云龙）序。据孙楷第《中国通俗小说书目》，此书有明峥霄馆刊本，藏日本日光山慈眼堂；明末"钱塘金衙梓"本，藏北京、上海、辽宁、浙江等地图书馆；此外，尚有清末同治间删节本，53 回。

小说是《禅真逸史》的续书，写瞿琰被林澹然转世的老僧带走授以本领，回来后建功立业。因为以法术救助百姓及武则天，受到武则天的赏识。高宗死后授瞿琰清海军经略使，平定聚众起事的羊雷等人。后又率兵抵御突厥，升为兵马大元帅，镇守辽阳。后得林澹然点化，飞天而去。

《西湖二集》

明短篇白话小说集。周清源作。存明末原刊本。共 34 卷，以西湖为中心，每卷记录一个发生在这里的故事。既歌功颂德，又多劝诫。

第三十二卷《薰莸不同器》主要描写褚遂良与许敬宗两人截然相反的人生。一个全孝全忠；另一个不孝不忠。一个冒死进谏，最后凄惨死去，但流芳千古；另一个顺言谄媚，步步高升，却遗臭万年。两人围绕着武则天地位的不断攀升而出现迥然相异的结局。

《天史》

小说集。明代丁耀亢作。未见著录。共 10 卷。约成书于明崇祯六年（1633）。《山东文献书目》史部杂史类事实之属著录"天史十三卷"，有明崇祯刻本（12 卷）、清康熙抄本（题作《天史十案》）、清抄本、清煮石斋刻本、清光绪二年石印本，另有 10 卷石印本。山东省图书馆、山东省博物馆、山东大学图书馆等均有收藏。取材于正史及野史，将历朝争斗凶乱之事按主题分为十案一百九十五条，每案一卷，共十卷，分别为大逆二十九案、淫十九案、残三十六案、阴谋二十五案、负心十三案、贪十三案、奢十四案、骄十六案、朋党六案、左道二十四案。作者作此书主旨在于以春秋笔法，劝善惩恶。

第一卷《大逆二十九案》第二十四为《李立武乱唐》，认为李勣没有阻止立武则天为皇后，以至于唐代出现武氏之乱，且祸及自己子孙。

第二卷《淫十九案》第十六《张昌宗兄弟伏诛》，写二张仰仗武则天乱政，五王诛之。

（二）戏曲类

《词苑春秋》（《留生气》）

传奇。明王翙作。王翙（约 901 年前后在世），字介人，嘉兴人，有《秋怀堂集》。作有传奇《红情言》《博浪沙》《词苑春秋》《榴巾怨》四种。本剧《今乐考证》《曲品》著录。剧本佚。《曲海总目提要》卷十六著录，"明初旧本，未知谁作。演唐中宗时裴伷先事，而与本传多不合。所引狄仁杰等事迹，亦与正史互异"。本事出《太平广记·裴伷先别传》，明代许三阶有《节侠记》传奇，内容应该相似。

裴伷先的故事必然会涉及武则天，但具体内容不详。

《反司记》

传奇。明程文修作。《反司记》在《传奇汇考标目》别本有著录。剧本已佚。

《反司记》叙吕后和武后两人事迹，汉代吕后和唐代武后本来没什么联系，但二人虽处于不同时代，却都执掌大权、把持朝政，在作者看来都是"牝鸡司晨"之事，故云"反司"。

《望云记》

传奇。明程文修作。《今乐考证》、吕天成《曲品》、远山堂《曲品》等著录。今无传本。内容本《大唐新语》狄仁杰事，又见两唐书《狄仁杰传》。《曲品》卷下云："载狄梁公事，俱核，词亦斐然。吾越金叟亦有《望云》一记，调虽不佳，而中有二张召幸，怀义争道，三思遇妖诸事，演之可观。惜未曾博收之。"《群音类选》卷十九选二出《仁杰廷净》《望云思亲》。

可能涉及武则天，但具体内容不详。

《狄梁公返周望云忠孝记》（《望云记》）

传奇。明金怀玉作。全剧凡38出，中有残缺。《曲品》《远山堂曲品》《传奇会考标目》《今乐考证》著录。《曲考》《曲海目》《曲录》并著录。有明万历间"文林阁"刊本，题为《狄梁公反周望云忠孝记》，藏于北京图书馆。《古本戏曲丛刊二集》本据以影印。本事出自《新唐书·狄仁杰传》卷一一五，亦见《大唐新语》。

《群音类选》《乐府精华》收有此剧曲文。叙狄仁杰登太行望云思亲故事。本剧以狄仁杰为主人公，前半部分描写狄仁杰的出身家庭生活及为官时尽职尽责的故事。后半部分描写狄仁杰与朝廷奸臣的斗争。

第十八出《抗节不阿》、第三十五出《面叱奸邪》突出狄仁杰刚正耿直的性格，第二十九出《九月梨花》表现出狄仁杰不从众谄媚，博得武则天的赞赏的故事。最后在狄仁杰的劝解下，武则天归政于庐陵王。中间插入上苑花开、素娥与三思、解鹦鹉梦、玩双陆赌裘等故事。在塑造狄仁杰形象的同时，侧面突出了武则天具有鉴人之才，容人之量的气度和胸怀。

《节侠记》

传奇。明许三阶作。共 32 出。《远山堂曲品》著录，《曲录》《今乐考证》录为无名氏之作。《曲海总目提要》认为作者是许三阶。《六十种曲》题为许三阶。今存明汲古阁《六十种曲》本。《词林逸响》收有《制衣》一出，可见此剧约作于天启三年（1623）之前。演唐人裴伷先事，本事出唐代牛肃《纪闻》，又见《太平广记》卷一四十七《裴伷先》。

描写裴伷先同武则天、张昌宗、武承嗣等斗争的故事。顾命大臣裴炎因徐敬业起兵时没有及时采取措施，被诬为同谋，武则天下令斩首。裴炎的侄子裴伷先上殿为伯父求情，被责杖一百流放岭南。裴伷先在岭南与原聘卢氏女完婚，被朝廷奸臣得知后又改流放塞外，裴伷先在塞外成为思摩可汗的女婿，不久武三思奏杀流民。裴伷先被抓捕回来，恰逢庐陵王复位，裴伷先被赦免全家团圆。此剧第二出《忧国》借裴伷先之口大贬武则天"曜狎邪佞，残害忠良，杀子屠兄，弑君鸩母"，但在第二十五出《诬激》一出中插入上苑催花的故事，肯定武则天执政是天命。涉及武则天的相对较多的有：

第二出 借裴炎与裴伷先之口大骂武则天。"曤狙邪佞，残害忠良，杀子屠兄，弑君鸩母。"

第四出 武则天因裴炎反对立武氏七庙及对徐敬业、骆宾王起兵一事反应不积极而下令斩首。

第六出 武则天因裴伷先廷谏杖一百，流放岭南。

第十一出 武则天与沈南璆、薛怀义等淫乱，声传于外。

第二十五出 武则天写诗催花，诛杀流民。

第二十九出 武则天退位，李显登基。

《节侠记》

传奇。明许自昌改订。未见著录。共 32 出。题为《玉茗堂批评节侠记》，署"梅花墅改订"。改订明许三阶的同名之作，其实只是增加了一些评语、删略一部分戏文而已，没有大改动。现存明崇祯间刻本，《古本戏曲丛刊》初集据之影印。

武则天是作为裴伷先的对立面出现的。

《上林春》

传奇。明姚子翼作。共 26 出，今存抄本不全。《传奇汇考标目》著录，《今乐考证》录为无名氏所作。《曲海总目提要》卷十六云："明季人作。本李翱《卓异记》，演武后腊月游上林，催春放花，故名。按：唐武后催春，见《卓异记》。剧中惟安金藏见于正史，而关目内伪者十居八九，金藏传中不载。其中凿空添出，非有实也。"① 今

---

① 董康：《曲海总目提要》，人民文学出版社 1959 年版，第 754 页。

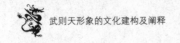

存清抄本，北京图书馆藏，《古本戏曲丛刊》二集据之影印。

整个传奇有两条线索，主线是武则天上苑赏花，下令百花盛开以震慑人心。李显谏阻，认为应该勤政修德，惹怒武则天，被贬为庐陵王。后因安金鉴作诗"百花俱贱种，牡丹待放故君前"时，牡丹竟然真的开放，使武则天认为庐陵王为皇帝是天意，故归政。副线是安金鉴、安金藏两兄弟互敬互爱，生死相互，安金藏为了证明庐陵王不反竟然自剖其腹，舍生取义，使武则天感到手足之情尚且如此，母子之情更应该珍惜。

（三）图像类

《历代古人像赞》

木版画。明朱天然撰赞。明代弘治十一年（1498）重刻本。明朝宗室朱天然得旧藏历代古人图像一帙，为之撰写赞辞，刊刻印行。此书描绘了从上古伏羲至北宋黄庭坚一共88幅画像。每图均为半身像，右上题人物姓名，左上解题赞辞，再付人物生平小传。单面，高26厘米，宽21.1厘米，是现今可见最早的刊行的汇刻古人肖像画的版画书籍，对后世影响较大。台北故宫博物院收藏。1961年中华书局根据长乐郑氏藏本影印为《中国古代版画丛刊》。

其中第30幅为武则天画像，上题"屠虐宗支，残害忠良，攘窃神器，淫秽纲常"。

《君臣图鉴》

木版画。作者可能为潘峦。明万历十二年（1584）刊本。描绘了从上古到元代帝王像共41人（目录题为43人），臣像101人（目录题为100人），并附传赞。清代黄虞稷《千顷堂书目》著录。一般的君臣类图像都有刻意美化的倾向，而此本相对比较客观。其中包括武则天画像。现收集到版本有三。

第一种版本，封面为《君臣图鉴》，目录题为《古先君臣图鉴》，明刊本，共三册。哈佛大学图书馆藏，有"要斋珍藏""无畏菴""江都薄氏鉴藏书画印"等印鉴。目录题为君类遗像 43 幅，臣类遗像 100 幅。实际君类遗像 41 幅，臣类遗像 101 幅。此版无武则天画像。

第二种版本，《历代君臣图像》。大约为 1651 年（顺治八年）高宗哲集的和刻本，共两册。上卷君类目录 40 人，实画 40 人。下卷臣类，目录 68 人，实画 51 人。唐代皇帝 6 人，唐代皇帝共画 6 人，唐高祖、唐太宗、武则天、唐玄宗、唐宪宗、唐宣宗。

第三种版本，《历代君臣图鉴》，清代拓本，共三册。第一册为君类，从炎帝神农氏至纪闽王一共 42 人。第二、三册为臣类，从后稷至吴临川公共 94 人，合计 136 人。墨纸，高 23.9 厘米，宽 20.2 厘米。唐代皇帝共画 6 人，唐高祖、唐太宗、武后、唐玄宗、唐宪宗、唐宣宗。

《三才图会》（《三才图说》）

木版印刷。共 106 卷。刊成于万历三十七年（1609）前后，由王圻、王思义编撰的一部百科全书式图画类书。该书汇集诸书，对每一事物描摹形状，并配以文字说明，图文并茂。分为天文、地理、人物、时令、宫室、器用、身体、衣服、人事、仪制、珍宝、文史、鸟兽、草木 14 类。王思义是王圻的儿子。现所见版本有"男思义校正本""曾孙尔宾重校本""潭滨黄晟东曙氏重校本"等。后两本均为王思义原刻本之后的补修本，与王思义本差别很大。王思义校正本原书版框高 20.7 厘米，宽 13.8 厘米，现藏于上海图书馆。上海古籍出版社 1988 年 6 月据之影印《三才图会》（全 3 册）。另有 1987 年广陵

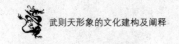

古籍刻印社缩印版。

人物（二卷）唐代的帝王画像中收有武则天的画像。

四　清代武则天相关资料提要

（一）小说类

《西湖佳话》（《西湖佳话古今遗迹》）

清代白话短篇小说集。古吴墨浪子搜辑。全书共 16 卷，每卷 1 篇，共 16 篇短篇小说，约 16 万字。成书于清康熙十二年（1673）。取材于野史、杂传及民间传说，叙述与西湖名胜相关的葛洪、白居易、苏轼、骆宾王、林逋、苏小小、岳飞、于谦、济颠、远公、文世高、钱镠、圆泽、冯小青、白娘子、莲池共 16 个故事。主旨在于"西湖得人而题，人亦因西湖而传"。涉及武则天的为：

卷四"灵隐诗迹"所述的关于骆宾王的故事。骆宾王因反对武则天称帝，上疏请立庐陵王，得罪武后，被贬为临海丞。

《载花船》

清短篇白话小说集。题"西泠狂者笔，素星道人评"。共 4 卷 16 回，每卷叙一个故事。现存各种刊本、抄本均不全。一为仓石藏本，现藏于日本东京大学东洋文化研究所仓石文库，存 8 回。二为北大藏本，计 8 回。三为英国藏抄本，存 4 回。四为俄藏抄本，存 4 回。现据各版本整理出两卷半共 10 回，即卷一第三至四回，卷二第五至八回，卷三第九至十二回。全书共三卷，卷三目录为"第九回女天子宫禁谈龟；第十回雌宦寺官衙择偶；第十一回贪龙阳喜盟佳偶　讨酏恩吴县劫犯；第十二回因荐举图矫假旨　恶惯盈诛奸重圆"。

卷三写武则天与张昌宗、张易之、薛怀义等淫乱，命尹若兰以征贤为名到民间搜罗面首。尹若兰在寻找过程中，救下闻人杰与其情人，又与于綮生相爱，私奔逃走。直至中宗即位，才被赦免。清人范希哲的传奇《鱼篮记》（《双错鸳》），张澜的传奇《万花台》都取材于此。

《控鹤监秘记二则》

清代短篇小说。袁枚《子不语》卷二十四中载："《控鹤监秘记》唐人张垍所纂，京江相公曾孙张冠伯家有抄数十页，皆载唐宫淫亵事，绝不类世所传《武后外传》。"未见著录。没有证据说明是唐代作品，应该是后人附会，或云袁枚自撰。"洵然《控鹤监秘记》，满纸淫秽，不堪入目，撮而录之，意果何居？此尤为全书之累，清代时有抽禁小说之举，如此文字，吾意决当抽禁耳。"（《花朝生笔记》）由于内容多涉秽笔，故当前出版的《子不语》大多数都删掉了这篇作品。

小说描写太平公主帮助武则天除掉薛怀义，又推荐了张昌宗。书中用大量篇幅渲染武则天与张昌宗，上官婉儿与崔湜之间的淫乱生活，多秽亵之笔。

《异说征西演义全传》（《征西全传》《绣像征西全传》）

章回小说，清中都逸叟著。共 6 卷 40 回。现存三种刊本，一为乾隆十九年（1754）鸿宝楼刊本，二为道光十年（1830）宝华楼刊本，三为福文堂刊本。内容是在《混唐后传》的基础上，增加了樊梨花的故事。

卷之一　第二回　唐金奉诏选秀女　两辽遣使下战书

卷之三　第十一回　冯小宝行淫禅寺　武媚娘蓄发还宫

第十二回　昌宗受荐幸太后　仁贵统兵战硕真

第十三回　安金藏剖腹明冤　骆宾王草檄讨罪

第十四回　武太后女主称尊　狄仁杰解梦迎帝

第十五回　昌宗诬害魏元忠　张元公赠妾全名

《说唐三传》（《征西说唐三传》《仁贵征西说唐三传》《说唐三传》《说唐征西传》《异说后唐传三集薛丁山征西樊梨花全传》）

章回小说。清中都逸叟著。共 10 卷 88 回。版本一为清坊刊本，有如莲居士序。二为清嘉庆十二年（1807）刊本，为 10 卷 90 回，题为《仁贵征西说唐三传》，正文书题为《新刻异说后唐传三集薛丁山征西樊梨花全传》。内容上借鉴了《异说征西演义全传》《扫北》《征东》等书的内容，加以丰富。

前七回述李道宗陷害薛仁贵，众臣营救的故事。

第八至六十九回述薛丁山征西，实际上挂帅的是他的妻子樊梨花。

第七十至八十八回述薛刚反唐的故事。写法更接近于神魔小说。

第八十九至九十是附加的。讲薛刚及薛强助睿宗登基。

多处涉及武则天，比较集中的是薛刚反唐部分。

《隋唐演义》

章回小说。清褚人穫著。共 20 卷 100 回。隋唐英雄故事起初流传于民间。明、清两代长篇历史演义大量出现，《隋唐演义》是讲史系列的一个重要环节。此前，罗贯中曾经编纂了《隋唐志传》。明中期，林瀚作了修订并题为《隋唐两朝志传》。褚人穫以此书为主，参考《隋炀帝艳史》《迷楼记》《开河记》《大唐秦王词话》《隋唐嘉话》《明皇杂录》《太真外传》《开元天宝遗事》等书以及民间传说等写成。内容从杨坚代北周建立隋朝开始，描写了隋炀帝、李渊、李世民、武则天、唐玄宗至唐末诸帝更迭相传之事。其中，在写李世民发

动玄武门政变以后，插入武媚娘的故事。从入宫受宠、出家为尼、重
回后宫、改唐为周到上阳病逝，概括了其一生的际遇。主要集中于以
下几回：

第六十九回　马宾王香醪濯足　隋萧后夜宴观灯

第七十回　隋萧后遗梓归坟　武媚娘被缁入寺

第七十一回　武才人蓄发还宫　秦郡君建坊邀宠

第七十二回　张昌宗行傩幸太后　冯怀义建节抚硕贞

第七十三回　安金藏剖腹鸣冤　骆宾王草檄讨罪

第七十四回　改国号女主称尊　闯宾筵小人怀肉

第七十五回　释情痴夫妇感恩　伸义讨兄弟被戮

《反唐演义传》（《反唐演义全传》《反唐全传》《武则天改唐演义》
《异说反唐演义传》《异说反唐演传》《薛刚三扫铁丘坟》《薛刚三祭铁
丘坟全集》《反唐女娲镜全传》《南唐演义》《大唐中兴演义传》）

章回小说。清姑苏如莲居士著。此书刊本较多。一为清瑞文堂刊
本 14 卷 140 回，题《异说反唐演义传》，内封题《武则天改唐演义》，
又题《评点薛刚三祭铁丘坟全集》《异说反唐演传》，板心题《反唐
全传》。二为清嘉庆间刊本，10 卷 100 回，为删节本。三为清三和堂
刊本，又题《反唐女娲镜全传》《新刻异说反唐演义传》10 卷 100
回。四为清崇德堂刊本，题《薛刚三扫铁丘坟》，又题《绣像南唐演
义》，10 卷 100 回。《反唐演义传》的内容与九十回本《征西说唐三
传》第七十回至九十回相似，只是更加丰富。《征西说唐三传》从薛
仁贵挂帅征西一直写到薛刚辅佐唐睿宗即位止。100 回本中，写上元
节薛刚惊了高宗，打死了皇子以至于薛家满门抄斩开始，直至唐睿宗
即位，薛家一门团圆为止，主要颂扬薛氏一门忠烈。从第二回到第六
回描写武则天入宫受宠，问鼎后位之事。之后把武则天写成残害薛家

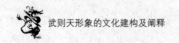

的死对头，最后羞愧难当。武则天的内容散落各处，集中描写武则天的回目是：

第二回　李淳风课识天机　武媚娘初沾雨露

第三回　武才人出宫为尼　褚遂良入朝直谏

第四回　征西将回朝受爵　武昭仪暗害正宫

第五回　高宗误信报女仇　杜回忠心救小主

第六回　江夏王救护真龙　通城虎打奸闯祸

第十二回　武后下旨拿薛族　薛勇修书托孤儿

第十六回　弃亲子薛蛟脱祸　废中宗武氏专权

第十七回　薛丁山全家遭刑　樊梨花法场脱难

第二十六回　马周失势权居山　武氏篡位移唐祚

第二十八回　武三思进如意君　魏思泉放徐美祖

第三十一回　王怀义善卜瓦筶　安金藏剖腹屠肠

第三十二回　月姑迷惑武三思　鲁仲会遇通城虎

第九十七回　下南唐诸奸受缚　上长安武后还宫

《镜花缘》

章回小说。清李汝珍作。20 卷 100 回。有清嘉庆二十三年（1818）苏州原刊本；清道光元年（1821）刊本；清道光十二年（1832）广州芥子园刊本；清光绪十四年（1888）上海点石斋石印本。人民文学出版社于 1958 年、上海古籍出版社于 1990 年分别出版了排印本。

内容讲述心月狐转世的武则天冬日游上苑，醉后下令百花盛开，众花仙子奉旨开放。玉帝因众花仙违时开花而大怒，将九十九位花仙及百花仙子一起贬到凡间。百花仙子托生为唐敖之女唐小山。时武则天开女科，唐小山改名唐闺臣考中第 11 名，其他花仙也赴考。此科共取 100 名，全为花仙托生之才女。众才女又与徐敬业、骆宾王等人的后代起兵反周，攻破武家军的酒、色、财、气四关，拥立中宗复位，武则天仍被尊为"则天大圣皇帝"，她又下诏，明年仍开女科，并命前科百名才女重赴"红文宴"。

《忠孝勇烈奇女传》（《木兰奇女传》《忠孝勇烈木兰传》《忠孝勇烈奇女传》）

章回小说。著者佚名。4 卷 32 回。此书演花木兰故事，但朝代变成了唐朝。写朱木兰精通枪法，唐太宗出兵突厥前征兵，恰逢木兰之父朱天禄病倒，木兰女扮男装，代父从军，屡立战功，凯旋还朝，不受封赏，解甲归田。唐太宗多次征召她入朝，均不受。后来唐太宗听信谗言，欲加害木兰，朱木兰被迫剜胸掏心，以明心迹。唐太宗大悔，封朱木兰为贞烈公主，题其坊曰"忠孝勇烈"。此书宗旨在于宣扬仁义礼智，孝悌忠信的儒家道德。涉及武则天较多的有：

第二十九回提到武则天的仅"才人武曌，声名传外"一句。

第三十一回写李淳风预言武氏女将乱国，谏唐太宗逐入宫新妃。唐太宗忍痛割爱，令武则天出家为尼。武则天与张昌宗、许敬宗苟合。太宗在张昌宗建议下枉杀武登。

第三十二回，太宗梦鹦鹉扑杀桃李花，许敬宗进谗言，张昌宗奉旨逼死木兰。

武则天掌权以后，差人掘李淳风之墓，找不到尸首。荣封木兰朱氏之后，又赐号昭烈，赐金书、对联云：人夸烈女心如石，我爱将军勇过男。

《绿牡丹》（《绿牡丹全传》《绿牡丹续反唐传》《四望亭全传》《龙潭鲍骆奇书》）

章回小说。著者佚名。共 8 卷 64 回。有清道光十一年（1831）芥子园刊本，题《绿牡丹全传》；清道光十八年（1838）崇文堂刊本；清道光二十七年（1847）经纶堂刊本。上海古籍出版社于 1986 年出版排印本。小说以武则天时代为历史背景，叙述将门之子骆宏勋与山东"旱地响马"花振芳、江南"江湖水寇"鲍自安结交，行侠仗义。骆宠勋与花碧莲几经周折，终成眷属。恰逢长安绿牡丹盛开，武则天大喜出榜招才女，众人杀入长安，辅助狄仁杰，发动政变，迎立中宗复位还唐，武则天自缢而死，众人因功受赏。

《武则天四大奇案》（《狄梁公四大奇案》《狄公案》《武则天四大奇案全传》《狄梁公全传》）

章回小说。著者佚名。6 卷 64 回。光绪十六年（1890）上海书局石印本，题《绣像武则天四大奇案》；光绪二十八（1902）年上海耕石书局石印本，四册；民国二年（1913）文元书局石印本，题《狄公案》，又题《武则天四大奇案全传》。此书是"公案侠义系列"之一，题目上虽是武则天，实际上是以武则天时代为背景，以狄仁杰为主人公。前三十回叙述狄仁杰任昌平县令时所侦破的三个大案，包括六里墩丝客被杀案、皇华镇毕顺冤死案、县城华国祥儿媳被蛇毒死案，这几个案件与武则天关系不大。

后三十四回叙述狄仁杰谏言武则天，迎回庐陵王，恢复李唐天下的故事。

《武则天外史》（《则天外史》）

章回小说。不奇生著。共两集 28 回。约六万余字。有石印本藏于天津图书馆。书前有序，署"闻无氏谨识"。没有书坊牌记和刊刻年代。封面左有"历史小说"的题识。小说分类的说法出现于晚清，故此书应不早于晚清。《小说小话》著录有《则天外史》，云："颇有依据，笔亦姚冶，可与《隋炀艳史》相匹，非《浓情快史》《如意君传》《狄公案》等所能望其项背也。"疑即此书。此书在大事上据正史，但主要内容多采自野史传闻。因着意描写秽乱之事，遭到禁毁。

全书记武则天的一生。写武则天从小聪颖丽质，在娘家时便与父亲过继为孙的武三思有染。后宫采选，武则天用计入选，长孙皇后将其派遣到更衣处，受宠于太宗，又有私于太子李治。太宗死后被皇后遣往妙高寺为尼。在寺中与薛怀义私通，见张昌宗、张易之风流，心系之。王皇后与萧淑妃争宠，召则天入宫，被封为昭仪，最终立为皇后。高宗崩，中宗继位，则天与怀义叙旧情被中宗撞破，武则天废中宗，独揽大权，立怀义为正宫，夺太平公主之宠二张立为西宫。又欲立三思为太子。最后，狄仁杰等发动政变，武则天老死上阳宫。

《唐宫春武则天》（《武则天》）

章回小说。著者佚名。又名《武则天》。18 回。有石印本，标"艳情小说"。

写武曌聪慧娇美，在娘家时私通武三思。后来入宫封为才人，又与太子李治有私情。长孙皇后遣武则天出家为尼，被高宗王皇后领回宫中。武则天工于心计，最后爬上皇后的宝座。高宗死后，武则天贬太子为庐陵王，临朝称制，代唐立周。后狄仁杰迎立庐陵王，逼武则天退位，恢复李唐天下，武则天八十而亡。

（二）戏曲类

《集翠裘》（《集翠裘传奇》）

传奇。余怀。周亮工《赖古堂集》卷十二《复余澹心》曰："读

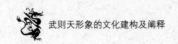

广霞君《集翠裘》，觉马致远、乔梦符一灯犹未灭也。纯用本色，绝去纤巧。"本事出于两《唐书》，亦见《集异记》，剧本已佚。

集翠裘是当时武则天时的贡品，应该有关于武则天的内容。

《集翠裘》

杂剧。清裘琏作。裘琏（1644—1729）著有杂剧《昆明池》《集翠裘》《鉴湖隐》《旗亭馆》，合称《明翠湖亭四韵事》。《今乐考证》《大樸山庄书目》并著录，有清康熙"绛云居"原刻《明翠湖亭四韵事》本，北京图书馆、中科院图书馆均藏。还有清姚燮编《今乐府选》稿本所选本，有《清人杂剧》初集本。凡二折。

第一折《佞臣输裘》描写二张以色事则天，虽生活优裕仍担心色衰爱弛，武则天以南国贡品集翠裘赏二张，狄仁杰面圣，武则天令狄仁杰与张昌宗玩双陆，张昌宗以集翠裘为赌资，狄仁杰以所穿紫袍为赌资，武则天认为不妥，狄仁杰声言大臣朝服，无愧之，结果张昌宗败北。第二折《马奴嘲裘》写狄仁杰出门后以裘赐马奴，令马奴着裘执鞭，以嘲讽张昌宗。该剧对武则天的描写基本上采取较客观的态度。

《鱼篮记》（《双错鸳》）

传奇。清范希哲作。共36出。因于楚在鱼篮庵中与尹若兰订盟，故名鱼篮记。于楚开始错认尹若兰为男人，后来结合，此为一错，秦婉娘是错嫁他人后改嫁闻人杰，此为二错，故名《双错鸳》。《曲海总目提要》卷四十五据剧中有司礼监秉笔，推断作者为明代人。《传奇汇考标目》录为清代无名氏所作，《传奇汇考标目》别本录为"鱼篮道人撰"，《曲海目》《曲考》《曲录》误为李渔所作。《今乐考证》录为"四愿居士"撰，有人据此考证作者似为范希哲。《扬州画舫录》国朝传奇类著录。北京大学图书馆藏清康熙刊本。今存多种清代刻本,《古本戏曲丛刊》五集据康熙间刻本《绣刻传奇八种》所收本影印。本事出于《载花船》,稍后的张澜改编为《万花台》传奇。第三十六出《饯圆》借饯行宴饮的时机,给武则天安排了一个改过自新的机会,让她亲口说出自己的悔意,检讨自己的所作所为。结尾于楚献一幅鱼篮大士画像给武则天,表达了作者的宗教情怀。涉及武则天内容相对较多的有:

第二出　《御朝》武则天临朝,自我介绍。

第五出　《代敕》尹若兰代武则天批折子。

第九出　《宫差》武则天命尹若兰出宫选美以进。

第十六出　《回天》狄仁杰力劝武则天归政于李家。

第十八出　《銮归》武则天命人接回庐陵王复为太子。

第二十六出　《忠愤》五王定计逼武则天还政。

第三十六出　《饯圆》武则天设宴,亲口忏悔自己的行为。

《万花台》

传奇。清张澜作。共 26 出,未见著录。今存北京图书馆藏清康熙凝馥斋刊本,署"耶溪张澜甫观生秃笔"。《古本戏曲丛刊》五集据之影印。本事出《载花船》,内容与《鱼篮记》相似。人名有所改动,尹若兰改成尹婉儿,闻人杰改为闻人悦,秦婉娘改为和姐。

武则天修建万花台催化赏花。命尹婉儿以访贤为名到民间寻访面首。第四至二十六出则描写婉儿出宫以后,在民间撮合和姐与闻人悦的婚事,后看中于楚,弃官与于楚私奔的故事。最后众人合力复唐,中宗传位于李重茂。剧中把武则天塑造成应谶之主,是月宫仙史降入人间。第三出借狄仁杰之口先批判武则天鸩杀元后,幽囚

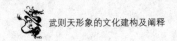

少帝，专作威福之恶，同时又不得不承认她英敏果断，臣民敬服，乃天意使然。

《滕王阁》

传奇。清周皑作。共 34 出。《曲海总目提要》卷四十五录为无名氏作。卷首有程瀚《叙》，署"嘉庆元年（1796）岁在丙辰春王月"，此剧当作于是年之前。今存嘉庆间荫槐堂刻本。取材于冯梦龙《醒世恒言》卷四十《马当神风送滕王阁》。写唐代王勃省父，在滕王阁参加重阳之宴，作《滕王阁序》。

又杜撰骆宾王系王勃的表兄，骆宾王作檄文声讨武则天，王勃与骆宾王在灵隐寺相遇作诗等事。

《武则天风流案卷》（《判艳》）

杂剧。清严廷中作。与严廷中所作的《沈媚娘秋窗情话》（《谱秋》）、《洛城殿无双艳福》（《洛城殿》），合称《秋声谱》。有咸丰间原刻《秋声谱》本，北京图书馆、傅惜华均藏，有《清人杂剧》初集据原刻本影印。

演武则天死后管领女狱奈何司，发放风流怨鬼，大体上类似明代汤显祖传奇《还魂记》中之《冥判》。

《洛城殿无双艳福》（《洛城殿》）

杂剧。清严廷中作。为《秋声谱》第三种。有咸丰间原刻《秋声谱》本，北京图书馆、傅惜华均藏，又有《清人杂剧》初集本。凡四折，为《嘱事》《诨诚》《盼榜》《圆花》。故事取材于《镜花缘》。

演武则天下诏，开男、女科考，并取才女、士子前五十名依名次婚配，来俊臣之子来布德，傅游艺之女傅叶娘，不学无术，却都要参加考试。试官阎朝慇营私舞弊，初试女科花冠芳第一，男科来布德第一。幸赖太平公主与上官婉儿及时发现，武则天在洛城殿又举行面试，终使来布德与傅叶娘配对，花冠芳中状元，被选为李旦的次妃。结果才子佳人金榜题名，洞房花烛。

《天枢赋》

传奇。作者佚名。剧本已佚。《曲海总目提要》卷三十二写有此本题材。

演武则天于定鼎门外铸天枢。阿谀之徒竞相为诗作赋，歌功颂德。右丞相李义府亦要求子弟作文为贺，李义府的侄子李俊臣写毕请房一夔帮忙改饰，房一夔不仅不应，反而讥其无耻。柳奭也赞成房一夔的做法。李俊臣怀恨在心，伪作一赋，讪谤武后，署名房一夔。武则天闻知大怒，逮捕入狱。酷吏周兴严刑拷问，屈打成招。临刑时遇神相助得脱，投奔徐敬业。外有徐敬业迎中宗，内有狄仁杰劝武后召回中宗。中宗还朝后，奸臣伏诛。房一夔等受封。剧中李义府、柳奭、韩瑗、许敬宗等人历史上确有其人，但时间、事迹不符。

（三）诗歌类

《全史宫词》

清七言组诗。史梦兰作。史梦兰（1813—1898），字香崖，直隶乐亭人。学识渊博，无所不通，尤其长于历史。道光二十年（1840）年中举人。选为山东朝城知县，以母老不赴。咸丰十年，英法联军进逼北京，咸丰逃往承德。梦兰自发招兵，保卫家园。事后朝廷授五品衔。曾国藩礼聘而不受。在碣石山修建别墅"止园"，奉母教子，以著述自娱。很多知名人士如吴汝纶、方宗诚、游智开、黄子寿等都与之结交。光绪十六年（1890）学使周德润奏请为梦兰加四品卿衔。光绪二十四年（1898）徐会沣奏请为梦兰加国子监祭酒衔。他被慈禧太后称为"京东第一人"。著作有《全史宫词》《永平诗存》《止园诗话》《异号类编》《图书便览》《舆地韵编》《氏族考异》《古今风谣拾遗》等 16 种 340 余卷。《全史宫词》共 20 卷，是以诗歌写历史，从黄帝一直写到明代。每卷先简要概括该朝历代皇帝大事及年号，其次是七言宫词，评史之后是简释。卷十三《唐》中涉及武则天的诗歌有九首：

【宫词】旧梦依稀忆洛阳，榴裙掑泪送空箱。纷纷朱碧情无赖，小曲亲调如意娘。

【宫词】谁教酒骨醉难苏，院号回心望已无。狐媚从来情似鼠，六宫不许聘狸奴。

【宫词】莫教浪语阿婆嗔，吃酒张公惯醉人。控鹤新衔知最称，原来子晋是前身。

【宫词】画衣结队出金銮，万岁高呼乌语欢。十六变成十六字，舞郎阶下整金冠。

【宫词】九胜分棚占采头，今朝诗思让谁优。锦袍纵向龙门夺，争及张郎集翠裘。

【宫词】无端苾䓗满城歌，人面莲花受宠多。镜殿春深初睡起，金轮轻著赭黄罗。

【宫词】十二辰车侯暗催，上林风雪翠华来。东皇亦畏明空势，满苑名花一夜开。

【宫词】春开上节醉霞浆，内样花糕百和香。九饤寻常心易厌，牙盘先进冷修羊。

【宫词】相臣方对小延英，迭日论书御武成。真本兰亭渺难睹，宝章一集重连城。

《乾陵》

清七言近体诗。赵翼作。赵翼（1727—1814）字云崧，又字耘崧，号瓯北、裘萼，晚号三半老人。江苏阳湖（今江苏省常州市）人。乾隆十五年（1750）年举人，二十六（1761）年进士。曾任顺天府乡试同考官、任会试同考官、顺天武举主考官、广西镇安知府、贵西兵备道等。后辞官归隐，专心著述，尤长于史学。在诗歌创作方面与袁枚、张问陶并称"乾嘉性灵派三大家"，与袁枚、蒋士铨齐名，合称"江右三大家"。他的《廿二史札记》钩稽同异，考证详尽，与王鸣盛《十七史商榷》、钱大昕《二十二史考异》合称清代三大史学名著。《乾陵》一诗是少有的正面评价武则天的诗作：

"一番时局牝朝新，安坐妆台换紫宸。臣仆不妨居妾位，英雄何必在男身。林峦赭岂娲皇石，风雨阴疑妒妇津。同穴桥陵应话旧，曾经共辇洛阳春。"

《题长椿寺九莲菩萨画像》

七言古诗。赵翼作。出自《晚晴簃诗汇》卷九十。诗歌内容是咏菩萨画像，但或明或暗多次提到武则天，如"摘瓜几尽黄台蒂""慈容满月零缣在，羞希临朝武后图"等。

《题〈梁公九谏〉》①

五言律诗。清黄丕烈作。黄丕烈（1763—1825），字绍武，号荛圃、荛夫、复翁，清江苏吴县人。治学严谨，无意仕宦，惟喜聚书，尤好宋本。多方购置，有宋刻本几百种，名其藏书所为"百宋一廛"，元和顾广圻为他作《百宋一廛赋》，而自为之注。黄丕烈编订的藏书

---

① 出自黄丕烈《梁公九谏》跋，题目为作者暂拟。

目录《求古居宋本书目》《百宋一廛书录》等，具有相当高的文献价值。经过他鉴赏校勘而留下题跋的书，约有 900 种以上，一说有千余部，存世 800 余篇。他在《梁公九谏》的跋中赞曰：

"九谏词犹在，文章振李唐。安危资柱石，举废得津梁。气挟雷霆厉，心争日月光。名臣传表奏，应比赐书藏。"

《题骆宾王集》

清七言绝句。丘逢甲作。丘逢甲（1864—1912）字仙根，又字吉甫，号蛰庵、华严子、仲阏，又署海东遗民、南武山人、仓海君。辛亥革命后以仓海为名。出生于中国台湾彰化。光绪十四年（1887）举人，光绪十五年进士（1889），曾任工部主事。后辞官归隐讲学。此诗见于《岭云海日楼诗钞》卷七。内容为：

"义师散后遁僧寮，老抱雄心托浙潮。此笔江河流万古，多因曾檄伪临朝。"

（四）总集类

《全唐诗》（《钦定全唐诗》）

清代官修唐五代诗歌总集。康熙四十四年（1705）五月，至康熙四十五年（1706）十月，历时 17 个月。由曹寅领衔，彭定求、沈三曾、杨中讷、潘从律、徐树本、车鼎晋，汪绎、查嗣瑮、俞梅等人奉敕编纂。全书共 900 卷，目录 12 卷。收录诗人 2000 多位，诗作 4 万多首。此书是迄今为止最大的一部唐诗总集。因有季振宜所编《唐诗》和胡震亨的《唐音统签》为基础，如此巨大的工程才能在这么短的时间内完成。书中总体上按照时代顺序，帝王后妃的作品编在最前面，其次是乐章、乐府、唐诗、唐五代词。武则天被纳入后妃之列，武则天时代诗人的作品有很多涉及武则天，卷五《武则天》中收录了武则天的诗作：

《曳鼎歌》《唐享昊天乐》（十二首）、《唐明堂乐章·外办将出》《唐明堂乐章·皇帝行》《唐明堂乐章·皇嗣出入升降》《唐明堂乐章·迎送王公》《唐明堂乐章·登歌》《唐明堂乐章配飨》《唐明堂乐章·宫音》《唐明堂乐章·角音》《唐明堂乐章·徵音》《唐明堂乐章·商音》《唐明堂乐章·羽音》《唐大飨拜洛乐章·昭和》《唐大飨拜洛乐章·致和》《唐大飨拜洛乐章·咸和》《唐大飨拜洛乐章·九和》《唐大飨拜洛乐章·拜洛》《唐大飨拜洛乐章·显和》《唐大飨拜洛乐章·昭和》《唐大飨拜洛乐章·敬和》《唐大飨拜洛乐章·齐和》《唐大飨拜洛乐章·德和》《唐大飨拜洛乐章·禋和》《唐大飨拜洛乐章·通和》《唐大飨拜洛乐章·归和》《唐大飨拜洛乐章·归和》《唐武氏享先庙乐章·早春夜宴》《游九龙潭》《赠胡天师》《从驾幸少林寺》《石淙》《腊日宣诏幸上苑》《如意娘》《制袍字赐狄仁杰》。

《全唐文》（《钦定全唐文》）

清代官修唐五代的文章总集。从嘉庆十三年（1808）至嘉庆十九年（1814），历时6年。嘉庆皇帝开设"全唐文馆"，由董诰任总裁领衔，阮元、胡承珙等上百人参与编纂。全书共1000卷，并卷首4卷。收文章约2万篇，作者约3000人。此书是迄今为止最大的一部唐文总集。《全唐文》帝王之列中，唐高宗之后是中宗，没有承认武则天的帝王地位，把她安排在后妃部分。武则天时代文人的作品，涉及武则天的有很多，卷九十五至卷九十八为《武曌（高宗武皇后）》，收录的是武则天的作品：

《劳韦安石手制》《褒广州都督王方庆制》《释教在道法上制》《置鸿宜鼎稷等州制》《以郑汴等州为王畿制》《禁丧葬逾礼制》《暴来俊臣罪状制》《改定闰月制》《定伎术官进转制》《禁僧道毁谤制》

《却置涧关制》《诛唐波若制》《答王方庆谏孟春讲武手制》《授狄仁杰内史制》《禁葬舍利骨制》《停杨素子孙京官侍卫制》《令韦叔夏等刊定司礼仪注制》《授唐休璟左庶子同三品制》《授相王并州牧制》《授相王雍州牧制》《授韦嗣立凤阁侍郎平章事制》《许姚元之解职制》《求贤制》《诸王男等加封邑制》《加嗣陈王延晖实封制》《新都郡主出降制》《乐安郡主出降制》《新都郡主等出降制》《义安郡主出降制》《寿昌仙源县主出降制》《命皇太子监国制》。

(五) 图像类

《历代帝王圣贤名臣大儒遗像》(《Portraits de Chinois Celebres》)

彩绘本。此本应该绘制于清康熙以后。第一册收录从伏羲到汉光武帝遗像37幅，第三册收录从宋太祖至清太祖遗像35幅。左文右图，每幅遗像附人物小传，行楷小字，工整秀丽。纸、墨、颜料均为上乘，装帧精美。现藏于法国国家图书馆。

第二册是从三国至唐代，从第一册收录曹大家班惠班来推断，应该会收录武则天。

《无双谱》(《南陵无双谱》)

《无双谱》为赏奇轩合编五种之一，金古良画，朱圭刻，刊刻于清康熙三十三年（1694），清初浙派版画的力作。选取从汉朝至宋朝的40位名人，绘成绣像，并题诗文。因这些人的事迹"举世无双"，故名《无双谱》。刻工朱圭是康熙朝的著名刻工，曾在养心殿供职，因刻《凌烟阁功臣图》《行迹图》等闻名。此谱绘画传神，刻工精美，题诗可诵，奇龄在序中称"是谱名无双，而实具三绝，有书有画又有诗也。"此书版本较多。其一是康熙原刻本，书前有陶式玉存斋序、毛奇龄所写读无双谱引、宋俊琴弁言及金古良无双谱自叙等。后来的翻刻本往往将这些序言略去。其二为郑振铎藏本。郑振铎曾搜罗多本《无双谱》，其中一本为 1956 年于琉璃厂访得康熙原刻本，与其他本相比最佳，收入所编辑之《中国古代版画丛刊》初集第五函中，现藏于国家图书馆。其三为《无双谱》手稿。于近年发现，于 2006 年 1 月份在上海崇源艺术品拍卖公司拍卖，最后以 286 万元成交。

《无双谱》人物纹瓷器

粉彩《无双谱》人物纹笔筒。道光年间，具体不详。笔筒所绘武则天凤冠霞帔，衣带飘逸，婀娜多姿。

粉彩《无双谱》人物纹方瓶。道光年间，发现于河南省洛阳市孟津县，具体数据不详。

粉彩《无双谱》人物纹茶壶。年代：同治年间。茶壶高 9.5 厘米，宽 17.5 厘米，口径 8.2 厘米，底径 6 厘米，曲流，圆盖，瓜棱形圆腹，圈足，釉底。这件瓷器"施釉略显稀薄，釉面细润泛白；其色彩明快鲜艳，具有典型的同治彩风格"。① 画面上的武则天形象鲜明，服饰华美，色彩艳丽，纤毫毕现。

粉彩无双谱人物纹方瓶。民国。高 26.4 厘米，口部边长 4.4 厘米，底部边长 6.5 厘米。方口，三叠唇，细长颈，丰肩，肩部四面是每个人物的文字介绍。肩部以下渐收，腹部四面皆以釉上粉彩各绘一位《无双谱》中的人物肖像。四面分别绘有国老狄梁公狄仁杰、伪周皇帝武曌武则天、尚父郭汾阳王郭子仪、董贤四人肖像。底部是三叠台座，全器罩一层淡青色釉，圈足露胎，足内施釉，并以红彩书篆体"大清乾隆年制"六字寄托款，现藏于安徽博物院。

粉彩描金"无双谱"人物双耳盖碗。清代晚期，具体不详。高为

---

① 朱健：《细说瓷器上的无双谱图案》，《收藏界》，2005 年第 12 期。

10 厘米，口径为 17 厘米，敞口，弧腹下收，圈足。碗身附双绞索耳，碗盖隆起，上附瓜钮。表面绘《无双谱》中部分人物，碗盖绘吴越钱武肃王、云阳董贤、梁氏女绿珠，碗身绘狄仁杰与武则天，并附原文的名称及诗文。局部纹饰点缀以金彩，器型规整典雅。

《百美新咏图传》（《百美新咏》）

木刻版画。清代颜希源撰，王翙绘图，共 4 册。成书于乾隆年间。名为"新咏"是针对此前之书而言的。袁枚在《百美新咏图传》序言中载其幼时曾见明代冯梦龙所作《美人百韵》，此书开篇即咏杜丽娘，今已佚，仅存《歌虞姬》等诗。颜希源提到其偶得一书名为《题百美诗五十韵》。本书为颜希源在原书基础上新题诗咏又邀王翙绘图而成。王绍曾的《清史稿艺文志拾遗》、谢巍的《中国画学著作考录》中有所著录。书中选择中国历史传说中的 100 位女子（其中有 3 幅分别为 2 人，故实际为 103 人），为之画像百幅，并附文人咏词 200 余首。集人物画像、小传、书法、诗词为一体，镌刻清晰，是清代人物木版画精品。此书当时影响很大，出现了一系列以"百美"命名的书，还传到西方，受到歌德的重视。现存版本有乾隆五十七年（1792）刊本，嘉庆十年（1805）刻本，都是集腋轩本。《故宫珍本丛刊》第 61 册所收版是据嘉庆十年本翻刻的，此外还有光绪二十年（1894）上海书局石印本、上海图书馆藏民国三十年（1941）陆抱景抄本（仅《图传》两册，并非全本）、民国十四年（1925）上海锡记书局石印本。江苏广陵书社有限公司据嘉庆十年刻本影印并于 2010 年出版。其中与武则天相关的有：

第一册，新咏十二《武后》：已作才人十二年，公然翚翟嗣君前，创开阴教当阳位，妄比神尧号则天。第二册，图传第四十二，有图像及小传各一。第三册百美新咏集咏，共有诗 5 首。

《武则天》：房陵莫漫费咨嗟，二圣朝端只一家。春昼未回鹦鹉梦，尚从镜殿赏莲花。

《武则天》：北门参决比南牙，玉藻居然易六珈，二十一年周正朔，可知天下是谁家？

《武则天》：荒淫宵小乱春宫，士气潜消罗织中。天眷老成延国脉，不关女主善牢笼。

《武后》：梦中鹦鹉竟何祥，武媚犹歌女主昌。莫道当时诛戮甚，怜才曾问骆宾王。

《武则天》：乐府犹传武媚娘，春宫媚戏忒猖狂，聚麀家法还绳武，又见花奴别寿王。

《中国历代帝后像》

民国有正书局珂罗版 1 册，漆布面烫金字硬皮精装大开本一册。此书收录了中国历代皇帝、皇后画像 100 多张，单面精印。每个画像先标明人物，再介绍画像规格，然后是人物小传，最后是图像。有的人只收录一幅图像，有的则搜罗到多幅。其中，收录武则天画像 1 幅，原版纵八尺六寸二分，横四尺，设色，半身像，服冕被衮。

参考文献

一　古籍资料

[1]（明）邓志谟:《唐苑鼓催花》,《花鸟争奇》,国家图书馆藏
明春语堂刻本。

[2]（明）《古先君臣图鉴》,明万历十二年益藩刻本。

[3]（明）《历代君臣图鉴》,清拓本。

[4]（清）《历代君臣图像》,顺治八年刻本。

[5]（清）《历代帝王圣贤名臣大儒遗像》,康熙彩绘本。

[6]（清）颜希源撰,王翙绘图:《百美新咏图传》,嘉庆十年集
腋轩刊本。

[7] 郑振铎辑:《清人杂剧》（初集）,长乐郑氏 1931 年影印本。

[8] 郑振铎辑:《清人杂剧》（二集）,长乐郑氏 1934 年影印本。

[9]（春秋）左丘明:《国语》,商务印书馆 1934 年版。

[10] 古本戏曲丛刊编辑委员会:《古本戏曲丛刊》（初集）,商
务印书馆 1954 年影印本。

[11] 古本戏曲丛刊编辑委员会:《古本戏曲丛刊》（二集）,商
务印书馆 1955 年影印本。

[12]（宋）王溥：《唐会要》，中华书局 1955 年版。

[13]（宋）司马光：《资治通鉴》，中华书局 1956 年版。

[14]（明）祁彪佳：《远山堂明曲品剧品校录》，黄裳校录，古典文学出版社 1957 年版。

[15]（宋）皇都风月主人：《绿窗新话》，周夷校补，古典文学出版社 1957 年版。

[16]（明）天然痴叟：《石点头》，上海古籍出版社 1957 年版。

[17] 赵景深：《元人杂剧钩沉》，上海古典文学出版社 1957 年版。

[18]（明）沈泰：《盛明杂剧》（初集、二集），中国戏剧出版社 1958 年版。

[19]（明）胡应麟：《少室山房笔丛》，中华书局 1958 年版。

[20]（宋）刘斧：《青琐高议》，古典文学出版社 1958 年版。

[21]（明）毛晋：《六十种曲》，中华书局 1958 年版。

[22]（宋）宋敏求编：《唐大诏令集》，商务印书馆 1959 年版。

[23]（西汉）司马迁：《史记》，中华书局 1959 年版。

[24]（宋）李昉等编：《太平御览》，中华书局 1960 年版。

[25]（宋）李昉等编：《太平广记》，中华书局 1961 年版。

[26]（唐）刘肃撰：《大唐新语》，中华书局 1961 年版。

[27]（清）陈熙晋笺注：《骆临海集笺注》，中华书局 1961 年版。

[28]（东汉）班固：《汉书》，中华书局 1962 年版。

[29]（宋）计有功撰：《唐诗纪事》，中华书局上海编辑所 1965 年版。

[30]（梁）沈约等撰：《宋书》，中华书局 1974 年版。

[31]（后晋）刘昫等撰：《旧唐书》，中华书局 1975 年版。

[32]（宋）欧阳修、宋祁等撰：《新唐书》，中华书局 1975 年版。

[33]（清）王夫之：《读通鉴论》，中华书局 1975 年版。

[34]（明）宋濂等撰：《元史》，中华书局 1976 年版。

[35]（唐）刘𫗧、张鷟：《隋唐嘉话　朝野金载》，中华书局 1979 年版。

[36]（清）古吴墨浪子：《西湖佳话》，上海古籍出版社 1980 年版。

[37]徐沁君校：《新校元刊杂剧三十种》，中华书局 1980 年版

[38]（明）烟霞散人、云中道人：《钟馗传：斩鬼传·平鬼传》，长江文艺出版社 1980 年版。

[39]（唐）谷神子、薛用弱：《博异志·集异记》，中华书局 1980 年版。

[40]（唐）段成式：《酉阳杂俎》，中华书局 1981 年版。

[41]（清）褚人穫：《隋唐演义》，上海古籍出版社 1981 年版。

[42]（清）王士祯：《香祖笔记》，湛之点校，上海古籍出版社 1982 年版。

[43]（明）钟惺、罗贯中：《混唐后传》，华夏出版社 2013 年版。

[44]（清）丘逢甲：《岭云海日楼诗钞》，上海古籍出版社 1982 年版。

[45]（宋）刘斧：《青琐高议》，上海古籍出版社 1983 年版。

[46]（唐）李冗：《独异志》，中华书局 1983 年版。

[47]（清）董诰等编纂：《全唐文》，中华书局 1983 年版。

[48]（明）冯梦龙：《情史类略》，岳麓书社 1984 年版。

[49]（清）张廷玉等撰：《明史》，中华书局 1984 年版。

[50]（宋）吴曾：《能改斋漫录》，中华书局 1985 年版。

[51]（清）佚名：《绿牡丹》，浙江古籍出版社 1985 年版。

[52]（宋）佚名：《梁公九谏》，中华书局 1985 年版。

[53]（明）秦淮寓客：《绿窗女史》，台湾天一出版社 1985 年版。

[54]（明）天然痴叟：《石点头》，上海古籍出版社 1985 年版。

[55]（清）五色石主人：《八洞天》，陈翔华、萧欣桥点校，书目文献出版社 1985 年版。

[56]（明）周清原：《西湖二集》，周楞伽整理，人民文学出版社 1985 年版。

[57]（清）《古今图书集成》，中华书局 1985 年版。

[58] 古本戏曲丛刊编辑委员会：《古本戏曲丛刊》，上海古籍出版社 1986 年版。

[59]（宋）阮阅：《诗话总龟后集》，人民文学出版社 1987 年版。

[60]（宋）陈振孙：《直斋书录解题》，上海古籍出版社 1987 年版。

[61]（宋）王谠：《唐语林校证》，周勋初校证，中华书局 1987 年版。

[62]（清）赵翼：《廿二史札记》，商务印书馆 1987 年版。

[63]（唐）杜佑撰：《通典》，王文锦等点校，中华书局 1988 年版。

[64]（唐）南卓等：《羯鼓录·乐府杂录·碧鸡漫志》，上海古籍出版社 1988 年版。

[65] 郑振铎编：《中国版画丛刊》，上海古籍出版社 1988 年版。

[66]（宋）王钦若、杨亿、孙奭等编：《册府元龟》，中华书局 1989 年版。

[67]（宋）高承撰，（明）李果订：《事物纪原》，金圆、许沛藻

点校，中华书局 1989 年版。

[68]（宋）晁公武：《郡斋读书志》，上海古籍出版社 1990 年版。

[69]（清）无名氏：《武则天四大奇案》，崔爱萍、范济平校注，中州古籍出版社 1990 年版。

[70]《古本小说丛刊》，中华书局 1990 年版。

[71]［日］高楠顺次郎等编：《大正新修大藏经》，台湾新文丰出版公司 1990 年版。

[72]（明）罗贯中、冯梦龙：《平妖传》，上海古籍出版社 1991 年版。

[73]（宋）郑思肖：《郑思肖集》，陈福康校点，上海古籍出版社 1991 年版。

[74]（唐）孟棨撰：《本事诗》，李学颖标点，上海古籍出版社 1991 年版。

[75]（梁）释慧皎：《高僧传》，汤用彤校注，中华书局 1992 年版。

[76]《古本小说集成》，上海古籍出版社 1994 年版。

[77]（清）《忠孝勇烈奇女传》，华夏出版社 1995 年版。

[78]（清）如莲居士：《反唐演义传》，华夏出版社 2013 年版。

[79]（清）无名氏：《说唐三传》，华夏出版社 2013 年版。

[80]（清）不奇生：《中国皇帝外传：武则天外史》，辽宁古籍出版社 1996 年版。

[81]（清）梦花馆主：《九尾狐》，觉园、秦克标点，上海古籍出版社 1997 年版。

[82]（清）永瑢等：《钦定四库全书总目》，中华书局 1997 年版。

[83]《唐五代笔记小说大观》，上海古籍出版社 2000 年版。

［84］（宋）张君房：《云笈七签》，中华书局2003年版。

［85］（明）晁瑮：《宝文堂书目》，上海古籍出版社2005年版。

［86］（清）钱德苍：《缀白裘》，汪协如点校，中华书局2005年版。

［87］（唐）刘知几：《史通》，上海古籍出版社2008年版。

二 中文文献

（一）专著

［1］王瑶：《小说与方术：中国文学史论集》，上海古典文学出版社1956年版。

［2］傅惜华：《元代杂剧全目》，作家出版社1957年版。

［3］傅惜华：《明代杂剧全目》，作家出版社1958年版。

［4］董康：《曲海总目提要》，人民文学出版社1959年版。

［5］中国戏曲研究院：《中国古典戏曲论著集成》，中国戏剧出版社1959年版。

［6］傅惜华：《清代杂剧全目》，人民文学出版社1981年版。

［7］袁行霈、侯忠义编：《中国文言小说书目》，北京大学出版社1981年版。

［8］庄一拂：《古典戏曲存目汇考》，上海古籍出版社1982年版。

［9］陈鹏翔主编：《主题学研究论文集》，东大图书公司1983年版。

［10］陈东原：《中国妇女生活史》，上海书店1984年版。

［11］陈顾远：《中国婚姻史》，上海书店1984年版。

［12］蒋瑞藻：《小说考证》，上海古籍出版社1984年版。

［13］顾颉刚：《孟姜女故事研究集》，上海古籍出版社1984年版。

［14］侯忠义：《中国文言小说参考资料》，北京大学出版社1985年版。

［15］李修生、李真渝、侯光复:《元杂剧论集》,百花文艺出版社1985年版。

［16］赵景深:《元明北杂剧总目考略》,中州古籍出版社1985年版。

［17］禹燕:《女性人类学》,东方出版社1988年版。

［18］张亮采:《中国风俗史》,上海三联书店1988年版。

［19］戴锦华、孟悦:《浮出历史地表》,河南人民出版社1989年版。

［20］江苏省社会科学院:《中国通俗小说总目提要》,中国文联出版公司1990年版。

［21］《二十五史纪传人名索引》,上海古籍出版社1990年版。

［22］张京媛:《当代女性主义文学批评》,北京大学出版社1992年版。

［23］李剑国:《唐五代志怪传奇叙录》,南开大学出版社1993年版。

［24］陈顺馨:《中国当代文学的叙事与性别》,北京大学出版社1995年版。

［25］刘慧英:《走出男权传统的樊篱》,生活·读书·新知三联书店1995年版。

［26］宁稼雨:《中国文言小说总目提要》,齐鲁书社1996年版。

［27］郭英德:《明清文人传奇研究》,北京师范大学出版社1996年版。

［28］幺书仪:《元人杂剧与元代社会》,北京大学出版社1997年版。

［29］朱光潜:《变态心理学》,安徽教育出版社1997年版。

［30］郭英德：《明清传奇综录》，河北教育出版社1997年版。

［31］吴树平等：《二十四史人名索引》，中华书局1997年版。

［32］李修生：《古本戏曲剧目提要》，文化艺术出版社1997年版。

［33］王森然等：《中国剧目辞典》，河北教育出版社1997年版。

［34］鲁迅：《中国小说史略》，上海古籍出版社1998年版。

［35］郭英德：《明清传奇史》，江苏古籍出版社1999年版。

［36］罗宗强：《隋唐五代文学思想史》，中华书局1999年版。

［37］刘泽华：《中国的王权主义》，上海人民出版社2000年版。

［38］孙昌武：《道教与唐代文学》，人民文学出版社2001年版。

［39］陈寅恪：《金明馆丛馆初编》，生活·读书·新知三联书店
　　　2001年版。

［40］葛兆光：《中国思想史》，复旦大学出版社2001年版。

［41］陈寅恪：《隋唐制度渊源略论稿·唐代政治史述论稿》，生
　　　活·读书·新知三联书店2001年版。

［42］赵文润：《武则天评传》，三秦出版社2001年版。

［43］宁稼雨：《魏晋士人人格精神》，南开大学出版社2003年版。

［44］余英时：《士与中国文化》，上海人民出版社2003年版。

［45］刘达临：《中国古代性文化》，宁夏人民出版社2003年版。

［46］石昌渝：《中国古代小说总目》，山西教育出版社2004年版。

［47］朱恒夫：《宋明理学与古代小说》，上海古籍出版社2005
　　　年版。

［48］朱一玄、宁稼雨、陈桂声：《中国古代小说总目提要》，人
　　　民文学出版社2005年版。

［49］万明：《晚明社会变迁问题与研究》，商务印书馆2005年版。

［50］万晴川：《中国古代小说与方术文化》，中国社会科学出版

社 2005 年版。

[51] 罗宗强：《明代后期士人心态研究》，南开大学出版社 2006
年版。

[52] 朱迪光：《信仰·母题·叙事：中国古典小说新探索》，中
国社会科学出版社 2007 年版。

[53] 刘勇强：《中国古代小说史叙论》，北京大学出版社 2007
年版。

[54] 张维娟：《元杂剧作家的女性意识》，中华书局 2007 年版。

[55] 程华平：《明清传奇编年史稿》，齐鲁书社 2007 年版。

[56] 李泽厚：《中国古代思想史论》，生活·读书·新知三联书
店 2008 年版。

[57] 雷家骥：《武则天传》，人民出版社 2008 年版。

[58] 李梦生：《禁毁小说夜谭》，上海书店出版社 2008 年版。

[59] 邱江宁：《明清江南消费文化与文体演变研究》，生活·读
书·新知三联书店 2009 年版。

[60] 季爱民：《隋唐长安佛教社会史》，中华书局 2016 年版。

[61] 牟钟鉴：《中国文化的当下精神》，中华书局 2016 年版。

[62] 复旦大学文史研究院：《图像与仪式：中国古代宗教史与艺
术史的融合》，中华书局 2017 年版。

（二）论文

[1] 李荷先：《武则天研究的历史回顾与探索》，《华中师范大学
学报》1985 年第 5 期。

[2] 陈华：《王政与佛法——北朝至隋代帝王统治与弥勒信仰》，
《东方宗教研究》1988 年 9 月第 2 期。

[3] 李奇林：《论〈镜花缘〉的武则天形象》，《明清小说研究》1990 年第 1 期。

[4] 陈辽：《中国文学中的"武则天现象"》，《江苏社会科学》1995 年第 6 期。

[5] 王双怀：《本世纪以来的武则天研究》，《史学月刊》1997 年第 3 期。

[6] 沈伯俊：《〈隋唐志传〉非罗贯中所作》，《明清小说研究》1997 年第 4 期。

[7] 夏维中、范金民：《明清江南进士研究之二——人数众多的原因分析》，《历史档案》1997 年第 4 期。

[8] 陶瑞芝：《论杜甫眼中的武则天》，《杜甫研究学刊》1997 年第 3 期。

[9] 郭英德：《论元明清小说戏曲中的雷同人物形象》，《明清小说研究》1997 年第 4 期。

[10] 王汝梅：《明代艳情传奇小说名篇的历史价值》，《吉林大学社会科学学报》1998 年第 6 期。

[11] 王立：《神秘世界中的公平交易原则——鬼灵酬恩与中国古代复仇文学主题》，《新疆师范大学学报》1999 年第 1 期。

[12] 张钧：《人物形象及作者主观精神的外化》，《东北师范大学学报》2000 年第 3 期。

[13] 昌庆志：《论杜诗武则天形象之命意》，《宁夏大学学报》2000 年第 3 期。

[14] 李灿朝：《〈镜花缘〉才女群像新论》，《南华大学学报》2001 年第 1 期。

[15] 张志和：《〈事物纪原〉成书于明代考》，《青岛大学学报》

2001 年第 4 期。

[16] 滕先森：《驴与中国传统文化》，《文史杂志》，2001 年第 5 期。

[17] 王翠改：《1990—2000 年间武则天研究综述》，《高校社科信息》2002 年第 6 期。

[18] 彭知辉：《〈隋唐演义〉材料来源考辨》，《明清小说研究》2002 年第 2 期。

[19] 贺万里：《儒学伦理与中国古代画像赞的图式表现》，《文艺研究》2003 年第 4 期。

[20] 华人德：《中国历代人物图像概述》，《大学图书馆学报》2004 年第 4 期。

[21] 郑心灵：《从历史到戏剧的启示——以情节和人物为例论〈节侠记〉的艺术》，《河南大学学报》2006 年第 9 期。

[22] 魏泉：《公案与侦探：从〈狄公案〉说起》，《云南大学学报》2006 年第 4 期。

[23] 宁稼雨：《主题学与中国叙事文化学的构建》，《中州学刊》2007 年第 1 期。

[24] 蔡美云：《〈隋唐演义〉的女性观》，《明清小说研究》2007 年第 3 期。

[25] 刘勇强：《论古代小说因果报应观念的艺术化过程与形态》，《文学遗产》2007 年第 1 期。

[26] 宁稼雨：《关于构建中国叙事文化学的设想》，《厦门教育学院学报》2009 年第 1 期。

[27] 董国炎、徐燕：《论〈绿牡丹〉在侠义小说发展史上的价值》，《明清小说研究》2009 年第 2 期。

[28] 任义国：《庙会消亡境遇中的民间传说——以山西文水县武则天民间传说为例》，《沧桑》2009 年第 5 期。

[29] 宁稼雨：《女娲神话的文学移位》，《文学遗产》2009 年第 3 期。

[30] 陈文新：《明清章回小说的表达方式与文言叙事传统》，《上海师范大学学报》2010 年第 1 期。

[31] ［日］大木康：《明末"画本"的兴盛与市场》，《浙江大学学报》2010 年第 1 期。

[32] 司海迪：《试论武则天晚年求寿行为及对文学的影响》，《社会科学论坛》2013 年第 4 期。

[33] 韩伟、柯丽娜：《新历史叙事的拓展与类型化反思——以 20 世纪 90 年代以来"武则天"题材创作为例》，《文艺评论》2014 年第 1 期。

[34] 韩宏韬：《武则天入纪公案与"正统"论》，《文史哲》2014 年第 6 期。

[35] 谭继和：《武则天与文化中国》，《西华大学学报》2014 年第 6 期。

[36] 孟宪实：《高宗、武则天并称"二圣"问题申论》，《中华文史论丛》2016 年第 1 期。

[37] 罗世平：《天堂法像——洛阳天堂大佛与唐代弥勒大佛样新识》，《世界宗教研究》2016 年第 2 期。

[38] 朱绍良：《唐后从行图考析》，《收藏家》2017 年第 1 期。

三 译著

[1]［法］列维·布留尔：《原始思维》，丁由译，商务印书馆 1981 年版。

[2]［法］西蒙·波娃：《第二性》，桑竹影等译，湖南文艺出版社 1986 年版。

[3]［英］马林诺夫斯基：《巫术·科学·宗教与神话》，李安宅译，中国民间文艺出版社 1986 年版。

[4]［瑞士］荣格：《心理学与文学》，冯川、苏克译，生活·读书·新知三联书店 1987 年版。

[5]［德］H. R. 姚斯、［美］R. C. 霍拉勃：《接受美学与接受理论》，周宁、金元浦译，辽宁人民出版社 1987 年版。

[6]［美］弗洛姆：《人之心：爱欲的破坏性倾向》，都本伟、赵桂琴译，辽宁大学出版 1988 年版。

[7]［俄］M. 巴赫金：《陀思妥耶夫斯基诗学问题》，生活·读书·新知三联书店 1988 年版。

[8]［英］弗艾德琳·弗吉尼亚·伍尔夫：《一间自己的屋子》，王还译，生活·读书·新知三联书店 1989 年版。

[9]［英］泰勒：《原始文化》，上海文艺出版社 1992 年版。

[10]［美］浦安迪：《中国叙事学》，北京大学出版社 1996 年版。

[11]［奥］弗洛伊德：《释梦》，孙名之译，商务印书馆 1996 年版。

[12]［俄］普洛普：《滑稽与笑的问题》，辽宁教育出版社 1998 年版。

[13]［美］凯特·米利特：《性的政治》，钟良明译，社会科学文献出版社 1999 年版。

［14］［美］贝蒂·弗里丹：《女性的奥秘》，程锡麟等译，北方文艺出版社1999年版。

［15］［瑞士］荣格：《未发现的自我》，张敦福译，国际文化出版公司2001年版。

［16］［美］波利·扬·艾森卓：《性别与欲望：不受诅咒的潘多拉》，杨广学译，中国社会科学出版社2003年版。

［17］［美］梅里·E.威斯纳·汉克斯：《历史中的性别》，何开松译，东方出版社2003年版。

［18］［美］海登·怀特：《后现代历史叙事学》，陈永国、张万娟译，中国社会科学出版社2003年版。

［19］［美］艾梅兰：《竞争的话语——明清小说中的正统性、本真性及所生成之意义》，罗琳译，江苏人民出版社2005年版。

［20］［英］弗雷泽：《金枝》，新世界出版社2006年版。

［21］［俄］弗·雅·普罗普：《神奇故事的历史根源》，贾放译，中华书局2006年版。

［22］［加］诺斯罗普·弗莱：《批评的解剖》，陈慧译，百花文艺出版社2006年版。

后　记

　　学问一途，如堆沙成山，煮海为盐，为学益进，愈觉浅陋，无止境也。曾埋首故典，爬罗剔抉。前贤高论，仰观愧高鸟，临渊惭游鱼。夫子述而不作，黄侃不妄雌黄，况才乏器能，天姿不敏。本欲敝帚自珍，切磋琢磨，却为稻粱而冒丑以献文。蚍蜉撼树，蚂蚁夸国，尘雾之微实难补益山海，荧烛末光无裨增辉日月，非自谦也，实肺腑之言耳。

　　书稿本于博士论文，虽毕业有年，难尽美善。曾集武氏画像，校比思研，增设新章，因尚有罅漏，付梓之余，舍而弃之。

　　予以驽钝之姿，忝于宁稼雨先生门下。先生披褐怀玉，敦品励学，笔底龙蛇扛九鼎，妙笔生花耀珠玉。学余委怀琴书，闲饮东窗，似飞鸿举翼，淡洒胸襟，自驾长风。昭朗睿裁，金声远震，小子后学，高山仰止。为学得益于先生最厚者，乃文献探赜之学。考众家之异说，穷麟阁之真义。然才逊名硕，愚拙识浅，初登舟楫，星汉难上。先生如泰山容土，江河纳流，诸荷优容。垂教之情，感戴殊殷。硕导王立先生，业精六学，才备九能，焚膏继晷，宿夕匪懈。传道授业，博我以文，令吾得窥治学之管籥。草木寸心，何酬春晖？

刍荛之见，瞽瞍之议，难免纰漏，惟愿方家不吝赐教，必虚怀诚学，黜固陋以匡谬见，裁冗余并补佚阙，慎终如始，勤修思永。

浮生若梦，身与名灭，唯愿亲人师友，身心康泰！

本书由大连市人民政府资助出版，特此致谢！